U0739416

白求恩育人

主编　席海涛　陈立

白／求／恩／精／神／研／究／丛／书

丛书主编　杨振斌　张希

吉林大学出版社（长春）

图书在版编目（CIP）数据

育人白求恩 / 席海涛，陈立主编.—长春：吉林大学出版社，2019.9
（白求恩精神研究丛书 / 杨振斌，张希总主编）
ISBN 978-7-5692-5573-7

Ⅰ. ①育… Ⅱ. ①席… ②陈… Ⅲ. ①白求恩(Bethune, Norman 1890–1939)—人物研究 Ⅳ. ①K837.116.2

中国版本图书馆CIP数据核字(2019)第196032号

书　　名：白求恩精神研究丛书：育人白求恩
BAIQIU'EN JINGSHEN YANJIU CONGSHU: YUREN BAIQIU'EN

作　　者：席海涛　陈　立　主编
策划编辑：陶　冉
责任编辑：陶　冉
责任校对：王瑞金
装帧设计：刘　瑜
出版发行：吉林大学出版社
社　　址：长春市人民大街4059号
邮政编码：130021
发行电话：0431-89580028/29/21
网　　址：http://www.jlup.com.cn
电子邮箱：jdcbs@jlu.edu.cn
印　　刷：哈尔滨市石桥印务有限公司
开　　本：787mm × 1092mm　1/16
印　　张：12.25
字　　数：260千字
版　　次：2019年9月　第1版
印　　次：2019年9月　第1次
书　　号：ISBN 978-7-5692-5573-7
定　　价：147.00元

《白求恩精神研究丛书》编委会

《育人白求恩》编委会

总序1

今年是伟大的国际共产主义战士亨利·诺尔曼·白求恩逝世80周年，也是毛泽东主席发表《纪念白求恩》80周年，同时还是白求恩卫生学校（现在的吉林大学白求恩医学部、中国人民解放军陆军军医大学白求恩医务士官学校、中国人民解放军白求恩国际和平医院）成立80周年。值此三个重要的80周年纪念日即将来临之际，吉林大学白求恩精神研究中心成立以来的首批科研成果——“白求恩精神研究丛书”即将出版。

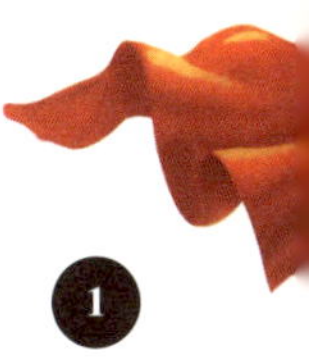

80年前，毛泽东主席指出，白求恩精神就是国际主义精神、共产主义精神，他的毫不利己、专门利人的精神，具体表现为对工作的极端负责、对同志和人民的极端热忱、对技术的精益求精。它虽然诞生于救死扶伤的烽火前线，但时至今日仍是中国乃至全世界卫生工作者的宝贵精神财富，是我们一代又一代的医务工作者应该努力学习和践行的优秀品质。特别是中国特色社会主义进入了新时代，如何学习、传承、弘扬无私利人的白求恩精神，使它在新时代医疗卫生教育战线乃至全国各行各业发挥不可替代的作用，更好地推动社会主义核心价值观的发展，推动人类命运共同体的建设，是一个重大的课题。

2016—2018年暑期，中国白求恩精神研究会参加了吉林大学师生“重走白求恩路”的活动，很受感动，备受鼓舞。以杨振斌书记为首的吉林大学非常重视挖掘白求恩精神这一宝贵资源，积极传承和弘扬白求恩精神，把白求恩精神嵌入校园文化中，成为吉大文化的重要组成部分，这对于新时代医学人才培养有着重要意义。我们也欣喜地看到了白求恩精神在吉林大学的青年学子中生根发芽，并结出了累累硕果，白求恩志愿者被评为全国最美志愿者，更是被李克强总理誉为“世界因为你们而精彩”。

2017年，吉林大学依托丰富的学科优势和雄厚的学术力量在全国高校率先成立了“吉林大学白求恩精神研究中心”。“中心”的成立既填补了我国高校在这一领域研究的空白，也是对高等医学教育事业和高校思想政治工作进行的有益探索和积极实践，具有很强的政治性与针对性。我们将携手并肩大力推进“白求恩精神”研究的理论创新和实践创新，开创“白求恩精神”研究新局面。“中心”的首批研究成果——《寻根白求恩》《践行白求恩》《志愿白求恩》《文化白求恩》《育人白求恩》《凝练白求恩》系列丛书的出版，必将从不同维度、多个角度诠释一个可信、可敬、可学的不曾远去的国际主义英雄战士以及展示老白校的传人们传承、践行、弘扬白求恩精神的优秀事迹，从而让注入新时代内涵的白求恩精神成为实现健康中国建设的重要力量，成为中华民族伟大复兴的中国梦的重要组成部分。

袁永林

中国白求恩精神研究会会长

2019年6月

总序2

诺尔曼·白求恩是伟大的国际主义战士，中国人民永远的朋友。在那片烽火硝烟的战场上，他留下了一个个感人的故事；在那段英雄逝去的记忆里，他的精神不灭，永留人间。1939年12月21日，毛泽东同志在延安杨家岭的窑洞里撰写了《纪念白求恩》一文，高度赞扬了白求恩的国际主义精神、共产主义精神、革命的人道主义精神、毫不利己专门利人的精神和"对伤员满腔热情""对工作精益求精"的精神，从而让中国人民铭记住了这位加拿大人的名字，更继承了这份宝贵的精神财富。八十年过去了，白求恩精神跨越时代、历久弥新，依然深深镌刻在中国人民的记忆中。

白求恩，一个外国人，却在中国现代史、中国革命史中产生了深远的影响，我们今人每一次向历史的回眸，都是一次思想的启迪、精神的洗礼。人们追忆白求恩，展现在眼前的总是一个忙碌的医生形象。为了纪念这位伟大的医者，中国人民用他的名字命名了他亲自参与创建和从事教学工作的学校，这就是于1939年在河北省唐县牛眼沟村成立的晋察冀军区卫生学校（白求恩医科大学前身）。这所创建于抗日烽火中的学校，几经迁址，数度更名，不变的是白求恩精神的传承，为国家培养了大批医学人才，造就了许多著名的医学专家，取得了丰硕的科研成果。2000年，白求恩医科大学与原吉林大学、吉林工业大学、长春地质学院、长春邮电学院合并组建成新吉林大学，2004年中国人民解放军军需大学并入吉林大学。原吉林大学前身，是抗日战争胜利后，为培养建立巩固的东北革命根据地和迎接新中国诞生所需的革命干部和专业人才而组建的东北行政学院；吉林工业大学前身，是为满足东北工业发展和长春第一汽车制造厂兴建对专门人才的需要而组建的长春汽车拖拉机学院；长春地质学院前身，是中华人民共和国成立之初，为满足国家大规模经济建设需要，培养地质技术干部而建立；长春邮电学院前身，是为支援解放战争，加速恢复与建设东北解放区邮电通信而组建的东北邮电学校；中国人民解放军军需大学是由中国人民解放军兽医大学几经改建而来，其办学历史可追溯到清朝末期开办的北洋马医学堂。至此，六所具有光荣历史的高等学府，文脉相融增色，合并共建生辉。

新吉林大学在老六校光荣的历史积淀和丰富的文化底蕴中，传承了深厚的人文内涵，涵养了独特的精神品质，白求恩精神在这里升华出了新的时代意义，当代白求恩精神熠熠生辉，继续闪烁着真理的光芒。七十多年的办学历史，学校根植于东北沃土，传承赓续了“‘红白黄’三源色精神”的血脉。红，是不忘初心、牢记使命的红色革命精神；白，是毛泽东同志概括总结的白求恩精神；黄，是习近平总书记对黄大年同志先进事迹重要指示强调的“心有大我、至诚报国”的黄大年精神。这三种颜色所代表的是吉大精神的源泉和动力，它们凝结着两代领导人的殷切期望，汇聚交融，一脉相承。教育部部长陈宝生在视察吉林大学时强调：“学习黄大年同志先进事迹、学习习近平总书记重要指示要和学习白求恩精神结合起来。这两大典型、两面旗帜构成了吉林大学的精神支柱和办学灵魂，也是吉林大学的宝贵财富。”这份财富属于吉林大学，也属于整个中华民族，既体现了吉大师生为天地立心、为生民立命、为往圣继绝学、为万世开太平的精神坐标，也承载了吉林大学立德树人、培养德智体美劳全面发展的社会主义建设者和接班人的使命担当。

战火硝烟中挺立不屈的灵魂，是树立信仰、信念、信心最好的精神食粮。2017年学校成立了吉林大学白求恩精神研究中心，着手创作白求恩精神研究系列丛书六部，分别是《寻根白求恩》《践行白求恩》《志愿白求恩》《文化白求恩》《育人白求恩》和《凝练白求恩》。两年多的时间里，丛书的编者们通过文献研究、人物访谈、实地采风等多种形式，对白求恩同志的事迹和白求恩精神做了系统的整理、研究和编撰。河北太行山、山西五台山、陕西延安、湖北武汉、加拿大的格雷文赫斯特市，丛书的编者们沿着白求恩生活、工作、战斗走过的足迹，收集白求恩的故事，感受其精神的伟大。相信这套丛书的出版，能还原一位真实可信的白求恩，凝练一位真诚高尚的白求恩，为新时代的医学学子、医疗卫生工作者乃至全国各行各业的劳动者树立一个可爱、可信、可学、能学的精神榜样和灯塔。

“一个人的能力有大小，但只要有这点精神，就是一个高尚的人，一个纯粹的人，一个有道德的人，一个脱离了低级趣味的人，一个有益于人民的人。”白求恩是这样的人，黄大年是这样的人，实现中华民族伟大复兴的中国梦需要千千万万这样的人。每一代人有每一代人的长征路，每一代人都要走好自己的长征路。不同的年代，同样的激情，作为当代中国人，我们是幸运的，我们有机会在新时代的历史方位中大展宏图、实现梦想，这是历史赋予我们的神圣使命，更是时代交予我们的责任担当。或许我们手中没有白求恩的手术刀，也没有黄大年的地质锤，但我们的心中同样涌动着奋斗的热血，这热血铸就了中华民族的魂，扎实了中华民族的根，这热血将在一代代中华儿女的血管中奔流不息，汇聚磅礴之力，创造美好未来！

杨振斌

吉林大学党委书记

2019年2月

目 录

CONTENTS

第一章　白求恩精神育人的内涵与价值

第一节　白求恩精神的内容与实质

诺尔曼·白求恩，加拿大共产党员，一位伟大的共产主义战士，1939年11月12日，他为中华民族的抗战事业和世界反法西斯斗争的胜利献出了自己的生命。2019年是白求恩同志逝世八十周年，在这八十年的时间里，白求恩精神一直与时俱进，为我们的工作、学习和生活提供前进的动力。纪念白求恩同志，仅仅有悲痛哀悼是不够的，我们更要继承他的革命精神，接受他留给我们的宝贵遗产，使白求恩精神这面旗帜更鲜亮地飘扬在新时代的中国。

1939年12月21日毛泽东发表《纪念白求恩》，指出白求恩精神"是国际主义的精神，这是共产主义的精神"，"白求恩同志毫不利己专门利人的精神，表现在他对工作的极端的负责任，对同志对人民的极端的热忱"[①]。据此可以对白求恩精神的内容与实质做出基本界定，其主要分为三个方面：一是伟大的国际主义、共产主义精神，二是毫不利己、专门利人的精神，三是对工作精益求精、对人民满腔热忱的精神。

一、伟大的国际主义、共产主义精神

毛泽东同志提出："一个外国人，毫无利己的动机，把中国人民的解放事业当做他自己的事业，这是什么精神？这是国际主义的精神，这是共产主义的精神，每一个共产党员都要学习这种精神。"[②]马克思主义认为，理想信念是一定时代的社会物质、生活条件的产物，是在实践中形成和产生的，共产主义的理想信念，就是在无产阶级登上社会政治舞台，谋求自身和全人类解放的过程中产生的。白求恩精神中体现的国际主义、共产主义精神也不例外，正是国际主义、共产主义精神激励着白求恩同志不远万里从加拿大来到中国，为中华民族的抗战事业和世界反法西斯斗争的胜利献出了自己的生命。

① 《纪念白求恩》,《毛泽东选集》第二卷, 北京: 人民出版社, 1991年版, 第659页。
② 《纪念白求恩》,《毛泽东选集》第二卷, 北京: 人民出版社, 1991年版, 第659页。

（一）共产主义理想信念的确立

共产主义的理想信念是在对资本主义社会制度的不断否定中发展起来的，马克思主义理论的产生使无产阶级看到了资产阶级制度中的弊端，看到了自己的历史使命，看到了想要追求的理想信念。白求恩同志1890年出生于加拿大安大略省北部的格里芬赫斯特城，他的家庭是一个传统的宗教家庭，父母都是虔诚的基督教徒。家庭的出身是无法选择的，但是人生的理想信念却是可以有自己的选择与追求的。进入多伦多大学后，白求恩在钻研医学的同时，摆脱了家庭信奉的耶稣“创世纪”说，接受了向基督教宣战的达尔文进化论。因为家庭条件的影响，年轻时的白求恩当过伙夫、教师、新闻记者和伐木工人，这些工作给了他更多的机会接触和了解劳动人民。1914年第一次世界大战爆发时，因为并不理解这场战争的性质并且怀揣着对“美丽的法兰西”的向往，他参加了战地救护队，可是，在那里他看到的是战争带来的罪恶，这让深受新思想影响的白求恩无法接受。他在给朋友的信中写道：“这场屠杀已经开始使我感到震惊了。我已经开始怀疑这是不是值得？在医疗队里，我看不到战争的光荣，只看到战争的破坏。”①他离开战场之后，专心致志地从事医务工作。在医学领域，他获得了巨大的成功，成为欧美著名的胸部外科专家。他在多年的医疗实践中接触到了不同阶层的人群，他热衷于为穷苦大众治疗疾病。

在同无产阶级工人交往的过程中，他看到了这些人身上的共产主义信念，感受到了他们对前途的信心和乐观，并深深被他们这种信念所吸引。“他会见他们的领袖，参加他们的集会，听取他们对失业困境的控诉，和他们一起讨论哲学问题、组织工会问题。他感慨地说：‘我可找到了这样的人，不过不是让他们跟着我走，而是让我和他们一起奋斗！’”②1935年夏天，白求恩去苏联参加国际生理学大会，他声明：“我并不是为了参加一个生理学大会而到苏联去的，而是另有更重要的原因。我主要想看看苏联人怎么生活，其次去看看他们在根除肺病方面在采取什么措施。”③他在苏联感受到了新生的苏联的变化，这一切带给了他深深的震撼。回到加拿大后，他开始与加拿大共产党接近，积极参与魁北克省共产党组织的报告会和马克思主义小组的研究活动。1935年11月，白求恩正式加入加拿大共产党，从此开启了他对共产主义理想信念的追求。他在加入共产党的日记中写道：“你不得不佩服这些人中一些人的精神，他们一无所有，但是他们在昏暗的会场里，在警察的棍子下，编织着一个丰富的、乐观的美景。有时很难听懂他们的话，有时甚至更难赞同他们纠缠不清的理论，但是很容易让人明白的是他们为了摆脱贫穷、困苦而一心

① 史桂生、梅清海主编：《弘扬白求恩精神　争做白求恩传人》，北京：军事医学科学出版社，2000年版，第34页。

② 张文琳著：《国际友人援助中国革命史记　国际友人在西北与华北》，北京：中国文史出版社，2008年版，第178页。

③ 史桂生、梅清海主编：《弘扬白求恩精神　争做白求恩传人》，北京：军事医学科学出版社，2000年版，第36页。

一德的奋斗精神所铸造出来的兴奋和热情。他们送给我一个新的名誉学位：我现在是医学博士，皇家外科医学会会员，同时也是‘白求恩同志’。这是一个光荣的称号，我觉得已经踏上了一条新的道路了。”[①]

（二）国际主义、共产主义精神的体现

虽然白求恩同志在中国只有一年多的时间，但这段时间他在中国战场上舍生忘我的治病救人、规范医疗环境、关心人民群众等一切活动无一不体现了国际主义、共产主义精神。毛泽东同志在《纪念白求恩》中说过：“列宁主义认为：资本主义国家的无产阶级要拥护殖民地半殖民地人民的解放斗争，殖民地半殖民地的无产阶级要拥护资本主义国家的无产阶级的解放斗争，世界革命才能胜利。白求恩同志是实践了这一条列宁主义路线的。……我们要和一切资本主义国家的无产阶级联合起来，要和日本的、英国的、美国的、德国的、意大利的以及一切资本主义国家的无产阶级联合起来，才能打倒帝国主义，解放我们的民族和人民，解放世界的民族和人民。这就是我们的国际主义，这就是我们用以反对狭隘民族主义和狭隘爱国主义的国际主义。”[②]朱德同志在白求恩同志去世三周年之际发表的《纪念白求恩同志》中也说过：“白求恩同志是富于国际主义精神的模范。他清楚地知道，无产阶级如果不能解放一切劳动人民、解放一切民族、解放全人类，就不能解放自己，所以他忠诚地帮助一切被压迫人民、一切被压迫民族争取自己解放的斗争。他曾经参加了西班牙人民反对德意法西斯侵略者和反对本国反革命军阀的斗争，又参加了中国人民的抗日战争。他把中国人民的解放当做他自己的事业。”[③]

1938年1月8日，白求恩从加拿大出发，带着医疗器械前往中国战场，他是在纽约国际援华委员会决定派一个医疗队到中国北方和游击队一起战斗时主动请求的，他认为他在西班牙战场上的经验可以运用于中国反法西斯战场。白求恩从加拿大出发，途经香港，再至武汉，在周恩来的安排下前往延安。但是他的延安之途却不是那么顺利：2月22日他由武汉乘火车北上，到达郑州后转车去西安途中，由潼关北渡黄河，前往驻晋西南洪洞乡下的八路军总部，但在临汾遇到了日军的进攻，不得已又南返至曲沃县高显，与一支给八路军转运粮食的队伍一起过汾河经新绛西去河津，后西渡黄河，从韩城乘八路军驻西安办事处来接他的卡车到达西安，跋涉万里，最终于4月1日到达延安。到达延安后，白求恩受到了毛泽东的亲自接见，在接见过程中，他向毛泽东表达了“我请求到前线去，到晋察冀边区去。一个军医的战斗岗位应该是离火线最近的地方。在那里我将使75%的伤员迅速恢复健康”[④]。在此之后，他行程安排一个接一个，在这期间他不断要求去往前线，去最需要他的地

① 李松晨主编：《名人传记大观：青少年必读古今中外名人传》第八册，北京：当代中国出版社，2004年版，第1957页。

② 《纪念白求恩》，《毛泽东选集》第二卷，北京：人民出版社，1991年版，第659页

③ 朱德：《纪念白求恩同志》，《解放日报》，1942年11月13日。

④ 李宗远、张丽丹：《国际友人与抗日战争》，北京：中国民主法制出版社，1999年版，第49页。

方。在面对延安的同志对他的特殊照顾时，他甚至与大家产生了争执："我不是为生活享受而来的，什么咖啡、嫩牛肉、冰激凌、软绵绵的钢丝床，这些东西我早就有了！但为了理想我都抛弃了！需要特别照顾的是伤员，而不是我。"[①]就这样，白求恩最终去往了他所向往的前线，到了最需要他的战士们的身边。从5月初到6月初，经过一个月的沿途视察与长途跋涉，白求恩终于到达了晋察冀军区司令部所在地——山西省五台县金刚库村。在这里，白求恩同志急于投入工作，大家劝他休息几天，他说："我是来工作的，你们要拿我当一挺机关枪使用。"在伤员最多最重的松岩口村，白求恩在第一周就检查了五百二十多个伤员，第二周即开始安排手术，在一个多月的时间里共做了一百多次手术，在这里，"白求恩同志不顾自己疲劳，走东村串西村，一个一个伤病员都经过非常细心的诊查。他每天自早忙到黑，晚间还召集各科医生护士汇报，查问每个伤病员的治疗与生活管理情况"[②]。身处前线，白求恩同志每时每刻都在治疗伤员，这段时间里，"老百姓看他如亲人，简直忘了他是加拿大人，白求恩同志自己也常说'革命友爱，不分中外'"[③]。

"'你们的战争是正义的，你们并不孤立。世界人民在支持你们。我们加美医疗队来中国就是证明。反抗法西斯和帝国主义是我们共同的任务。……我要向你们表示：我们要和中国同志并肩战斗直到抗战胜利。日本法西斯一天不赶出中国，我们一天不离开。今天我们支援你们，将来你们胜利了，会同样支援我们的！'时至今日，这些洋溢着无产阶级国际主义的预言，常在我的耳边回荡。"[④]在董越千的回忆中那些场景还有许多历历在目，在敌后战场，白求恩的物质生活十分清苦，但是他的精神生活却无比丰富，他有空就读《马克思主义手册》，经常让董越千给他讲述毛泽东的《论持久战》《抗日游击战争的战略问题》等，还会与聂荣臻司令员讨论世界形势、中国战局及边区战况，他不仅醉心于医务工作，也经常参与一些会议，休息时间与大家打成一片。"全体休息期间，大家放开歌喉。高唱《大刀进行曲》……白求恩同志和大家打成一片，放声歌唱。有人提议让他唱一个西方的歌，白求恩欣然同意。唱歌之前，他说：'今天当我坐在这儿的时候，我想起了全世界千百万为了把人类从贫困、愚昧中解放出来而斗争着的人们。我特别想起了西班牙人民，他们和你们一样在和法西斯战斗。因此我要唱一个国际纵队在西班牙战争中的歌——《塔洛莽营之歌》。'他以愉快的男低音唱道：'我们的家乡在远方，可是我们准备上战场。……我们对于法西斯一步也不让，哪怕枪弹密得像冰雹一样……'只有一个真正的国际主义者、共产主义者，他才能够四海为家，以天下为己任，能够为伟大的理想孜孜不倦的奋斗，而对个人的物质生活看得淡如流水，轻

① 张文琳著：《国际友人援助中国革命史记　国际友人在西北与华北》，北京：中国文史出版社，2008年版，第180-183页。
② 刘小康著：《我所见到的白求恩同志》，南昌：江西人民出版社，1965年版，第3页。
③ 刘小康著：《我所见到的白求恩同志》，南昌：江西人民出版社，1965年版，第10页。
④ 董越千：《青山到处埋忠骨》，《伟大的国际主义战士白求恩》，北京：中国青年出版社，1965年版，第53-63页。

若浮云。白求恩同志正是这样的人。”[①]在董兴谱的回忆中，也深深感受到了白求恩的国际主义、共产主义精神：一个头部重伤的伤员急需手术，但是当时白求恩大夫的头部手术器械留在了后方医院，没有带在身边。在等待手术器械拿来的过程中，为了不使伤员的伤口感染化脓，“只见白求恩大夫双腿跪在土炕上，弯着腰，手里拿着用药瓶代替的滴瓶，正在向伤员头部的伤口里滴入药水。一分钟滴几滴是有一定数量的，多了不行，少了也不行，他跪在那里一动不能动。原来是白求恩大夫想出这个办法给伤员清洗伤口和消炎，不使伤口感染化脓……许久，我们站的两脚都发酸了，而白求恩大夫仍然跪在那里，坚持着给伤员滴药水。”看到这一幕的工作人员都被深深地震撼了，“如果没有崇高的革命精神，对伤员不能体贴热爱，能够办得到么？在初次同白求恩大夫的接触中，他那伟大的国际主义和共产主义精神，便给我留下了难以磨灭的印象”[②]。

白求恩同志在来中国前后一段时间里在很多场合发表了很多言论，从其中一些言论中，我们可以看到白求恩精神中所蕴含的国际主义、共产主义精神：

“法西斯分子……现在又发动了对几乎占地球上四分之一人口的中国的进犯……如果让他们这种罪恶政策继续下去，我们就很可怀疑世界上的男女老幼还有什么安全保障。”[③]

“我没有钱，也不需要钱，可是我万分幸运，能够来到这些人中间，在他们中间工作。对于他们，共产主义是一种生活方式，而不是说一套或想一套。他们的共产主义是又简单、又深刻，像膝关节颤动一样的反射动作，像肺呼吸一样用不着思索，像心脏跳动一样完全出于自动。他们的仇恨是不共戴天的，他们的爱能包容全世界。”[④]

见微知著，睹始知终，这些行为、这些言论只是白求恩大夫在中国战场治病救人的一部分，但是就从这一部分中，我们看到了他身为一个外国人，以忘我的精神援助中国的抗日战争，为中国的民族解放奉献出自己的生命，这种精神就是在共产主义信念支撑下的伟大的国际主义、共产主义精神。

二、毫不利己、专门利人的精神

白求恩毫不利己、专门利人的精神体现在他工作时舍身忘我的工作态度。来到晋察冀边区的白求恩为了能让边区的医院更好地救治伤员，他一面给伤员检查诊

① 董越千：《青山到处埋忠骨》，《伟大的国际主义战士白求恩》，北京：中国青年出版社，1965年版，第53-63页。

② 董兴谱：《白求恩在特种外科医院》，《伟大的国际主义战士白求恩》，北京：中国青年出版社，1965年版，第77-78页。

③ 中国人民解放军白求恩国际和平医院编：《伟大的国际主义战士白求恩》，北京：人民美术出版社，1979年，第13页。

④ ［加］泰德·阿兰、塞德奈·戈登著：《手术刀就是武器　白求恩大夫的故事》，生活·读书·新知三联书店，1979年，第251页。

治，一面着手在现有的基础上把原来的后方医院改建成一所模范医院，为此他不辞辛苦，积极进行相关工作。“有一次，已经深夜一点多钟了，我发现他的窗户上还透着亮光，进去一看，他正在油灯下学习。我说，‘你年近半百，要注意休息！’他笑嘻嘻地握着我的手说，‘你们中国有句俗语说得好，活到老学到老嘛！’”由于白求恩同志忘我的工作，两个月后，模范医院建成了，他在建成典礼上讲话说：“……他们（指战士）为我们打仗，我们为回报他们，也必须为他们打仗。我们要打的敌人是疾病、死亡和残废……因为他们打仗……不仅是为了挽救今日的中国，而且是为实现明天的伟大、自由、没有阶级压迫的新中国。”①在冀中时，白求恩“曾经一连工作六十九个小时，替一百一十五个伤员做手术；同时，生活较艰苦，脸色不很好”②。面对大家对他的担心，希望他能休息几天时，他和大家讲起了在西班牙战场上的事，他在敌人的扫射中把伤员带到马德里后已是深夜，在漆黑的环境里他燃起油灯连夜为伤员治疗，工作了整整一夜，手术结束后才在躺椅上休息了个把小时，起来后又继续工作。他说：“对于一个革命的军医来说，这是极平常的事。”③他这种毫不利已、专门利人的精神深深地震撼了在场的战士和医护人员。

白求恩毫不利已、专门利人的精神也体现在他从不计较个人得失。他来到晋察冀边区后，生活十分清苦，住茅屋，点油灯，吃中国的蔬菜便饭，穿八路军的布衣草鞋，跟一个“八路”战士一样生活着。在艰苦的环境里，他徒步行军、登山下岭，无论环境如何，他都积极到前线开展救护工作。党为了照顾他的健康，每月给他一百元津贴费；专门给他派了一个炊事员。但他马上写信给毛主席，建议把这笔钱作为伤员的营养费。他说：“我从延安来，我知道毛主席、朱总司令津贴都很少，八路军官兵只吃几分钱菜，我愿过中国革命队伍普通一兵的生活。”“我是来支援中国的民族解放战争的，我要钱做什么？我要吃好穿好，就在加拿大不来了。”当时的同志们都知道白求恩来中国之前，“世界上几个最大的医科大学曾相继聘请他去讲授肺部外科治疗学，英国皇家学院外科学士会也邀请他去做会员。他个人经济收入也很可观……然而他却毅然抛弃了这一切，来到了中国过战场生活”。他曾在一封致毛主席的信中说过：“我在此间不胜愉快，且深感我们应以英勇的中国同志们为其美丽的国家而对野蛮搏斗的伟大精神，来解放亚洲。”④

白求恩同志毫不利已、专门利人的精神还体现在治疗伤员时无私奉献的行为。在一次手术中，伤员需要做离断手术，但是当时的情况是伤员本身失血过多、体温很高、精神萎靡，很难支撑这个手术。面对这种情况，白求恩果断提出给战士输血，但是又有新的困难出现——血源非常困难。医院工作人员已经为很多伤员输过

---

① 叶青山著：《伟大的国际主义战士白求恩》，武汉：湖北人民出版社，1966年版，第5页。
② 叶青山著：《伟大的国际主义战士白求恩》，武汉：湖北人民出版社，1966年版，第18-19页。
③ 叶青山著：《伟大的国际主义战士白求恩》，武汉：湖北人民出版社，1966年版，第18-19页。
④ 刘小康著：《我所见到的白求恩同志》，南昌：江西人民出版社，1965年版，第7-8页。

血了，看到这种情况，白求恩要求抽他的血，叶青山同志在回忆与白求恩共事时写过："我们考虑到白求恩同志年纪大了，身体又不太好，都不同意抽他的血。白求恩同志说：'不要拖延时间了，我是O型，万能输血者。前方将士为国家民族可以流血牺牲，我们在后方工作，拿出一点点血有什么不应该的！别耽误时间，救伤员要紧。'"[①]通过这次事情，在白求恩的建议下，晋察冀边区的志愿输血队组建起来了，不少伤员因此得到了新生。

白求恩同志毫不利己、专门利人的精神也表现在对工作极端负责任。在特种外科医院时，有一天晚上，白求恩大夫处理完伤员十二点多才去休息，当时从前线送下了九名伤员，董兴谱考虑到白求恩大夫辛苦一天了，就没有按照他的规定叫醒他，和王大夫一起按照他的要求处置了伤员。第二天天一亮，董兴谱就被白求恩大夫叫了过去。"凌晨五点半钟，我正在外科室整理器械，接待室的值班护士急匆匆地跑来，说白求恩大夫叫我。……我一走进接待室，就发现白求恩大夫神色很严肃。他指着伤员问道：'什么时候送来的？'我说：'半夜十二点多。'他又问：'从哪里送来的？'我告诉他是三五九旅从前线送来的。……白求恩大夫焦急地说道：'你要知道，从前方送下来的伤员都是重伤员，不然他们不会连夜送到这里来。你想了没有？在战斗中争取时间就是胜利，对抢救重伤病员来说，时间就是生命！将士们在前方不怕流血牺牲，英勇杀敌，我们在后方工作，三五个晚上不睡觉，又有什么关系的？今后不许这样照顾我。能抢救一个伤病员，为伤病员减轻一分痛苦，就是我们医务工作者最大的愉快。'"[②]白求恩认真地检查了伤员，并为两位重伤员做了手术，直到上午十点多才去吃早饭。晚上白求恩大夫为上午的态度向董兴谱道歉，董兴谱十分感动，心里想的是："白求恩大夫啊，你所做的一切，不都是处处为伤病员们着想么？你那毫不利己专门利人的精神，深深地感动了我，教育了我。"[③]这种毫不利己、专门利人的精神在白求恩在中国工作近两年的时间里通过具体事件一次又一次地展现在人民面前，影响并感动着他身边的同志们。

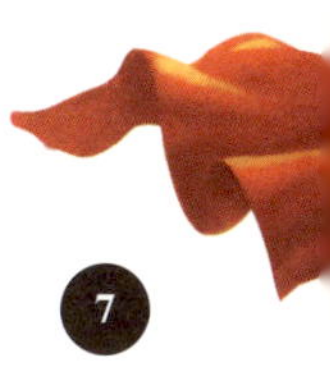

白求恩牺牲前一个多月的时间，用生命向我们展示了他毫不利己、专门利人的精神。1939年10月，为救治在敌人"冬季扫荡"中从摩天岭前线下来的伤员，白求恩和医护工作人员把手术室搭在了涞源县孙家庄，白布往木板戏台上一挂，就开始了紧张的工作。战斗到第二天下午，司令部紧急指示，说敌人分几路以孙家庄为中心包围过来。不一会就有哨兵进入手术室，报告北面山上发现敌人。在这种紧张的环境下，白求恩大夫继续手中工作，并问还有多少伤员，得知还有十个重伤员时，立刻要求：马上在这里添两张手术台，把伤员抬上来，一次抬三个。三张手术台上

---

① 叶青山著：《伟大的国际主义战士白求恩》，武汉：湖北人民出版社，1966年版，第10页。

② 董兴谱：《白求恩在特种外科医院》，《伟大的国际主义战士白求恩》，北京：中国青年出版社，1965年版，第80-83页。

③ 董兴谱：《白求恩在特种外科医院》，《伟大的国际主义战士白求恩》，北京：中国青年出版社，1965年版，第80-83页。

同时进行手术。几分钟后，哨兵又来报说至少几百名日军已经下山了，枪声仿佛就在身边响着。这时，白求恩生气地说了一句“糟糕”，原来他把左手划破了，只见他把左手放在碘酒里泡了一下，又继续工作。二十分钟后，只剩下一个腿部枪伤的战士，枪声响得更厉害了，哨兵又一次跑进手术室让他撤离，林金亮大夫扯着他的胳膊说：“我来接替你……”手术台上的战士也说：“白求恩大夫，你快走吧，把我带走丢下都可以！”但白求恩依然坚持说：“闹革命就不能先顾个人的安全。和法西斯作战，就不安全。如果为了个人安全，我就不到中国来了。只有消灭法西斯，才有最可靠的安全。共产党员不能首先为个人的安全着想。”[①]他在越来越密集的枪声中坚持把手术做完了。他们刚刚离开转入山沟，敌人就进了村。事后大家都说太危险了，他却说：“今天打了个大胜仗，完成了任务。八路军战士不怕枪林弹雨，轻伤不下火线，我是八路军里的卫生顾问，也应该这样嘛！我们能为英勇的指战员做完手术，这是我一生中最愉快的事。”[②]因为这次抢救，白求恩大夫的左手被划伤，后又局部发炎，就在这种情况下他仍旧坚持工作。在一分区甘河净后方医院第一所，在两天的时间里，他检查了两百多名伤员，给十三名重伤员做了手术。第三天部队准备继续前进，白求恩在做最后一次检查时，发现了一个头部丹毒的伤员，他说：“这个伤员伤势很重，必须立刻给他做手术。”[③]但手术中因为匆忙没有戴手套，他的左手中指被感染了病菌。尽管病情在折磨他，他不顾大家的劝说，继续坚持给伤员做手术，他中指发炎越发厉害，肘关节下发生转移性脓疡，而且体温已增高到39.6℃。他躺下来了，还叫翻译派通讯员通知各战斗单位，把所有伤员一齐送到他这儿来。同时他命令王大夫：要是有头部、胸部、腹部受伤的伤员，一定要抬来给他看，即使他睡着了，也要叫醒他看。直到后来，他接连呕吐，说话都没条理了，他还说：“我十二分忧虑的是在前方流血的战士，假使我还有一点支撑的力量，我一定留在前方。”[④]1939年11月12日凌晨，诺尔曼·白求恩同志最终还是离开了我们，他把毫不利己、专门利人的精神展现到了生命的最后一刻，为了中国人民的解放事业，为了世界反法西斯正义战争，献出了自己的生命。

三、对工作精益求精、对人民满腔热忱的精神

（一）对工作精益求精的体现

白求恩对工作精益求精的精神首先体现为他对工作的态度十分严谨。对医护人员在工作中发生的小错误他都会直接指出，要端正态度对待工作中的任何问题。

① 游胜华：《抗日烽火中的白求恩》，《伟大的国际主义战士白求恩》，北京：中国青年出版社，1965年版，第43-47页。

② 刘小康著：《我所见到的白求恩同志》，南昌：江西人民出版社，1965年版，第16-17页。

③ 林金亮：《一个高尚的人——白求恩同志片段》，《伟大的国际主义战士白求恩》，北京：中国青年出版社，1965年版，第126-127页。

④ 刘小康著：《我所见到的白求恩同志》，南昌：江西人民出版社，1965年版，第18页。

“有一次，他发现一个护士换药时，瓶里的药和瓶签不一致。他生气地立刻用软膏刀把瓶签刮掉，然后和蔼地拍着那个护士的肩膀说：‘亲爱的小同志，要知道这种粗枝大叶的作风会置人死地的，今后决不允许再有类似的事情发生。我们要对病人负责啊！’”①“听说在晋西北工作时，有一个医生在手术房里用手术刀削梨子吃，白求恩同志看到后，严肃地批评了这个同志。……有一次，我们在观摩别的同志做手术，有位同志把手插在裤兜里，白求恩同志看到了，立即说道：‘病房的工作人员，不能将手插在兜里，要将两手伸出来，做随时准备的姿势。这里没有旁观者。’”②在特种外科医院时，他规定只要他在医院，伤员送来必须经他亲自处理，这样做的目的是：“第一，及时发现送来的伤病员有无传染病，如丹毒或破伤风及其他传染病，以便及时进行隔离。第二，发现有重危的伤病员，他可以立刻采取措施，进行抢救，不至于耽误。第三，他亲自接待伤病员，根据他们的伤势部位和轻重不同进行分类，便于他掌握伤病员的情况。”③

白求恩对工作精益求精的精神还体现在他在工作时发现问题会想尽办法来改进。在战争环境下，边区的物资条件十分困难，医院制度也不是很健全，在消毒方面经常是一块纱布用了再洗、洗了再用，有时会导致消毒程序不够完善。面对这种情况，白求恩严格地指出：“不要小看消毒工作。要知道纱布、绷带上如果带有细菌，敷在伤员伤口上，就会发炎化脓，影响我们的创伤治疗工作。我们应该像消灭敌人一样来消灭敷料上的细菌。”在指出这种情况的不足后，他又结合实际情况提出了“消毒十三步”的建议，即“先把使用过的敷料，经过严格分类。不能再用的，立即按指定的地点深埋或烧毁。能再用的，又按被脓血污染的程度，分别进行彻底的洗濯和消毒；再放入‘浸洗盆’里，认真搓洗；再放入‘漂洗盆’里用温水漂洗；洗毕，在阳光下晒六个小时，然后折叠缠络好，装入布袋，放到蒸笼里蒸四至六个小时。从分类、洗濯到消毒，共经过十三道手续。……这个办法，后来我们一直推广和坚持下来”④。

白求恩对工作精益求精的精神更体现在他对工作的创造性上。在一次给伤员换药时听到有的伤员讨论换药时十分疼痛，白求恩十分重视这个问题，在多次检查后发现原来是因为在给伤员换纱布时，由于纱布干燥导致撕扯到伤口周围的肉芽，造成痛苦。对此，白求恩通过研究与实验，制造了一种名为“毕普（Bipp）”的药剂，是用黄碘、碱式硝酸铋、流动石蜡（或香油）混合配成油类剂，这种药剂既可

① 叶青山著：《伟大的国际主义战士白求恩》，武汉：湖北人民出版社，1966年版，第6页。

② 游胜华：《抗日烽火中的白求恩》，《伟大的国际主义战士白求恩》，北京：中国青年出版社，1965年版，第41–42页。

③ 董兴谱：《白求恩在特种外科医院》，《伟大的国际主义战士白求恩》，北京：中国青年出版社，1965年版，第80页。

④ 叶青山著：《伟大的国际主义战士白求恩》，武汉：湖北人民出版社，1966年版，第7页。

防止创面干燥，又有消毒作用，大大减轻了伤员在换药时的痛苦。[①]由于敌人对敌后战场的严密封锁，当时药品器材十分匮乏，导致医疗环境十分困难，在这种情况下，白求恩想了许多办法来克服困难，“没有凡士林，就用猪油配药膏，做成油纱布；自制石膏绷带；自配一种治疗战伤的软膏。这种软膏，轻伤上一次可愈，重伤上了也可以防止化脓。他用自己带来的几打刮胡须的刀片代替手术刀；用竹签滚棉球代替探针，用竹片代替镊子上药，等等……他根据在火线深入地观察和对典型病例的分析，针对战地救护存在的问题，集中了丰富的材料，系统地整理总结，而后提出工作计划和方案，写课本、造设备。他先后编著了《初步疗伤》《战伤外科组织治疗方法草案》《游击战争中师野战医院的组织和技术》等书”[②]。白求恩身处晋察冀边区，游击战争流动性非常大，为了实现“哪里有战斗到哪里去”的口号，他根据当地的实际情况，考虑组织“战地流动医疗队”。在对工作精益求精的精神鼓舞下，他草拟了“战地流动医疗队”的组织和装备表。“医疗队包括十个人，其中医生三人，麻醉师一人，手术室护士一人，勤务员、饲养员各二人，炊事员一人。携带的器材包括一个手术室、一个包扎室和一个药房的全部必需品。这些用品足够实施一百次手术，五百次包扎之用。这些用品只用两头骡子来驮运。其中一个驮筐比较简单，和老乡常用的驮筐差不多，专门用来装敷料。另一个驮筐是他专门设计的，外形像一座桥，用木板做成的。‘桥’顶上装各种外料用的夹板。‘桥’的两旁是两个箱子，打开箱门，里边各有三个抽屉，每个抽屉里又有若干小间隔，里面装各种手术器械和药品。应用的时候，把‘桥’从驮筐背上搬下来，放到手术室，取下箱子门，盖在‘桥’顶上，这就是一个‘换药台’。他给它起了一个有意义的名字，叫‘卢沟桥’。”[③]他的这种在医疗过程中的创造精神和创造行为对当时的战场上的医疗工作起到了重要的作用。

（二）对人民满腔热忱的体现

白求恩对人民满腔热忱的精神体现在他对待伤员时的全心全意。他曾说过：“伤病员是你的同志。在一切的事情当中，要将他们放在最前头，倘若你不把他们看得重于自己，那么你就不配从事卫生事业，实在说，也简直就不配当八路军。”1938年9月，白求恩带着医疗队在后方医院第一所时，当时从火线上下来了一百多名伤员，深秋的五台山夜晚已经很冷了，但是被子却不够使。白求恩在检查病房时发现了这一情况，他当即回到自己房间拿出被子给伤员盖。在他的影响下，医院里的三十多个卫生工作人员，也都把自己的被子拿给伤员盖。齐会战斗时，白求恩同志在温家屯旁边布置手术室，为七一六团三连徐连长做了手术，术后为了使伤员呼吸顺畅，他亲自动手做了一副靠背架，一边做一边说：“一个战地外科医

---

① 叶青山著：《伟大的国际主义战士白求恩》，武汉：湖北人民出版社，1966年版，第8页。

② 刘小康著：《我所见到的白求恩同志》，南昌：江西人民出版社，1965年版，第13-14页。

③ 游胜华：《抗日烽火中的白求恩》，《伟大的国际主义战士白求恩》，北京：中国青年出版社，1965年，第48页。

生，同时还要会做木匠、缝纫匠、铁匠和理发匠的工作。这样，才能算是好的外科医生。”之后每隔一段时间就看一次伤员，把省下来的罐头、牛奶和咖啡给徐连长吃，把别人送给他的梨子放在徐连长枕边，把香烟放在他嘴里，给他点火，还每天亲自给他做四顿饭。一二〇师卫生部部长看到白求恩这么辛苦，劝他让炊事员做，但是他却说：“药物只在一定程度上才有用，是最次要、最次要的，理学疗法和食饵疗法配合好，护理得好，伤病员就能够很快恢复健康，还是让我自己来做……”就这样精心护理了二十八天，直到徐连长伤势减轻，才让人把他送到后方休养。听到徐连长对他的感激，他只是说：“这是我应尽的责任，不要感谢，大家都是同志。我把你救活了，你就可以多杀敌人，保卫祖国。”①

在董兴谱的回忆中，白求恩时刻惦记着伤病员，十分关心伤病员的情绪，伤病员开心，他便十分高兴；伤病员闷闷不乐，他就坐到伤病员身边交谈，询问伤病员有什么困难。白求恩十分关心伤病员的护理情况，每次巡视病房时，他都会走到伤病员身边，伸手到褥子底下去摸，如果是湿的，当场就找人解决；如果碰到伤病员身体，伤病员猛一动弹，他立刻便知道伤病员生了褥疮，遇到这种情况他经常会告诫医护人员：“病人生了褥疮，就是我们医务人员的罪过。病人本来就痛苦，生褥疮更增加了痛苦。病人不能动，你们要帮他翻身；病人的被褥湿了，要立刻换上干净的。”他还十分关心伤员的生活。“有一次，一个重伤员吃不下饭，白求恩大夫知道了，就比比划划的问他想吃什么。伤员告诉他想吃鸡蛋羹。白求恩大夫连忙跑到厨房去，比划了好一阵，炊事员们还是莫名其妙。……翻译赶过来才真相大白，告诉老班长，白求恩大夫要他给伤员做一碗鸡蛋羹。……他看着老班长做好鸡蛋羹，直到护士给伤员端去了，他才满意地离开了厨房。”②有一次组织上给白求恩送来一只鸡，炊事员做成了鸡汤，何自新给他端了过去。“白求恩大夫一瞧鸡汤很好，饭也顾不上吃，立刻叫我再拿两个碗来，……两个人直奔病房。进了屋子，他走到两个重伤员面前，让我端着汤喂一个，他亲自喂另一个。……白求恩大夫还经常把组织上给他的水果，洗干净后，分送给伤员。”③看到治疗过程中有任何会给伤员带来痛苦的行为时，他都会指出改正，他的这种对工作精益求精的态度大大降低了对伤员在治疗过程中造成的二次伤害。“他看到护士搬动骨折的伤员的方法不妥当，就亲切地告诉他们说：‘要三个人同时行动，将双手放平在伤员的头部、臀部和腿的下面，慢慢地抬起来，这样伤员就不会感到痛苦了。’”他经常告诉工作人员：“医生的工作，就是要想一切办法，使你的病人减少痛苦，早日恢复健康。”

---

① 刘小康著：《我所见到的白求恩同志》，南昌：江西人民出版社，1965年版，第8-10页。

② 董兴谱：《白求恩在特种外科医院》，《伟大的国际主义战士白求恩》，北京：中国青年出版社，1965年版，第83-86页。

③ 何自新：《跟随白求恩大夫两年》，《伟大的国际主义战士白求恩》，北京：中国青年出版社，1965年版，第145-146页。

[1]白求恩同志的这种做法体现在方方面面，特种外科医院就是在一个伤员因延误治疗导致截肢的情况发生后，为减少这种情况的发生而成立的。白求恩同志在灵丘县河浙村旅后方卫生部检查伤员时发现一个没有上夹板、绷带缝里露出一截骨头的伤员，看到这种情况，他激动地说："是哪个医生负责？为什么不上夹板？中国共产党交给八路军的不是什么精良的武器，而是经过二万五千里长征锻炼的干部和优秀战士。对于他们，我们必须倍加爱护。宁可自己累一点，饿一点，不能让伤员受痛苦！"因为时间太久了，这个伤员最后不得不做了截肢手术。吃饭的时候，他还在为那个伤员惋惜。他说："假使一个连长丢了一挺机关枪，不消说是会受批评的。枪还可以夺回来，可是一条腿失掉以后，就不能再挽回了……"[2]对此他建议沿途设立救护站，以及时治疗伤员。后又筹备建立特种外科医院，给更多的医护人员传授专业的医疗技术，培养更多更标准的医护人员，以提高医护人员的工作水平来减轻伤员在接受治疗时的痛苦。

白求恩对人民满腔热忱的精神也体现在他对医务工作人员的关心。因为战争一直在进行，送来医院的伤病员一直都很多，所以医务工作人员的工作很辛苦，经常是凌晨五点起床，忙到晚上七八点，有时还要值夜班。白求恩时常到护理班看望大家，问大家有什么困难，累不累，休息得好不好。有一次手术时，董兴谱给伤员输了三百毫升的血，他自己觉得不算什么事，但是白求恩大夫非常关心，做完手术就去看他。[3]有一次白求恩查房时，发现一位手上生了疥疮的护士还在工作，十分关心，当得知是因为如果让生疥疮的护士休息，照顾伤员就会有困难后，白求恩说："现在护理工作很繁重，护士同志都很累。生了疥疮，晚上痒的厉害，休息不好，这样下去怎么能行？毛主席不是告诉我们要关心群众生活么？我们应当关心每个同志的健康。"当天他就亲自检查每个生了疥疮的同志，并制订了一个突击消灭疥疮的计划。林金亮大夫有一次脚被烫伤，白求恩大夫亲自为他敷药包扎，晚上还去看望林大夫。"他摸了摸我的被子，把大衣盖在我身上。"后来又担心他由于疼痛睡不着，还带去止痛药给他服下。[4]郎林的腿被马踢至骨折，白求恩让人把他抬至一个村子里后，立刻实施手术。"做手术后，他不愿意让我离开他，行军时，让担架抬着我，继续随他一起行动。担架是软的，行动起来一晃一晃，震荡的伤口生疼。白求恩同志为了减轻我的痛苦，亲自动手用木板给我钉了一个木匣式的夹板，把大腿全部固定在木匣里。晚上，他还照看我，有时深夜起来查看我的情况，给我倒开水

---

① 叶青山著：《伟大的国际主义战士白求恩》，武汉：湖北人民出版社，1966年版，第8页。

② 叶青山著：《伟大的国际主义战士白求恩》，武汉：湖北人民出版社，1966年版，第13-14页。

③ 董兴谱：《白求恩在特种外科医院》，《伟大的国际主义战士白求恩》，北京：中国青年出版社，1965年版，第88页。

④ 林金亮：《一个高尚的人——白求恩同志片段》，《伟大的国际主义战士白求恩》，北京：中国青年出版社，1965年版，第117-119页。

喝。这种深厚的阶级感情使我毕生难忘。”①

白求恩对人民满腔热忱的精神还体现在对人民群众的热心关怀。在救治伤员之余，他有时间还会去巡视群众的卫生工作。“有一次，他看见一位老大娘怀里抱的小孩是兔唇，便主动把小孩带进医院手术室，给缝合了起来，不久便长好了。这可把那位老大娘乐坏了，她为了表示感谢，特地送来了鸡蛋和枣子。但全被白求恩同志退回去了。还有一次，在冀西于家寨小庙旁边，看见一位老汉在哭泣。当他知道老汉家死了小孙子，便亲自到他家里去看，知道他家里很穷，就把自己的几元边币给了他为孩子买棺材。”②在医疗队回冀西山区时，因为敌人的严密封锁，只能晚上赶路，途中遇到了一个坐在自家门口满面痛苦之色的年轻人，白求恩看到他胸右侧鼓起了个大脓包，得知这个年轻人得了脓胸症，当即决定“停止前进，立即给病人开刀治疗”。当时一起随行的工作人员都感到十分为难，“因为器具都在驼子上，我们又处在敌人的封锁区域，万一在手术过程中被敌人发现，就会发生危险”。但白求恩看到老乡正在遭受病痛的折磨，还是坚决要为病人做手术。“手术时间只有二十分钟，排出大量脓液，看来很解决问题。包扎妥后，病人非常感激。”③这些事迹都是当时与白求恩共同工作的同志们亲身经历的，这只是其中的一小部分。白求恩同志对中国人民遭受的苦难十分同情，他还常常用不太熟练的中国话对老乡说：“亲爱的朋友们，要把悲痛化为力量，坚持抗日斗争。有了共产党、毛主席的领导，有聂司令员率领的边区子弟兵，会给你们报仇的，日本鬼子总有一天被打败的，帝国主义总有一天被消灭的，烧毁的房子将会盖得更好，日子会越过越甜……”④

1938年9月15日“模范医院”落成于山西省五台县松岩口村，“模范医院”是白求恩为了战争的实际需要，为了伤员得到更好的治疗，为了对其他地区的医务工作起到示范作用而提议建立的，这所医院是在全体医务人员和松岩口村全村群众的共同努力下建立起来的。白求恩同志在晋察冀军区模范医院开幕典礼上发表了讲话，他的这篇讲话正是白求恩精神的具体体现，这篇讲话饱含了伟大的国际主义、共产主义精神；饱含了毫不利己、专门利人的精神；饱含了对工作精益求精、对人民满腔热忱的精神。在会场上，“每一个到会的同志，都为白求恩同志高度的国际主义、共产主义精神深深地感动着”。

① 郎林：《怀念白求恩》，《伟大的国际主义战士白求恩》，北京：中国青年出版社，1965年版，第101页。
② 刘小康著：《我所见到的白求恩同志》，南昌：江西人民出版社，1965年版，第10页。
③ 郎林：《怀念白求恩》，《伟大的国际主义战士白求恩》，北京：中国青年出版社，1965年版，第96页。
④ 刘小康著：《我所见到的白求恩同志》，南昌：江西人民出版社，1965年版，第10页。

在晋察冀边区模范医院开幕时的讲话

（一九三八年九月十五日）

同志们：

感谢你们送我的美丽的旗子，以及对我所说的恳切的话。我觉得，而且我知道你们也一定觉得，今天是我们大家生命里一个重要的日子。它在我们一心一意要走的道路上添了一个新的里程碑（我实在应该说，“里”程碑）。

千百万爱好自由的加拿大人、美国人和英国人的眼睛都遥望着东方，怀着钦佩的心情注视着正在与日本帝国主义作着光荣的斗争的中国。这个医院的设备是你们的外国同志所供给的①。我被派来作他们的代表，我感到无上的光荣。你们不要以为奇怪，为什么在三万里以外地球的那一边和你们一样的人要帮助你们？你们和我们都是国际主义者。没有任何种族、肤色、语言、国界能把我们分开。法西斯们在威胁世界和平。我们必须击败他们。他们在阻碍着人类向社会主义社会前进的、伟大的、历史的、进步的运动，正因为加拿大、美国和英国的工人以及抱着同情的人明白这一点，所以他们现在帮助中国来保卫这个美丽可爱的国家。

我来到晋察冀边区，在这个医院里和你们一起工作，才不过几个月的工夫。我起初总觉得这是“你们的”医院，现在我却觉得这是“我们的”医院了。因为它是我们共同创造出来的。我们互相影响，使彼此都改变了，是不是？我或许可以说，我们彼此之间辩证地起了反应；我们使彼此都有了改变。我们起了变化的关系所产生的结果，就是今天开幕的这个顶呱呱的新医院。我从你们那儿得到了许多宝贵的教训。你们教给了我忘我的精神、合作的精神、克服困难的精神。我感谢你们给我这些教训。我唯一的报答，就是我也许曾多少教过你们如何去掌握技术。

运用技术，培养领导人，是达到胜利的道路。日本在不到五十年的工夫里，从一个第十等的落后国家变成了一个世界强国②。其中一部分的原因就是由于它采用了西方的技术。技术在日本是掌握在金融资本的独裁者的手里的，结果使日本成为全世界的公敌。技术掌握在中国劳动人民的手里，一定会使中国成为一个促进世界和平的伟大力量。那么中国必须模仿日本么？是的，在许多方面都要模仿。我们必须从我们的敌人那儿学习；我们必须在掌握技术方面效仿他们，并且超过他们；我们必须运用技术去增进亿万人的幸福，而不运用技术去增加少数人的财富。

在卫生事业上，运用技术就是学习着用技术去治疗我们受伤的同志。他们为我们打仗，我们为回报他们，也必须为他们打仗。我们要打的敌人是死亡、疾病和残废。技术虽然不能战胜所有这些敌人，却能战胜其中的大多数。

---

① 白求恩来华时曾带来了一批医疗器械，如显微镜、小型爱克斯光机等。

② 指1867年日本明治维新以后，学习西方的科学技术，振兴国家的情况。

技术这个名词，通常是用来形容对于材料和方法的掌握的。它是最进步、最有效率的做事的方法。它使我们控制自然，而不为自然所控制。因此我们可以说扫地的技术和组织医院的技术、上药的技术、动手术的技术、给病人洗澡的技术、扶起病人来的技术以及使病人舒适的技术，所有这些工作以及无数的其他工作，每一种都有正确的做法，也有错误的做法。正确的方法叫作"好的技术"，错误的方法叫作"不好的技术"。我们必须学习好的技术。

我们为什么必须学习好的技术呢？因为好的内、外科技术能使伤员好得快；减少他们的痛苦；减少死亡、疾病和残废。这些事都是我们分内的工作。倘使在前方作战的同志们问我们："你们在抗日战争中干了什么？"我们只有一个理由可说。我们的回答是："我们在医治伤病员。"他们也许要接着问："你们的工作做得好吗？"我们说："我们在尽我们的力量。"但是，最后这个问题，我们得在心里仔细想想的——我们确实是在尽我们最大的力量吗？

一个医生、一个护士、一个卫生员的责任是什么？只有一个责任。那责任是什么？那责任就是使你的病人快乐，帮助他们恢复健康，恢复力量。你必须把每一个病人看作是你的兄弟，你的父亲。因为，实在说，他们比兄弟、父亲还要亲切些——他们是你的同志。在一切的事情当中，要把他们放在最前头。倘若你不把他们看得重于自己，那么，你就不配从事卫生事业，也简直就不配在八路军里工作。

在英国，医院里有句老话："一个医生必须有一颗狮子的心和一双女人的手。"这意思就是说，他必须胆大、坚强、敏捷、果断，但是，同时也得和蔼、仁慈、对人体贴。这句话适应于每一个从事救治伤病员工作的人——医生、护士、卫生员。因此，你要时时刻刻地想着伤病员，时时刻刻地问自己："我还能多帮助他们么？"你要想方法去提高你的工作，掌握你的技术。

一开始你们需要教导和监督，因此你们需要领导人才。但是你们千万不要养成时刻得有人监督的习惯。那只是暂时的——你还在学习的时候。你最后必须要能够监督自己的工作。倘使你是个卫生员，你应该去找领导你的护士长、大夫或者护士。跟他们说："我等会儿还做什么？告诉我，做什么。我这么做对吗？"等到把交给你的工作做完了以后，你再到他那儿去跟他说："请你再给我些工作。"等你当上了大夫，你要照旧到处找事做，忙得天翻地覆。你一个人要做两三个大夫的事情，时刻研究怎样提高你的技术，时刻想着你的伤病员的舒适和福利。倘使别的大夫每天去看他们伤病员一次，或者隔一天一次，你每天去看他们两三次。你要时刻不满意自己和自己的工作，时刻计划怎样改善伤病员的情况，时刻教导别人。

同志们，我们不但需要技术，同时还需要领导人才来运用技术。我们的理想是要有一个能训练的、有责任心的、有技术的领导者。这样的一个领导者必须具备什么品质呢？他必须具备：第一，组织的能力。第二，教导的能力。第三，监督的能力。组织意味着计划——全面的计划和细致的计划。教导意味着把这个计划传给别人，把正确的技术教给别人。监督意味着经常检查计划的进展、纠正错误，以及通过实践来修正理论。最后，最重要的是工作，工作，工作。

我们的军队迫切地需要领导人才。每一个部门都在找领导人才。我们需要领导人才，甚于需要枪支和粮食。

我们这个医院有一项任务就是培养领导人才。当我谈到领导人才的时候，你们不要以为我想的只是将军、上校和边区主席。不，我所想的是整个军队和这整个军区，从那在所谓上头的大领导人到那在所谓下头的小领导人。但是，实际上，这里并没有什么上头和下头之分。那是一个错误的观念。我们的组织不像一所房屋——固定的、静止的、不变的。它好像一个行星——圆形的、流动的、活动的、能动的。它好像一滴水，由于各部分的凝聚和合作而结合在一起。因此，当我想到领导，我所想的主要是小单位的"小"领导人，而不是大单位的大领导人。要想进行革命，把人类社会改造成有主动性、有社会意识的人群，就必须从培养"小"领导人做起。等到那个工作完成以后，领导人（像国家一样）就将逐渐消灭。因此，虽然你们在现在，以及在很远的将来，都需要领导人，你们却必须学习着不依赖你们的领导人（我的意思是说，不要养成过分依靠领导人的习惯）。你自己就该做领导人，虽然你只领导你自己，因为每一个领导人都是先从领导自己做起的。

我们这些由于有点经验而领导着你们的人，是在费尽心机要让位给你们。我们急切地盼望你们来担当我们的工作和我们的责任。到那时候，我们就可以坐下来歇歇，并且来赞美你们这些各方面都胜过我们的人（当然是怀着友善的嫉妒）。

我们需要领导人，尤其是小领导人，作为起萌芽作用的核心，去深入广大的人民群众，唤醒他们，让他们认清现实，并且指导他们如何脱离贫困、愚昧和苦难。

现在让我回到本题，谈我们的本位工作。大夫们，你们要教导并监督你们手下的大夫、看护和招呼员。领导他们，给他们树立一个精神饱满、不顾自己、体贴别人的榜样。看护们，你们要指导你们手下的招呼员。领导并监督他们，做事要勤快，多做事，少说话。当你们自己还不懂的时候，不要太轻易地互相提供意见。练习独立工作，而不需要六七个人帮忙。自己能做的事情不要找别人做。

至于会议，它们是必需的而且是有用的。但是，跟着要有行动才真正有用。说话不能代替行动。人类发明了语言是用来描写行动的。我们要在原来的意义上使用它。

今天我们完成了我们预定要做的工作，这就是实现五星期计划，使这个医院成为八路军的最好的医院。我认为它确实是八路军中最好的，因为其他的医院大多数我都见过。但是我们却不能就此停留在这儿。我们必须继续计划和工作，使这个医院成为全中国军队中最好的医院。这是我们必须定下的目标。可是我告诉你们，这可不止需要五星期的时间，这事能办到吗？我相信一定能办得到。怎么才能办到呢？全仗着每个同志积极工作。必须大家合作，拿出精神，拿出热情，才能办得到。你们有这样的精神，这样的热情——把它应用到这个伟大的任务上面去吧。没有任何工作是琐碎的，没有任何工作是不重要的。

倘使我们中间有一个人不尽职，结果大家都要遭殃；倘使有一个人的工作特别好呢，结果大家就全得到好处。最后，我还有一句警告：我们要提高警惕，千万不要由于目前的成功而乱打如意算盘；不要欺骗自己；不要把主观愿望和实际成就混为一谈。因此，我们在批评当中要毫不留情，要狠狠地批评一切个人虚荣心，不要管年纪、地位和资历，倘使它们阻碍我们工作的发展。我们必须把所有的理论都拿到实际中去检验，唯有这样，我们的思想才能反映现实。

最后，对于所有为建立这个我们大家引以为荣的辉煌的医院出力的人们，我要表示感谢。我感谢木匠们，他们辛辛苦苦地修盖了这些房屋，做了改建工程，制造了病房的家具。我感谢做托马氏夹板的铁匠。我要表扬各位大夫、看护和招呼员。他们的工作都非常好。尤其应该表扬的是那些义务看护。他们中间许多是上了年纪的人。他们对于伤员的爱护是每天摆在我们大家眼前的，是忠心耿耿的榜样。村里的老百姓，无论男女都乐于和我们合作。在他们家里安插了这样多的伤员和工作人员，而且往往对于他们自己是很不方便的。我要感谢我们的管理科和勤务班。如果让我提名字，我可以提出十几个应该受表扬的人。但是我在这儿只提出两个。一个是刘同志，我们的政治指导员，感谢他不辞辛劳地工作。另一个是董同志，我的助手和翻译。要是没有他的耐性、他的好脾气和他的聪明，我一定是要不知所措的。

最后，在结束我的话以前，我要对八路军和游击队的伤员的勇敢以及他们从不抱怨的精神表示钦佩。对于这些人，我们只有用最大的体贴、爱护和技术，才能报答他们。因为他们打仗、受伤是为了我们，不仅是为了挽救今日的中国，而且是为了实现明天的伟大、自由、没有阶级压迫的新中国。那个新中国，虽然他们和我们不一定能活着看到，但是，不管他们和我们是否能活着看到幸福的共和国，重要的是，他们和我们都在用自己今天的行动帮助它的诞生，使那新共和国成为可能的了。但是，它能否诞生，要依靠我们今天和明天的行动。它不是确定不移的。它不是自己会产生出来的。要创造它，就必须用所有我们这些对于未来、对于人类以及对于那人类自己创造的伟大命运具有信心的人们的血和工作。唯有这样，它才能成为确定不移的。现在，让我们提高声音，让那些躺在病房里不能行动的人也都听见。同志们，我们向你们致敬！我们要以我们的爱护来报答你们。在那些英勇牺牲了的、我们未曾救活的战士的墓前，让我们说：我们永远不会忘记死者的牺牲。我们的目标就是那个他们为之牺牲的自由的中国。为着纪念他们，为着忠诚于我们的伟大事业，让活着的人和正在同死亡斗争的人共同保证我们的阶级友爱。无论在斗争中或牺牲中，我们都只有一个共同的目的，一个共同的思想。那样，我们就成为不可战胜的了。那样，我们就可以相信：即使我们不能活到胜利的那一天，我们以后的人将有一天会聚集在这里；像我们今天一样，不只是来庆祝一个模范医院的成立，而是来庆祝解放了的中国人民的伟大共和国的成立。[①]

第二节　白求恩精神的形成与发展

白求恩为中国人民的解放事业贡献了极大的力量，其精神犹如不朽的丰碑高高矗立，永远铭记在人民心中。白求恩精神的最终形成经历了一个发展的过程，其形成基础不仅包含白求恩青年时代的经历、在抗战期间的社会实践，还包含着其自身无私奉献的高尚品质及与传统医德紧密结合的历史渊源。在新的时代背景下，白求恩精神将被不断赋予新的内涵，也会更加发扬光大。

一、白求恩精神形成及发展的基础

（一）受祖父的影响

伟大的国际主义战士诺尔曼·白求恩于1890年3月4日出生在加拿大安大略省北部的一个小城市——格赖芬赫斯特，其祖父是多伦多市著名的外科医生，这对白求恩的生活及成长带来了潜移默化的影响，并使他在幼年时期就曾立志做一名像祖父一样伟大的外科医生，他将祖父的外科医生铜牌挂在自己的卧室门口，时时刻刻警醒自己。有一次，白求恩在解剖苍蝇和鸡骨头，母亲突然闻到一股刺鼻的臭气，才发现白求恩正在专心致志地研究刚煮熟的牛腿骨头，母亲赞许儿子做医生的志愿，便悄悄离开了。[②]从小对医学有着浓厚的兴趣，加之受祖父的熏陶和感染，这些为白求恩医学事业奠定了重要基础。

（二）青年时代的艰苦经历

青年时代的白求恩，由于父母靠仅有的薪水维持生活，收入较低，所以供不起白求恩及其弟弟上大学。在这种艰苦的条件下，白求恩自己勤工俭学，在大学食堂当服务员，利用寒暑假和课余时间，当炊事员、新闻记者、教师，并在加拿大北部的大森林里当伐木工，在轮船上当伙夫，这样的经历磨炼了白求恩的意志，使他与劳动人民有着广泛的接触和密切联系，也让他懂得了生活的不易与艰辛。在当伐木工期间，白求恩运用自己所学的知识给移民的工人教授英语及其他文化课，并结识了许多社会底层的工人，与他们做朋友。“我和工人们有了共同的语言，和他们在一起，我感到青年人的轻浮在我身上减少，我学会思考关于“社会”这个字眼

① 白求恩，《在晋察冀边区模范医院开幕时的讲话》，《伟大的国际主义战士白求恩》，北京：中国青年出版社，1965年，163-170页。

② 唐枢：《外国历史小丛书白求恩》，北京：商务印书馆，1964年版，第8页。

了。”[①]这为白求恩立志服务人民、奉献社会奠定了思想基础。

二、白求恩精神形成及发展的外因

广泛的社会实践是白求恩精神形成的外因。1914年第一次世界大战爆发，促成了白求恩积极参军的想法，当协约国对同盟国宣战的那天，白求恩就积极报名参军，并被分配到战地救护队，在战场上当了一名担架员，但中途因不幸受伤而同其他伤员一并回国，“之后又加入英国海军做医务工作，直到1918年11月第一次世界大战结束”[②]。在此期间，他真正认识到了战争的残酷与帝国主义的腐朽本质，他在给朋友的信中写道：“这儿的屠杀使我感觉到可怕极了。我开始怀疑是不是值得来这一趟。在医疗队里，我看不到战争的光荣，只看到战争的浪费。”[③]1924年冬，白求恩与其妻子在美国租用一间简陋的诊所，在接触大量的患病群体之后，他意识到最需要医疗的人，恰恰是出不起医疗费的穷人，并决定要改变这种不合理现象，免费为生病的穷人患者进行治疗。他以先进的医疗理论及技术研究拯救了大量的患病者，此后又以胸外科专家的身份加入蒙特利尔医院，并以高超的医疗技术闻名于世界。“他不仅在加拿大是第一等专家，即在世界上也是屈指可数的人材，英国皇家学院外科学士会邀请他去当会员，这是一个外科医生当时所得到的最崇高的荣誉。”[④]但他并不满足这些，反而一直在探索着为广大贫困大众服务的道路。“十年的生活实践，白求恩不仅有丰富的医疗经验，而且思想认识上也有很大的提高。”[⑤]1929年西方爆发的严重的经济危机让白求恩意识到西方制度的极其不合理，“他亲眼看到，几百万人受冻，而加拿大的农场主却让棉田荒芜；几千万人挨饿，而美国资本家却把小麦烧掉……”[⑥]贫苦的人民过着饥寒交迫、食不果腹的生活，由此引发的重病患者更是数不胜数，一群男女工人在大街上示威游行，高喊着“我们要面包！”“我们要工作，不要救济！”[⑦]白求恩感慨道：“一个一个地做手术，还不如到大街上去宣传。”他还要去找疾病的根源，到人民中间去，取消挂牌医生，彻底改变医疗制度。[⑧]此后，白求恩经常出访贫困家庭，并免费给受伤的工人看病，大家都称他为白求恩同志，他说：“这是共产主义者的普通工人给我的一个新的名誉学位，我觉得，我已经踏上了一条新的道路。”[⑨]

1935年白求恩来到社会主义国家苏联，在列宁格勒（圣彼得堡）参加国际生理

① 李丽：《论白求恩精神及其时代价值》，《党史博采》，2012年第4期，第4页。
② 唐枢：《外国历史小丛书白求恩》，北京：商务印书馆，1964年版，第10页。
③ 章学新：《白求恩》，北京：中国少年儿童出版社，1978年版，第2页。
④ 周而复：《白求恩大夫》，北京：作家出版社，1959年版，第6页。
⑤ 唐枢：《外国历史小丛书白求恩》，北京：商务印书馆，1964年版，第13页。
⑥ 文物出版社编辑编：《纪念白求恩　学习白求恩》，北京：文物出版社，1975年版，第2页。
⑦ 章学新：《白求恩》，北京：中国少年儿童出版社，1978年版，第4页。
⑧ 唐枢：《外国历史小丛书白求恩》，北京：商务印书馆，1964年版，第14页。
⑨ 章学新：《白求恩》，北京：中国少年儿童出版社，1978年版，第5页。

学大会期间，“参观、访问，并调查肺结核治疗情况，并发觉苏联肺病少的真正原因是社会制度和医疗制度的先进”[①]。次年，西班牙内战爆发，国内法西斯分子与德国、意大利法西斯相互勾结，大肆屠杀西班牙军民。在此情况下，西班牙援助民主委员会邀请白求恩作为医疗队队长率领医疗队来到西班牙，为支持正义的西班牙人民，白求恩毫不犹豫放弃了优越的工作环境，投身于火热的前线战场中。他说：“法西斯在西班牙已经开始动手了！如果我们不趁着还能制止他们的时候，在西班牙制止他们，他们将要到全世界去屠杀革命人民。”[②]他加入了国际纵队，奔赴西班牙反法西斯战场，了解救护伤员的情况，并组建了一个流动输血队，“十二个垂死的战士，由于白求恩的输血抢救才转危为安”[③]。人们激动得欢呼：“战地输血万岁！”此后，白求恩在战场上又拯救了成千上万伤员的生命，并为千万名孤儿组织了两个儿童村照顾他们，积极援助无家可归的人们，返回美洲号召美洲人们联合起来，抵制法西斯残暴政策，到处演讲、发表文章，运用舆论揭露英美法帝国主义的丑恶面目，并毅然决然地加入了加拿大共产党。这期间一系列的社会经历和实践让白求恩更加看清战争给人类带来的伤害和创伤，认识到这一切的根源来自资本主义制度的不完善和不合理，白求恩决心尽自己最大的努力改变这一现状。

三、白求恩精神形成及发展的动力

（一）投身于中国的抗日民族战争

继白求恩去多个国家及城市揭露法西斯强盗的暴行后，1937年当听到日本帝国主义的铁蹄踏入中国，开始疯狂侵略中国之后，他愤怒万分，焦急迫切地关注着中国的战争形势及发展，并激昂地说：“法西斯分子已经在向两千四百万人民（西班牙人民）进攻……现在又发动了对几乎占地球上四分之一人口的中国的进犯，如果让它们这种罪恶的政策继续实行，我们就得怀疑世界上的男女老幼还有什么安全保障。”[④]“我拒绝生活在一个制造屠杀和腐败世界里而不起来反抗；我拒绝以默认和忽视职责的方式来容忍那些贪得无厌的人们向其他的人们发动战争，西班牙和中国都是同一场战争的一部分。我要到中国去，因为我觉得那儿是最迫切需要援助的地方，那儿对我是最有用的地方。”[⑤]白求恩毅然决然选择去中国，帮助更多需要救治的战士和人民，他立即向国际援华委员会申请，并接受加拿大共产党及美国共产党的派遣，率领自己的医疗团队，来到水深火热的中国战场，在敌后抗日根据地为中国的抗战事业贡献了自己的伟大力量，并在来中国的途中，给自己的家属写信称：“西班牙和中国，都是同一战场中的一部分。我现在到中国去，因为那里是最迫切

---

① 唐枢：《外国历史小丛书白求恩》，北京：商务印书馆，1964年版，第14页。
② 文物出版社编：《纪念白求恩　学习白求恩》，北京：文物出版社，1975年版，第3页。
③ 唐枢：《外国历史小丛书白求恩》，北京：商务印书馆，1964年版，第19页。
④ 唐枢：《外国历史小丛书白求恩》，北京：商务印书馆，1964年版，第23页。
⑤ 文物出版社编：《纪念白求恩　学习白求恩》，北京：文物出版社，1975年版，第5页。

需要我的地方，也是我能够发挥作用的地方。”①

1938年的4月1日，国际共产主义战士白求恩历经两个多月的跋山涉水，顺利躲避了国民党飞机的轰炸扫射，从香港经过武汉安全来到了中国人民抗日战争的领导中心和革命圣地——延安。一路上白求恩亲眼看到了蒋介石统治下的农村，荒芜的土地，烧焦的村庄，流离失所的群众……他深深感到国民党统治的昏庸无能和百姓生活的困苦不堪。在经过八路军西安办事处时，白求恩会见了第十八集团总司令朱德同志，并向朱德同志表达了自己要为中国革命事业做贡献的决心和信心。朱德同志热情回答：“中国人民欢迎你，八路军指战员欢迎你；延安等待着你，前线等待着你！”②

白求恩顺利到达延安后，受到毛主席的热烈欢迎和接见。毛主席精辟地分析了中国抗战目前的形势、任务和中国革命发展的前途，表达了中国人民必将战胜日本帝国主义的必胜信心。白求恩听了毛主席的话受到深刻鼓舞和启发，他在日记中写道：“我在那间没有陈设的房间里和毛泽东面对面坐着，倾听着他从容不迫的言谈的时候，我回想到长征，想到毛泽东和朱德在伟大的行军中是怎样领导红军经过两万五千里的长途跋涉，从南方到了西北丛山里的黄土地带。由于他们当年的战略经验，使他们今天能够以游击战困扰日军，使侵略者的优越武器失去效力，从而挽救了中国。我现在明白了为什么毛泽东能感动每一个和他见面的人。这是一个巨人，他是我们世界上最伟大的人物之一。”③毛泽东的谈话更加激发了白求恩的革命热情。

随后他参观了延安的市容面貌及卫生医院，他惊喜地感叹道：“虽然延安是中国的一个古老城市，我立刻觉出它是管理得最好的一个城市。在汉口，我看到的是一片混乱，优柔寡断、昏庸无能的官僚政治的种种令人灰心的现象，可是在这里，在古老的建筑当中，街道是清洁的，一片蓬勃的气象，来来往往的人们，好像都知道自己是为什么目的而奔忙……这里有一个大学，吸引着来自全国各地的成千上万的学生。还有一个新成立的卫生学校。有一个正在发展的医院，医院的设备虽然简陋，却已实行了人人免费的医疗制度！”④

在接到中共的任务和通知后，白求恩立即同其助手和几名中国同志奔赴晋察冀边区工作。他说：“一个军医的战斗岗位应该是在离火线最近的地方，在那里，我将保证使百分之七十五的伤员，迅速恢复健康。”⑤白求恩等人翻山越岭，终于在六月中旬顺利到达晋冀察边区。当时，中共的医疗设备十分落后，医护人员也极其缺乏，“全根据地仅有二十五人，其中十名还是护士，当时伤员却有七百名左右。动

① 章学新：《白求恩》，北京：中国少年儿童出版社，1978年版，第11页。
② 章学新：《白求恩》，北京：中国少年儿童出版社，1978年版，第15页。
③ 章学新：《白求恩》，北京：中国少年儿童出版社，1978年版，第22页。
④ 章学新：《白求恩》，北京：中国少年儿童出版社，1978年版，第19页。
⑤ 章学新：《白求恩》，北京：中国少年儿童出版社，1978年版，第20页。

手术没有麻醉药，羊肠线是土法制成的，探针靠铁丝代替，钳子也是用铁片做的，甚至断肢使用木匠的锯子，治疗外伤靠自制的丸散高丹”[①]。白求恩的及时到来给予了中国战场极大的希望，给予了边区医务工作者极大的信心和鼓励，受到了人民子弟兵的热情欢迎和爱戴。他开始奔赴各地军区卫生部及后方医院，了解战场上伤员情况，每天工作时间甚至到达十八个小时，不顾疲劳、废寝忘食。他与中国人民一道反抗外来侵略的敌人，与中国人民一道艰苦奋斗，团结一心。在中国抗战根据地的一周内，他检查了五百二十多个伤员，平均每天为十多个重伤员做手术，他说：“现在我是在这个战场的中心的中心，现在我能真正体验这个惊天动地的战斗的奇异而崇高的精神了。”[②]有一次，一名同志因为工作任务太过繁重导致严重的神经衰弱，为了这个同志的健康，白求恩直接给聂荣臻司令写了一个报告，建议将其调至轻松的岗位，他写道：“他的工作过于重了，使他缺乏休息，缺少睡眠……我建议暂时把他调到其他岗位……要知道，以他现在的工作情况，是没有药物可以治疗他的神经衰弱的。他太宝贵了，不该使他受累太重。”[③]白求恩就这样废寝忘食地关心着每一个让他牵挂的病人，他的无私奉献的高尚品质深深感动着每一个人。

（二）在根据地建立模范医院

白求恩以其精益求精的技术和博学多才的医学知识很快受到大家的广泛好评，大家一致建议推荐白求恩同志为晋察冀军区的卫生顾问。毛泽东主席立即同意，并表示每月付给白求恩同志一百元津贴费，希望他能从现实出发，改进军区的医疗卫生工作和环境。白求恩兴奋地表示：“我感到无上的光荣，我现在的职务是：诺尔曼·白求恩大夫，晋察冀军军区的卫生顾问。”[④]但对于多给的补贴，白求恩诚恳拒绝，他说：“我的薪金，应该和士兵一样。事实上，士兵的需要都比我大，因为他们往往有家庭。而我，是个‘单身汉’，我的衣食，有组织上全部供给，我要这么多钱做什么？我要穿好的、吃好的，就不到中国解放区来了！我愿意过中国革命队伍普通士兵的生活。”[⑤]他在日记里写道：我没有钱，也不需要钱，可是我万分幸运，能够来到这些人中间，和他们一起工作。对于他们，共产主义是一种生活方式，而不是说一套或想一套。”[⑥]“我知道八路军官兵每天只有几分钱菜金，我是个八路军战士，不应该有任何特殊享受！”[⑦]

在毛主席的支持下，白求恩开始亲手制订晋察冀军区“模范医院”的工作计划，他一面紧张地治疗病重战士，一面在油灯下绘制图样，认真地思考着如何将后

① 唐枢：《外国历史小丛书白求恩》，北京：商务印书馆，1964年版，第26页。
② 唐枢：《外国历史小丛书白求恩》，北京：商务印书馆，1964年版，第27页。
③ 章学新：《白求恩》，北京：中国少年儿童出版社，1978年版，第32页。
④ 章学新：《白求恩》，北京：中国少年儿童出版社，1978年版，第37页。
⑤ 章学新：《白求恩》，北京：中国少年儿童出版社，1978年版，第39页。
⑥ 章学新：《白求恩》，北京：中国少年儿童出版社，1978年版，第39页。
⑦ 文物出版社编：《纪念白求恩　学习白求恩》，北京：文物出版社，1975年版，第15页。

方医院二所改建成为模范医院。当时他的房东张大爷感叹地说："白求恩同志真是把心全操在工作上了，白天见不到他，只有深夜，我睡一觉醒来才能见到他在灯影下写写画画。"[①]最终同军区负责同志商量之后，决定将医院地址设在松岩口，他积极与中国医务员、全村民众一道行动，"身强力壮的民工们，给医院粉刷病房，改建手术室；妇女们也组织起来，给医院缝制被褥和工作服；村子里的能工巧匠更是忙碌，他们忙着打一种医治骨折、固定部位的托马氏铁夹板"[②]。计划在五周之内将简陋的后方医院建设成模范医院，即"五星期计划"，最终在白求恩的指导和大家的不懈努力下，初具规模的模范医院终于建成了。"内外各科的治疗室、手术室、病房、办公室、接待室、娱乐场、洗澡池等应有尽有，手术台、器械桌、治疗箱、药品架、病床、衣被和其他许多医疗用具，全是由白求恩本人、中国医务同志以及村子里的群众动手制造的。"[③]白求恩愉快地说道："初到边区时，我总感觉这是'你们的'医院，现在，我却觉得这是'我们的'医院，因为它是我们共同创建起来的。"[④]

1938年9月15日，模范医院建成，并将医院命名为国际和平医院。为欢庆医院的建成，中央在松岩口小村庄举办了欢庆典礼，白求恩穿着臂膀上带着"八路"两个蓝字的军装，慷慨激昂地说："因为日本人残杀中国人民，我才要求到中国来的，我觉得这里是迫切需要援助的地方，这儿对我是最有用的地方。[⑤]……千千万万爱好自由的加拿大、美国及英国劳动人民的眼睛遥望着东方，怀着钦佩的心情注视着中国人民为反抗日本帝国主义侵略而进行的光荣斗争……对于八路军和游击队的伤病员，我们只有用最大的体贴、爱护和最好的技术，才能报答他们，因为他们打仗、受伤，是为了我们，是为了挽救今日的中国，是为了实现明天的伟大、自由、没有阶级的新中国。幸福的新中国，虽然他们和我们不一定都能活着看到，但重要的是，他们和我们都用自己今天的行动帮助了它的诞生，使那新共和国成为可能。"[⑥]"即使我们不能活到胜利的那一天，我坚决相信后来的人民将有一天会聚集在这里庆祝解放了的中国人民的伟大的共和国的诞生。"[⑦]白求恩的演讲激励着每一个爱好和平的战士，充分体现了白求恩对中国人民及中国革命事业的热爱，体现了白求恩不怕牺牲、勇敢奋斗、不屈不挠的反法西斯斗争精神和国际共产主义精神。

（三）亲自参加前线救护工作

马克思曾说过："那些为共同目标劳动因而使自己变得更加高尚的人，历史

① 文物出版社编：《纪念白求恩　学习白求恩》，北京：文物出版社，1975年版，第58页。
② 章学新：《白求恩》，北京：中国少年儿童出版社，1978年版，第40页。
③ 唐枢著：《外国历史小丛书白求恩》，北京：商务印书馆，1964年版，第31页。
④ 章学新：《白求恩》，北京：中国少年儿童出版社，1978年版，第41页。
⑤ 王雁，察哈尔：《纪念白求恩》，北京：解放军出版社，2005年版，第14页。
⑥ 唐枢：《外国历史小丛书白求恩》，北京：商务印书馆，1964年版，第30页。
⑦ 文物出版社编：《纪念白求恩　学习白求恩》，北京：文物出版社，1975年版，第30页。

承认他们是伟人；那些为最大多数人们带来幸福的人，经验赞扬他们为最幸福的人。”白求恩就是这样的人。1938年3月白求恩刚到延安就对毛主席说：“我请求到前线去，到晋察冀根据地，一个军医的战斗岗位应该是离火线最近的地方。在那里，我将使百分之七十五的伤员恢复健康，我带的医疗器具，足够供一个战地医疗队的需要。”[①]面对日军的疯狂进攻，白求恩亲自在前线参加救护工作，并在阵地布置好手术室，配合前线伤亡人员，积极抢救被病毒剧烈感染的战士，一个接一个，一场接一场，白求恩不厌其烦，每一个从战场上抬回来的伤员战士他都亲自动手，检查伤口，用自己所学的医疗理论和技术妥善处理，救死扶伤。他始终秉持着“对抢救伤员来说，时间就是生命”和“哪里有伤员，就到哪里去”的原则，出生入死抢救八路军伤员。面对着紧张、危险及艰苦的工作，白求恩的内心却无比幸福，他说：“我确实很累，但是我觉得长期以来，我没有这么高兴过，我感到满足，我正做着我要做的事情，这里到处需要我……置身于同志们之间，工作于同志们之间，对我真是无可估量的幸福。”[②]有一次，白求恩检查出一个股骨折断的伤员，由于贫血伤情十分严重，白求恩毫不犹豫地伸出自己的胳膊，命令他的助手抽他的血，并表示“从一个健康人身上抽点血，没有什么妨碍，因为他自己可以补上，如果能用我们的血，救活一个战士，胜过打死十个敌人”[③]，“他们为我们打仗，我们也必须为他们打仗，我们要打的敌人就是疾病、残废和死亡”[④]。白求恩不惜用自己的生命拯救无数个伤员战士，他说：“要一切为了伤员，一切为了阶级兄弟，一切为了无产阶级革命事业的胜利。”[⑤]“伤病员是你的同志，在一切的事情当中，要将他们放在最前头，倘若你不把他们看得重于自己，那么你就不配从事卫生事业，实在说，也简直就不配当八路军。”[⑥]白求恩是这么说的，也是这么做的。他在日记中写道：“对于我们不了解的东西，总是害怕，他们和我跟前所有的人都是如此。要想克服恐惧，最主要的事，是了解和知识。当他们看见了我如何取出自己的血，而事后对我并无妨碍，他们就觉得不再神秘、不再害怕了。”[⑦]大家在白求恩同志的感化下，纷纷报名献血并组成志愿输血队，真是哪里有群众，哪里就有志愿输血者。他不禁想起毛主席的话，“革命战争是群众的战争，只有动员群众才能进行战争，只有依靠群众才能进行战争”[⑧]。前方根据地战役不断取得胜利，是和白求恩大夫的工作分不开的，他高超的医疗技术鼓舞着每一个在战场上拼命杀敌的热血青年，战士们在

① 王雁，察哈尔：《纪念白求恩》，北京：解放军出版社，2005年版，第9页。
② 文物出版社编：《纪念白求恩 学习白求恩》，北京：文物出版社，1975年版，第5页。
③ 章学新：《白求恩》，北京：中国少年儿童出版社，1978年版，第52页。
④ 文物出版社编：《纪念白求恩 学习白求恩》，北京：文物出版社，1975年版，第57页。
⑤ 文物出版社编：《纪念白求恩 学习白求恩》，北京：文物出版社，1975年，第13页。
⑥ 刘小康：《我所看到的白求恩同志》，南昌：江西人民出版社，1965年版，第8页。
⑦ 王雁，察哈尔：《纪念白求恩》，北京：解放军出版社，2005年版，第37页。
⑧ 章学新：《白求恩》，北京：中国少年儿童出版社，1978年版，第54页。

战斗中高呼："拼吧！白求恩大夫就在我们后面。"①白求恩的名字成为一种鼓舞人心的战斗力量，闪耀着无限的光芒，大家都坚信，胜利一定属于中国人民。

此外，白求恩还千方百计地揭露日本帝国主义的残暴政策，宣扬中国人民抗战的伟大斗争精神。他通过拍摄日本飞机轰炸解放区、残害中国人民的恶劣行径以及中国军民英勇抗战、优待俘虏的照片，"千方百计向大后方、向敌战区、向侵华日军、向国外发稿，让全中国、全世界了解中国军队在顽强地坚持抗战，并努力争取瓦解日伪军"②。

（四）举办医疗培训班，创设卫生学校

白求恩常说，一个外国的医疗队，为中国的抗战出力，光是治疗伤病员是不够的，还要努力培养医务人材，来接替自己的工作，才算是完成了任务。他多么期望着把自己的技术，毫无保留地教给像方医生那样的战友，使那些放牛娃出身的八路军"医生"，掌握先进的外科医术啊！③为提高军区卫生干部的医疗技术水平，白求恩特意开设医疗训练班，自己编写和翻译教材，如《初步疗法》《战地救护须知》《十三步消毒法》等④，教授基本的医疗知识和应急处理方法，讲述如果遇到紧急情况应该如何处置，为什么这样处理，这样做对身体本身的影响有多大。他通过列举自己亲自完成的手术加以说明，并要求大家全面熟悉和掌握医院的各个环节的工作与程序，"不管是部长还是多年的医生，都要从看护员做起，一直到学会外科医生应该掌握的技术为止"⑤。例如消毒程序，白求恩规定了一套严格的消毒办法："把伤员换下来的纱布进行分类，先放在'浸洗盆'里洗去脓血，再放进'搓洗盆'里，认真搓洗，然后用温水漂洗干净，在阳光下晒六个小时，进行日光消毒，最后，在蒸笼里蒸几个小时，一共要经过十三道手续，才能使用。"⑥

实习周主要是针对各军分区和三五九旅卫生部派来参加的学员，"有的是后方医院的医生和护士，有的是卫生部门的负责同志"⑦，多数都并未受过专门的训练。针对此情况，白求恩为学员开设相应的课程，主要有"消毒防腐药在外科医疗上的价值""断离手术""托马氏夹板的应用""日光疗法"等，他还规定每个学员都要轮流实习做招呼员、护士直至责任医生⑧。在学员实习结束之后，白求恩又连夜赶出实习周的总结，发放给每一个学员。他说："在医疗技术上，我们必须经常检讨工作，寻求方法，若不如此，就不是真正的共产主义者。"⑨"运用技术，培养干

① 唐枢：《外国历史小丛书白求恩》，北京：商务印书馆，1964年版，第34页。
② 王雁，察哈尔：《纪念白求恩》，北京：解放军出版社，2005年版，第89页。
③ 章学新：《白求恩》，北京：中国少年儿童出版社，1978年版，第84页。
④ 王健：《论白求恩精神及其时代价值》，《世纪桥》，2010年第24期。
⑤ 唐枢：《外国历史小丛书白求恩》，北京：商务印书馆，1964年版，第35页。
⑥ 章学新：《白求恩》，北京：中国少年儿童出版社，1978年版，第33页。
⑦ 章学新：《白求恩》，北京：中国少年儿童出版社，1978年版，第84页。
⑧ 章学新：《白求恩》，北京：中国少年儿童出版社，1978年版，第86页。
⑨ 文物出版社编：《纪念白求恩　学习白求恩》，北京：文物出版社，1975年版，第16页。

部，是达到胜利的道路，在卫生事业上运用技术，就是学习着用技术去治疗我们受伤的同志，他们为我们打仗，我们为回报他们，也必须替他们打仗，我们要打的敌人就是——死。因为他们打仗，不仅为挽救今日的中国，而且为实现明天的伟大自由的中国。”①

一个学员在总结自己七天实习周的感受时，写道“这七天之中，也许是太兴奋的缘故，总觉得日子太短，一天天很快地就过去了，然而我想每一个代表在这七天实习中的收获，胜于读书七月，甚至于……每一个代表都感到空空而来，满载而归，尤其是我，要好好珍惜这七天的学习，作为我新的学习起点……”②

在白求恩到达冀西边区时，为给八路军培养更多的优秀医务干部，他再次建议创办卫生学校，并将自己唯一珍贵的X光机和显微镜捐赠给了卫生学校（晋察冀分校），后来命名为白求恩卫生学校，并编著了一些极有价值的战地医疗书籍，如《游记战争中的野战医院的组织与技术》《模范医院组织法》等。《游记战争中的野战医院的组织与技术》全书共分为九章，总结了白求恩同志在游击战争中救治伤员的实践经验。他在序言中写道：“战时卫生工作的组织是随着战争的方式决定的，游击战争就无所谓‘前方’或‘后方’，而经常在敌人的后方和两翼，甚至在敌人的中央进行战斗……在目前的游击战争里，采用了许多新的战斗方式，这些方式在二十五年以前不常遇到或未曾发明，它主要是队伍极端移动性，没有固定的或永久的阵地，一切行动都是迅速和变化无常的，因此现在的卫生工作的设施，必须适应这些条件。”③聂荣臻司令员高度评价了这本书，他说：“这是白求恩一生最后心血的结晶，也是他给予我们每一个革命的卫生者和每一个指战员的最后不可多得的高贵的礼物。”④此外，白求恩还提出民主管理医院的计划——医院组织法，由医院领导、医生、护士代表、伤员代表及驻在村的群众代表组成“院务委员会”⑤，负责管理全院的工作，还规定群众和医院之间可以互相帮助，医院有责任免费给群众看病，提供药品，群众有义务帮助医院工作，共同进步。

白求恩总说：“一个医生、一个护士的责任是什么？是使病人快乐，帮助他们恢复健康，恢复力量，必须把他们看作是自己的兄弟，实在说，比兄弟还要亲，因为他们是你的同志。”⑥他身体力行，不仅让医疗人员增长技能，同时也让他们学到很多的医学理论知识。对于每一个参加实习周的学员的医疗认知都有很大的提高和帮助，他们在汲取白求恩丰富的医疗知识之后，渐渐养成了严格的工作作风和高度负责任的态度，积极投身于中国的每一个战场和根据地，治病救人，救死扶伤。

---

① 周而复：《白求恩大夫》，北京：作家出版社，1959年版，第47页。
② 周而复：《白求恩大夫》，北京：作家出版社，1959年版，第54页。
③ 文物出版社编：《纪念白求恩 学习白求恩》，北京：文物出版社，1975年版，第18页。
④ 章学新：《白求恩》，北京：中国少年儿童出版社，1978年版，第115页。
⑤ 文物出版社编：《纪念白求恩 学习白求恩》，北京：文物出版社，1975年版，第16页。
⑥ 新华书店编辑部编：《学习白求恩》，北京：新华出版社，1950年版，第9页。

（五）在艰苦环境里坚持学习马列著作

白求恩同志在艰苦的抗战环境中，依然不忘坚持学习马恩列经典著作，学习中国共产党的路线方针政策。他总是随身携带着英文版的《马列主义手册》，一有空就会仔细地翻读和研习，毛泽东的著作他常常找翻译帮他学中文，他总能将马列主义思想同自己的工作联系在一起，一切从实际出发，发现问题并解决问题。例如，1939年1月在山西省灵丘县杨家庄，白求恩创建的“特种外科医院”，即是充分利用游击战的特点，“把群众的家当成医院，群众的炕头就是病床，把医院建立在人民群众之中”[①]，并将伤员按受伤部位进行分类，由专门的负责人进行处理，提高了看病的效率，使伤员的病情能够尽快得到处理。白求恩组成自愿献血队，即是学习毛泽东发动群众、依靠群众，从群众中来到群众中去的伟大真理。此外，白求恩编写的医疗书籍和教材都是根据我军的实际受伤情况及白求恩亲身经历的工作经验编制而成，使广大的医疗卫生员受益匪浅。总之，白求恩始终追随马克思列宁主义路线，坚决支持被压迫民族的解放事业，全心全意为中国抗战军民服务。

（六）生命垂危之际依然坚守阵地

白求恩在晋察冀边区党代表大会上，汇报医疗工作队时，曾说：“……我们来中国，不仅是为了你们，也是为了我们。我决心和中国同志并肩战斗，直到抗战最后胜利。我们努力奋斗的共产主义事业，是不分民族，也没有国界的。”[②]

1939年10月20日，白求恩即将启程回国，向世界人民宣传中国人民的伟大战争，不料日军侵略者突然聚集两万人向晋察冀边区发动进攻。白求恩听到这个消息，马上要求去参战，他说：“如果晋察冀边区受到挫折，敌人的阴谋得逞，那我这次回国就毫无意义了，我一定要参加战斗，等这次战斗胜利结束，再启程回国。”[③]他继续留下抢救伤员，在敌人围攻的紧急时刻，他还在坚持为伤员做手术，不小心划破左手中指，由于敌军的迫近并没有及时处理伤口，导致其手指发炎。后来在救治外科传染病伤员时，白求恩又亲自抢救，病人伤口里的丹毒传染给了他，使他的手指受到了致命的感染，但他依然没有放弃工作，忍着疼痛将病人从生死线中拉回来。在白求恩伤口并未愈合的情况下，他坚持仍要去前线工作，将自己的生命置之度外，还安慰大家说“不要担心，只留下两个手指头，我还可以照样工作”[④]，“一个医生到手术室，犹如战士上战场一样，受点伤是很平常的事”[⑤]，并倔强地称“你们不要拿我当明代古董，要拿我当一挺机关枪使用。我可以工作，手指这点小病，算什么”[⑥]11月8日，白求恩同志的病情开始恶化，体温持续升高，

① 文物出版社编：《纪念白求恩　学习白求恩》北京：文物出版社，1975年版，第34页。
② 章学新：《白求恩》，北京：中国少年儿童出版社，1978年版，第113页。
③ 章学：《白求恩》，北京：中国少年儿童出版社，1978年版，第122页。
④ 文物出版社编：《纪念白求恩　学习白求恩》，北京：文物出版社，1975年版，第20页。
⑤ 周而复：《白求恩大夫》，北京：作家出版社，1959年版，第54页。
⑥ 文物出版社编：《纪念白求恩　学习白求恩》，北京：文物出版社，1975年版，第21页。

但他仍一直惦记着前方部队的伤员情况，并坚持要求“派一个手术队立刻到前线去”。他深情地说：“我十二分惦记的是前方流血的战士，假使我还有一点支持的力量，我一定要留在前方！”①中共立即发出指令：“要不惜一切代价，把白求恩送出敌人威胁的地区，迅速转移到后方医院救治。”②

1939年11月12日，伟大的白求恩战士，加拿大优秀的共产党员，中国人民忠实的朋友，与全世界永别了，他把自己的一切贡献给了中国人民的解放事业，最终却牺牲了自己的生命。听到白求恩逝世的消息，战士们没有一个人不恸哭出声。“火线上的战士，听到这个消息，喊着‘为白求恩大夫报仇’的口号，向敌人阵地冲去……”③

逝世的前一天白求恩在给聂荣臻司令员的书信中写道：

“亲爱的聂司令员，今天我感觉非常不好，也许我会和你们永别了……请你给蒂姆·布克（时任加拿大共产党书记）写一封信，地址是加拿大多伦多城威灵顿街第10号门。

用同样的内容写给国际援华委员会和加拿大民主和平联盟会，告诉他们我十分快乐，我唯一的希望就是能够多有贡献。也写信给白劳德（时任美国共产党总书记）并寄上一把日本指挥刀和一把中国大砍刀，报告他我在这边的工作情形，这些信可以用中文写成，寄到那边去翻译，把我的相片、日记、文件和军区故事片等一概寄回那边去，由蒂姆·布克分散，并告诉他有一个电影的片子将要完成。

所有这些东西都装在一个箱子里，用林赛先生送给我的那18美金做寄费。这个箱子必须很坚固，用皮带捆住锁好，再外加三条绳子保险。将我永不变更的友爱送给蒂姆·布克以及所有我的加拿大和美国的同志们。请求国际援华委员会给我的离婚妻子（蒙特利尔的弗朗西斯·坎贝尔夫人），拨一笔生活的款子，或是分期给也可以。在那里（对她）我应负的责任很重，绝不可以因为没有钱而把她遗弃了。向她说明，我是十分抱歉的！但同时也告诉她，我曾经是很快乐的。两个行军床，你和聂夫人留下吧，两双英国皮鞋也给你穿了。骑马的马靴和马裤给冀中区的吕司令员。贺师长也要给他一些纪念品。给军区卫生部长两个箱子，尤副部长十八种手术器械，凌医生可以拿十五种，卫生学校的江校长让他任意挑选两种物品做纪念吧！打字机和松紧绷带给郎同志。手表和蚊帐给潘同志。一箱食品送给董同志，算作我对他和他的夫人、孩子们的新年礼物，文学的书籍也给他。给我的小鬼和马夫每人一床毯子，并另送小鬼一双日本皮鞋。照相机给沙飞，贮水池等给摄影师。医学的书籍和小闹钟给卫生学校。每年要买250磅奎宁和300磅铁剂，专为治疗患疟疾者和贫血病患者。千万不要再到保定、天津一带去购买药品，因为那边的价钱要比沪、

① 文物出版社编：《纪念白求恩 学习白求恩》，北京：文物出版社，1975年版，第21页。
② 章学新：《白求恩》，北京：中国少年儿童出版社，1978年版，第134页。
③ 刘小康：《我所见到的白求恩同志》，南昌：江西人民出版社，1965年版，第18页。

港贵两倍……

最近的两年是我平生最愉快、最有意义的时日，感觉遗憾的就是稍微孤闷一点。同时，这里的同志对我的谈话还嫌不够。

我不能再写下去了……让我把千百倍的谢忱送给你和其他千百万亲爱的同志。”[①]

在生命的最后一刻，白求恩还对身边的同志说：“请转告毛主席，感谢他和中国共产党给我的帮助。我相信，在毛主席的领导下，中国人民一定会获得解放！”并坚定地希望战士们“努力吧！向着伟大的路，开辟前面的事业”[②]。

伟大领袖毛主席给白求恩同志的挽词中，写道：“学习白求恩同志的国际精神，学习他的牺牲精神，责任心与工作热忱。”[③]中共中央委员会发了唁电：“加拿大共产党员白求恩同志，不远万里来华参战，在晋察冀边区八路军服务两年，其牺牲精神，其工作热忱，其责任心均称模范……白求恩同志的这种国际主义精神，值得中国共产党全体党员学习，值得中华全国人民的尊敬。”[④]

朱德总司令撰文对白求恩的不幸牺牲表示沉痛哀悼和深切慰问，他在追悼会上说：“白求恩同志的死是一个重大的不幸，我们遭受了一个巨大的损失，八路军的每一个同志都感到万分的悲痛，以他伟大的友爱，他的同情，他在战斗中的英勇，达到了革命道德的最高标准，他把他的生命献给了中华民族解放的事业，中华民族将永远怀着敬爱来纪念他，有一天全体进步人类也会敬仰他的。”[⑤]陕甘宁边区政府的挽联是：“万里跋涉，树立国际和平，堪称共产党员模范；满腔热血，壮我抗战阵垒，应作医界北斗泰山。”[⑥]延安《新华日报》还发表专文，沉痛悼念：“我们伟大的伤员救星陨落了！”此刻，耳边仿佛一直萦绕着《白求恩之歌》：秋风吹着细雨，延水奏着寝曲，从遥远的五台山，传来了悲痛的消息。我们用无边的哀悼，来纪念您！这里河边的石头，山上的野草，也在为您流泪。但是，亲爱的白求恩大夫，您静静地安息吧！在您的后面，全世界被压迫的兄弟，已经起来了，我们将追随您的光辉，高举新医学的旗帜，向白求恩开辟的道路，勇往直前！[⑦]他曾说过：“我万分的幸运，能够来到你们中间，与你们一起工作。”[⑧]

为了永远纪念白求恩同志，中央在河北省唐县修建了白求恩墓，并为白求恩同志举办了隆重的追悼会。在青山环抱的白求恩陵墓中，耸立着两块汉白玉石碑，一块正面刻着中央的悼词，背面刻着晋察冀司令部政治部撰写的志文，另一块碑石

---

① 文物出版社编：《纪念白求恩　学习白求恩》，北京：文物出版社，1975年版，第22页。
② 文物出版社编：《纪念白求恩　学习白求恩》，北京：文物出版社，1975年版，第22页。
③ 章学新：《白求恩》，北京：中国少年儿童出版社，1978年版，第145页。
④ 章学新：《白求恩》，北京：中国少年儿童出版社，1978年版，第145页。
⑤ 唐枢：《外国历史小丛书白求恩》，北京：商务印书馆，1964年版，第47-48页。
⑥ 王雁，察哈尔著：《纪念白求恩》，北京：解放军出版社，2005年版，第71页。
⑦ 章学新：《白求恩》，北京：中国少年儿童出版社，1978年版，第144页。
⑧ 文物出版社编：《纪念白求恩　学习白求恩》，北京：文物出版社，1975年版，第24页。

上，刻着晋察冀军区的祭文。[①]1940年，中央决定将军区卫生学校和附属医院命名为白求恩卫生学校和白求恩国际和平医院。

四、白求恩精神的形成及发展的渊源

白求恩 70 多年前说过："让我们把盈利、私人经济利益从医疗事业中清除出去，使我们的职业因清除了贪得无厌的个人主义而变得纯洁起来，让我们把建筑在同胞们苦难之上的致富之道，看作是一种耻辱。"[②]白求恩高尚的医德情操源自对传统医德的紧密结合与发展，古今中外，医学中的职业道德论数不胜数，隋唐医学大家孙思邈首创"大医精诚论"，提出"若有疾厄来求救者，不得问其贵贱贫富，长幼妍媸，怨亲善友，华夷愚智，普同一等，皆如至亲之想"[③]的主张。古希腊医学家希波克拉底指出："无论至于何处，遇男或女，贵人及奴婢，我之唯一目的，为病家谋幸福，并检点吾身，不做各种害人及恶劣行为，尤不做诱奸之事。凡我所见所闻，无论有无业务关系，我认为应守秘密者，我愿保守秘密。尚使我严守上述誓言时，请求神祇让我生命与医术能得无上光荣，我苟违誓，天地鬼神实共殛之。"[④]自古以来，广大医务人员恪尽职守，怀抱职业理想，都将治病救人作为一项神圣的事业加以认真对待，对患者一视同仁，遵循最优化原则，不谋个人私利。白求恩对工作的高度热爱，对人民生活的高度关心，对战士伤亡抢救的高度负责，正是对中国传统医德的真实反映和集中体现，与中国的传统美德融为一体，成为一种伟大的振奋人心的力量，特别是在医疗卫生行业，已经形成一种风范、一种楷模、一种准则、一种传统。白求恩精彩的一生中，闪耀着为社会、为人民贡献一切的崇高思想，这种全心全意为人民服务的无私奉献精神，已成为我们进行思想道德建设和职业道德建设的最好教材，在今天的社会主义核心价值观的建设中，仍需要大力弘扬和传承。

基于此，白求恩精神逐渐形成并发展，它的形成和发展既有必然性因素，也有偶然性因素，随着时代的进步及科技的发展，白求恩精神永远不会成为过去式，它已经根植于人民内心深处并且成为一种永久的内在信仰，成为中国历史发展过程中的一个精神标识。它的形成与发展为中国共产党人献身共产主义事业提供强大精神支柱，为中国共产党人全心全意为人民服务的思想发展提供强大的文化根基，为推动医疗卫生及各项事业发展提供强大的道德支撑，对于中国民主革命时期、社会主义建设时期、改革开放时期及新时代时期都有重要的意义和价值。

白求恩是一面旗帜，他为中国的革命事业做出了极大的贡献，白求恩不怕牺

① 王雁，察哈尔：《纪念白求恩》，北京：解放军出版社，2005年版，第64页。
② 《健康报》评论员：《白求恩精神来自抗战的力量源泉》，《健康报》，2015年9月3日第1版。
③ 李丽：《论白求恩精神及其时代价值》，《党史博采》，2012年第4期。
④ 刘耀光主编：《医学伦理学》，长沙：中南大学出版社，2009年版，第156页。

牲、至死不渝、艰苦奋斗的国际主义精神将不断照亮中国革命的道路，他将永远被中国人民和世界人民所铭记，将永远活在中国人民和世界人民的心中，尽管过去将近80年了，但白求恩精神一直永放光芒！让我们更好地学习白求恩，“保持过去革命战争时期的那么一股劲，那么一股革命热情，那么一种拼命精神，把革命工作做到底”[①]。

第三节 白求恩精神的特色与精髓

白求恩精神的特色与精髓即是白求恩始终秉持着为人民服务的宗旨，救死扶伤、无私奉献；毫不利己、专门利人；不畏艰苦、持之以恒；精益求精、极端负责的大无畏精神。

在实现中华民族伟大复兴之际，大力弘扬白求恩精神，是实现社会主义和谐社会的重要任务，是大力培养和宣传社会主义核心价值观的有力手段，是加强医风医德建设的重要途径，是培育社会主义先进文化的迫切要求，亦是推动高效思想政治教育内容的重要基础。因此，将引领和弘扬白求恩精神作为新时代传播正确价值观的重要载体，大力宣传和继承白求恩精神具有重要的理论意义和现实意义。

一、白求恩精神有利于培养社会主义核心价值观

毛主席在《纪念白求恩》一文中，对白求恩的事迹进行了阐述，并对白求恩精神给予了评价：“一个人能力有大小，但只要有这点精神，就是一个高尚的人，一个纯粹的人，一个有道德的人，一个脱离了低级趣味的人，一个有益于人民的人。”[②]白求恩精神与我国社会主义核心价值观相契合，“它不仅蕴含着社会主义核心价值观的基本元素，契合中华民族传统的价值观念，而且具有广泛的群众基础，在我国广大民众中具有很高的共识度”[③]。所以，大力宣传、倡导和培育白求恩精神，有利于正确弘扬社会主义核心价值观，推动社会主义核心价值观以更加通俗易懂的方式深入人心。

党的十八大报告强调要深入进行社会主义核心价值观体系的学习，指出要用社会主义核心价值体系引领社会思潮、凝结社会共识，并首次明确提出社会主义核心价值观的基本内容，即倡导富强、民主、文明、和谐，倡导自由、平等、公正、法治，倡导爱国、敬业、诚信、友善。富强、民主、文明、和谐是国家层面的价值目

① 中共中央文献研究室编:《毛泽东文集》第7卷，北京：人民出版社，1993年版，第284页。
② 《纪念白求恩》，《毛泽东选集》第二卷，北京：人民出版社，1991年版，第653页。
③ 魏晓玲:《白求恩精神与培育和践行社会主义核心价值观》，《河北软件职业技术学院学报》，2014年第4期。

标，自由、平等、公正、法治是社会层面的价值取向，爱国、敬业、诚信、友善是公民个人层面的价值准则，“三个倡导”集中体现了社会主义核心价值观的核心追求及终极目的。习近平在十九大报告中再次指出，社会主义核心价值观是当代中国精神的集中体现，凝结着全体人民共同的价值追求，要把社会主义核心价值观融入社会发展各方面，转化为人们的情感认同和行为习惯。在中国特色社会主义进入新时代的大背景下，我们要将白求恩精神赋予新内容、新特征、新思想，使其永远散发活力与生机。

（一）白求恩精神契合中国传统价值观

白求恩精神之所以被人们广泛认同和接受，根本原因是白求恩精神所包含的国际主义、共产主义精神，毫不利己、专门利人的精神，对工作精益求精、对人民满腔热忱的精神与中国传统的价值观相契合。

白求恩将医生作为自己终身的职业，在加拿大、在西班牙战场上、在中国的抗日战场上，他都以极度高昂的热情和高度负责任的态度，积极投身于战地医疗事业。他说：“我是来工作的，不是来休息的，你们要拿我当一挺机关枪使用，而不是摆在客厅里供人们欣赏的明代瓷瓶。”[①]他不分昼夜、废寝忘食，即使伤口感染也不忘给伤员做手术，在手术极度缺血的情况下，白求恩首先将自己的胳膊伸出来，给伤员献血挽救伤员的生命，这种精神与中国古代医学大家的不分白天黑夜救死扶伤的精神相一致，他们都将治病救人、无私奉献作为行医的根本之道。再如，白求恩在中国革命战场上，利用有限的条件与资源，广泛实践与考察，亲自动手研制手术疗法。“他热烈地学习着，记录下他对气胸疗法的反应， 深入钻研肺结核的外科疗法。”[②]他努力做到求真务实，勇于创新，从实际出发，极大提高了中国战地医疗卫生的救治水平，这正与中国古代的医学家花费自己毕生的精力投入到实地考察药品、跋山涉水采摘中药、反复研制并根据亲身经历和实践编写医学书籍，如李时珍《本草纲目》、张仲景《伤寒杂病论》、孙思邈《千金方》及陶弘景《本草经集注》等相契合，都是历时许久甚至几十年编制而成，他们这种敬业精神及求真务实的精神在实质上是统一的。

（二）白求恩精神具有引导性和启发性

改革开放以来，广大医疗卫生人员以为人民服务为基本宗旨，一切为了患者，一切为了健康，他们坚守在自己的医疗岗位上默默付出，为中国特色社会主义医疗事业做出了重要贡献。但应该承认的是，随着社会主义市场经济的出现及商品经济的冲击，部分医疗机构开始出现白求恩精神“已经过时”“已经淘汰”等错误想法，思想政治素质急速下滑，直接影响医疗事业的发展。在这种情况下，大力宣扬

---

① 章学新：《白求恩》，北京：中国少年儿童出版社，1978年版，第28页。

② ［加］泰德·阿兰，赛德奈·戈登著，巫宁坤译：《手术刀就是武器：白求恩传》，上海：上海文艺出版社， 2005年版，第51页。

和发展白求恩精神极为迫切，“只有从理论上阐明在新时期发扬白求恩精神的重要性和必要性，才能使白求恩精神具有时代感，具有鲜明的时代特征，具有强大的生命力，才能避免人们的反感情绪而变为自觉行动”①。因此，要“大力弘扬白求恩的优秀事迹，发挥其高尚精神的感染作用，坚持发扬白求恩精神与树立身边的先进典型相结合”②，经常教育和引导广大医务工作者学习白求恩精神，发扬白求恩精神，进行典型性教育，在学习和宣传白求恩精神的同时，可以把学习雷锋、孔繁森、焦裕禄、任长霞等英雄模范人物的突出事迹结合起来，缅怀先烈的光荣历史，充分发挥典型人物精神塑造个人价值观的引导性作用，学先进、树新风、找差距、比贡献，使学习白求恩精神具有更强的说服力、感染力和生命力。当然，在发现和引用典型事迹时要注意：一是典型的事迹要过硬，具有说服力，使人感到信服。二是帮助典型提高认识，认真总结经验，鼓励他们把自己的先进事迹宣传给群众，让大家赶有标杆，学有榜样，更广泛地弘扬新时期的白求恩精神，促使医德医风建设打开一个全新的局面。此外，“还要结合当前实际，深入探讨白求恩精神与市场经济、白求恩精神与个人利益、白求恩精神与国家利益等问题，从思想上帮助人们正确认识继续发扬白求恩精神的意义，怎样继续发扬白求恩精神，以及白求恩精神的实质与内涵等”③。树立正确的社会主义核心价值观，摒弃白求恩精神过时的想法，牢固树立服务人民、奉献社会的思想。

（三）白求恩精神可以促进核心价值观的推广与践行

党的十八大以来，以习近平同志为核心的党中央领导集体始终致力于“五位一体”的全面建设，更加强调文化建设在五个建设中的重要作用。精神文明建设是文化建设的重要部分，如何提高社会主义精神文明建设，关键是如何更好地践行社会主义核心价值观，这不仅需要对社会主义核心价值观进行深入的挖掘，还需要积极发掘推广与践行社会主义核心价值观的有效载体。从一定意义上说，白求恩精神是社会主义、国际共产主义思想道德价值的载体，是中华民族传统美德和高尚情操的重要组成部分，深刻蕴含于社会主义精神文明建设之中，是社会主义精神文明和共产主义道德的主要范式。白求恩精神中所蕴含的无私奉献、舍己为人、精益求精、求真务实、爱党敬业的工作作风，都是社会主义核心价值观所推崇和弘扬的。因此，要实现中华民族的伟大复兴，实现全面建成小康社会的目标，需要大力培育和弘扬白求恩精神，即对白求恩优秀的、感人的事迹做以准确的、通俗的解读，“使不同知识层面的人都能够准确理解价值观的含义，将社会主义核心价值观所蕴含的意义通过社会已有的或者曾经的范式标示出来，使民众找到其与自己价值观念的契合点，将社会所倡导的核心价值观典型化到具体的人物和事件中，作为人们学习和践行

---

① 继珍，杨鹏：《医德医风建设与弘扬白求恩精神》，《才智》，2012年第18期。

② 周虹，王丽钧：《弘扬白求恩精神　加强医德医风建设》，《学习月刊》，2009年14期。

③ 于继珍，杨鹏：《医德医风建设与弘扬白求恩精神》，《才智》，2012年第18期。

的榜样”[①]，并通过对白求恩精神价值的挖掘，推广至医学精神、科学精神、人文精神等更大意义上的精神价值，从而真正促进社会主义核心价值观的传承与发扬。

二、白求恩精神有利于塑造优良的医德医风

党的十七大为卫生事业发展指明了前进方向。“加强医德医风建设”首次写进党代会的报告中，对加强新时期医德医风建设提出新的任务和要求。[②]白求恩精神是医德医风建设的精神内核，大力弘扬和宣传白求恩精神，对于加强医德医风的建设、强化医务工作人员的理想信念、整顿医疗卫生行业的不良风气、满足人民群众对医疗服务的基本需求有着重要的理论意义和现实意义。

（一）白求恩精神可以强化医疗人员的理想信念

党的十八大以来，习近平总书记多次强调理想信念的重要性，他在主持十八届中央政治局第一次集体学习时就指出：“理想信念就是共产党人精神上的‘钙’，没有理想信念，理想信念不坚定，精神上就会‘缺钙’，就会得‘软骨病’。”[③]他强调：“坚定理想信念，坚守共产党人精神追求，始终是共产党人安身立命的根本。”[④]“对马克思主义的信仰，对社会主义和共产主义的信念，是共产党人的政治灵魂，是共产党人经受住任何考验的精神支柱。”[⑤]党的十九大报告中再次指出，将坚定理想信念作为党的思想建设的首要任务，是党的建设的重要根基，广大党员及干部要始终坚定理想信念，始终遵循革命理想高于天。总书记关于坚定理想信念的系列论述，深刻揭示了理想信念教育的重要性。因此，共产主义远大理想和中国特色社会主义共同理想，是中国共产党人的精神支柱和政治灵魂。同样，加强医德医风的理想信念教育对于加强医务人员的医德医风建设具有不可估量的作用。

保持崇高的理想信念是医德医风建设的强大支撑，而白求恩精神的内核即他有着崇高的精神信仰与坚定的理想信念，这正是与现代医务人员的道德培养相契合的地方。白求恩是加拿大一名伟大的共产党员，但在听到中国遭受日本帝国主义铁蹄的践踏时，他毅然决然地选择投入到中国的抗战事业中，放弃自己在国内优越的环境条件，率领自己的医疗团队跋山涉水不远万里来到中国，克服种种不利因素，只因为白求恩明白自己肩上的职责和重担。他始终坚持自己内心的信仰和信念，即为大多数劳苦的工人服务，为大多数人谋利益，哪里有危险，就去哪里的高尚品质，这也是白求恩精神仍然光辉四射的原因。所以，在对医务人员进行理想信念教育时，要重点突出白求恩精神的典型事迹，时刻要求医务人员要将坚守理想信念作为

① 魏晓玲：《白求恩精神与培育和践行社会主义核心价值观》，《河北软件职业技术学院学报》，2014年第4期。

② 周虹，王丽钧：《弘扬白求恩精神　加强医德医风建设》，《学习月刊》，2009年14期。

③ 中共中央纪律检查委员会、中共中央文献研究室编：《习近平关于党风廉政建设和反腐败斗争论述摘编》，北京：中央文献出版社，2015年版，第137页。

④ 石国亮著：《三严三实专题教育学习读本》，北京：国家行政学院出版社，2015年版，第39页。

⑤ 石仲泉著：《我观党史四集》，上海：上海人民出版社，2016年，第180页。

职业操守的重心，从学医开始就要树立良好的道德意识，在工作中始终保持无私奉献的精神，并以白求恩精神为教育和宣传的榜样，学习他不管任何情况下都能保持高度的责任感，学习他不畏困难、始终坚守共产主义理想信念的高尚人格，将其转化为内在的前进动力，明确自身的价值追求，投身于医疗事业贡献自己的一分力量。

（二）白求恩精神有助于促进良好职业素养的形成

良好的医德医风是一个医疗机构能够长期生存发展的根基。不论是中国传统的医学道德，或是古希腊的希波克拉底誓言，或是产生于抗战时期的白求恩精神，他们都有着对于医学高度的忠诚及敬业精神，有着全心全意为人民服务的高尚品质。随着社会主义市场经济的出现，医务人员的道德观念、价值观念都发生了深刻的变化，“社会上出现一切向钱看”“看病贵、看病难”的问题，有些医生收取病人的红包，勒索患者的财物，对病人态度恶劣，不负责任，开大方，多检查，以及乱收费，多收费，要回扣，“倒卖”病人等等。[①]针对这些问题，我们要再度唤起对白求恩精神的追随与学习，通过引领和示范白求恩无私奉献的职业精神，大力培养医务人员勇于担当的崇高使命感，引导医务人员形成良好的行为规范，自觉抵御不良风气，将这种无私奉献的精神普及到每一位愿意肩负使命并为医疗事业奋斗终生的行医人员。因此，医院要根据工作实际，“制定《医务人员十不准》《纠正行业不正之风的具体规定》《制度与职责》《医务人员行为规范》等多种制度，以帮助医务人员实现自我控制、自我管理，使职业道德教育向规范化、科学化迈进”[②]，形成一种规章制度的约束力，不断推进白求恩精神在实践中获得发展，要坚持将发扬白求恩精神与加强良好职业素养相结合，“倡导持续满意服务，追求感动服务的服务理念，促进医疗服务质量系统优化、不断完善和持续改进，增强广大医务人员‘院兴我荣，院衰我耻’的主人翁意识，更好地凝聚广大医务人员围绕中心、服务大局，不断促进良好职业素养的形成，时刻把人民群众的健康放在心上，摆正个人利益与集体和群众利益的关系”[③]。在白求恩精神的感染下，涌现出了大批先进典型模范代表，“他们像白求恩一样，将医学的神圣使命和医疗卫生职业精神当作自己的人生目标和追求，时刻铭记‘救死扶伤、服务人民、热忱负责、精益求精’的职业精神，使白求恩精神能够保持永久的魅力”[④]。

（三）白求恩精神可以推动医疗技术的不断提高

当然，除了对医学事业高度的责任感和远大的抱负之外，学习先进的医疗技术和水平也十分重要。医疗技术是决定一个医院能否长期运行发展的关键，是验证医

① 于继珍，杨鹏：《医德医风建设与弘扬白求恩精神》，《才智》，2012年第18期。
② 周虹，王丽钧：《弘扬白求恩精神 加强医德医风建设》，《学习月刊》，2009年14期。
③ 于继珍，杨鹏：《医德医风建设与弘扬白求恩精神》，《才智》，2012年第18期。
④ 刘春娇：《白求恩精神引领新时代医德医风建设》，长春：东北师范大学，2018年版，第134页。

院能否满足人民最基本的医疗需求的关键。

对医疗卫生技术多样化的需求不仅可以提高医疗机构的医学研发能力，还可以针对不同的患者群体开展多层次的医疗服务。自白求恩来到中国革命圣地延安之后，在条件十分艰苦的情况下，他自己动手搭建手术室，制作手术用品，亲自给伤员配制医药，并通过建立模范医院、举办训练班、开展实习周等课程培训，为中国革命事业培养了大批的卫生干部及医疗干部。此外，他还运用自己所学的医学理论知识，结合自己在战场上为伤员救治的广泛实践，编制和翻译了一系列价值极高的书籍，为广大医疗干部提供了丰富的经验。所以，医务人员要努力学习医学专业的理论知识，提高医学理论素养，掌握过硬的理论知识，不断提高医学服务质量，努力为人类造福。

三、白求恩精神有利于建设社会主义先进文化

习近平总书记指出，要弘扬社会主义先进文化，推动社会文化大发展，朝着建设社会主义文化强国的目标不断前进。在中华民族从站起来、富起来到强起来的历史飞跃中，社会主义先进文化新范式的建立与发展，推动着中国社会深度转型中的精神文明重建，彰显了中国文化软实力。社会主义先进文化是当代中国的新文化。它是以马克思主义为指导，以社会主义核心价值观为灵魂，以培育有理想、有道德、有文化、有纪律的社会主义公民为目标，是面向现代化、面向世界、面向未来的，民族的、科学的、大众的文化。在新的时代条件下，弘扬社会主义先进文化，是坚定文化自信、建设社会主义文化强国的题中之义，是进行伟大斗争、建设伟大工程、推进伟大事业、实现伟大梦想的精神支撑。

（一）白求恩精神丰富了社会主义先进文化

社会主义先进文化不是无中生有的，也不是一蹴而就的，它根植于中国优秀传统文化、中国共产党革命文化，形成和发展于我们党团结带领各族人民进行革命、建设和改革的伟大实践。白求恩精神形成于中国抗日战争时期，是诺尔曼·白求恩为了中国人民的解放事业，为了世界反法西斯正义战争，用自己的生命铸就的。这是中国革命精神的具体体现，是白求恩同志共产主义信念的体现，也是中国特色社会主义文化建设的优质基因。作为中国革命文化的一部分，它体现了我们党和人民在灾难深重的近代中国勇于担当的理想信念和精神追求，是我们追求民族解放的精神武器。毛泽东在《纪念白求恩》里说过："……这是什么精神？这是国际主义的精神，这是共产主义的精神，每一个中国共产党员都要学习这种精神。"[①]白求恩精神在中国革命进程中产生了巨大的影响，同时也对中国革命文化的传承产生了影响，它对于建设社会主义先进文化有重要的作用。

① 《纪念白求恩》，《毛泽东选集》第二卷，北京：人民出版社，1991年版，第659页。

（二）白求恩精神有助于加强思想道德建设

习近平总书记说："人民有信仰，国家有力量，民族有希望。要提高人民思想觉悟、道德水准、文明素养，提高全社会文明程度。广泛开展理想信念教育，深化中国特色社会主义和中国梦宣传教育，弘扬民族精神和时代精神，加强爱国主义、集体主义、社会主义教育，引导人们树立正确的历史观、民族观、国家观、文化观。深入实施公民道德建设工程，推进社会公德、职业道德、家庭美德、个人品德建设，激励人们向上向善、孝老爱亲，忠于祖国、忠于人民。加强和改进思想政治工作，深化群众性精神文明创建活动。弘扬科学精神，普及科学知识，开展移风易俗、弘扬时代新风行动，抵制腐朽落后文化侵蚀。推进诚信建设和志愿服务制度化，强化社会责任意识、规则意识、奉献意识。"[①]白求恩精神中蕴含的丰富内涵在当代社会也具有其闪光点：白求恩不远万里来到中国，参加中华民族解放事业，是基于自己坚定的共产主义信念，是为实现自己的信仰而来；通过白求恩精神，我们也可以有力地抨击历史虚无主义消解红色文化、颠覆英雄人物、亵渎生命传统的"反文化"行为。弘扬白求恩精神是坚持文化自信的具体体现，是加强思想道德建设的重要方式，从而加强社会主义先进文化建设。

（三）白求恩精神弘扬了"以人民为中心"的价值立场

人的问题，是文化繁荣发展中带有根本性、基础性的重大问题，体现社会主义文化的历史价值，决定着社会主义文化的性质和方向。"以人民为中心"是社会主义先进文化的价值立场。这是说明，人民是历史的创造者和建制者，是文化发展最深厚的力量源泉。白求恩虽然是加拿大人，但他是为实现中华民族解放事业而献身的，他的精神在中国革命进程中影响了许多革命战士，因此白求恩精神在发展过程中促进了人民文化的发展。我们建设的社会主义先进文化，是人民大众的文化，是人民大众共建共享的文化，人民的需要是社会主义先进文化存在的根本价值所在。因此，弘扬白求恩精神，坚定"以人民为中心"的价值立场，将"人民利益"置于价值排序的首位，以满足人民日益增长的精神文化需求为出发点和落脚点，同时把"以人民为中心"的价值要求贯彻于文化强国的各项建设活动之中，以各种文化活动、文化产品、文化作品为载体，借助文化的渗透力和感染力，丰富中国人的精神生活，从而建设社会主义先进文化。

四、白求恩精神有利于丰富高校思想政治教育内容

"思想政治教育是教育者与受教育者根据社会和自身发展的需要，以正确的思想、政治、道德理论为指导，在适应与促进社会发展的过程中，不断提高思想、政

① 习近平：《决胜全面建成小康社会　夺取新时代中国特色社会主义伟大胜利——在中国共产党第十九次全国代表大会上的报告》，《人民日报》，2017年10月19日第1版。

治、道德素养和促进全面发展的过程。”[①]而高校因为承担着培养和教育社会主义接班人的重要职责，所以高校思想政治教育对于建设中国特色社会主义事业、实现中华民族伟大复兴的中国梦有重要意义。医学生是大学生群体的重要组成部分，而高校也是当前医务工作人员来源最广的地方，因此高校思想政治教育对培养思想素质过硬、政治立场坚定、心理健康、具有人文精神、医德高尚的人民卫生工作者意义重大。中国特色社会主义社会已经步入新时代，在今天，白求恩精神仍然具有十分丰富的现实意义，尤其在医学方面，白求恩精神影响甚广。在高校思想政治教育中加强白求恩精神的教育，丰富这一具有医学教育特色的内容，使医学类学生在潜移默化中受到白求恩精神的积极影响，他们将来在工作岗位才能更好地践行白求恩精神，更好地履行自己的职业使命，更好地为建设中国特色社会主义事业贡献自己的力量。

（一）加强对高校医学类学生社会主义核心价值体系的培育

自古以来，良医堪比良相，因为治病救人与治国平天下同样重要，由此医生被赋予更多的社会责任。而高校医学类学生相对于其他专业学生来说，学习任务重、精准度高、道德修养标准要求高，他们将来的职责是为人民健康服务，因此他们需要更扎实的政治、思想、道德水平。在当前社会背景下，提高高校医学类学生核心价值体系、培养高校医学类学生崇高的价值追求，对建设新时代中国特色社会主义社会具有重要作用。

当代青年成长于物质丰富的年代，对物质贫乏时代缺乏直观感性认识；他们生活在一个充满活力和挑战的时代，具有强烈的进取心和竞争意识；他们习惯于互联网带来的方便快捷的生活，主动或被动接受海量信息，其中不乏消极信息；许多人表现出批判与消极冷漠并存的思想道德状态。习近平总书记在同各界优秀青年代表座谈时的讲话指出：“一个没有精神力量的民族难以自立自强，一项没有文化支撑的事业难以持续长久。青年是引风气之先的社会力量。一个民族的文明素养很大程度上体现在青年一代的道德水准和精神风貌上。广大青年要把正确的道德认知、自觉的道德养成、积极的道德实践紧密结合起来，自觉树立和践行社会主义核心价值观，带头倡导良好社会风气。”[②]

因此加强对青年、对高校医学类青年的社会主义核心价值体系的培育非常重要，白求恩精神具有丰富的内涵与价值，它的国际主义、共产主义精神，毫不利己、专门利人的精神，对工作精益求精、对人民满腔热忱的精神，对于丰富和加强当代高校医学类学生思想政治教育具有重要价值。而树立榜样是加强思想政治教育的有效办法，把白求恩精神带入高校思想政治课堂，丰富课堂思想政治教育内容，让广大高校学生认真体会学习这种精神。在学习白求恩精神的过程中，逐步认识并

① 教育部思想政治工作司组编：《大学生思想政治教育理论与实践》，北京：高等教育出版社，2009年版，第2页。
② 陈新亮、王英：《论白求恩精神对当代大学生的育人价值》，《学周刊》，2014年第15期。

树立正确的道德素养与核心价值体系，向专业榜样白求恩看齐。

（二）加强对高校医学类学生职业道德教育的培育

高校医学类学生思想政治教育要突出医德教育，这既是医学人文要求的反映，也是思想政治教育内容的内在要求和责任。当前高校思想政治教育课程中一般都开设了医学伦理学课程，从内容来说，有关医生职业信仰、责任意识等医生职业道德方面的内容不多。

当前社会生活方式多样化、社会组织形式多样化，导致社会上滋生出一些损人利己、享乐主义、利益至上等现象，这些现象对高校医学类学生树立为人民服务的无私奉献的职业信仰具有一定的冲击力。白求恩精神蕴含的毫不利己、专门利人的无私奉献精神在当代社会仍闪烁着光芒，因此把白求恩精神加入高校思想政治教育课堂，是引导医学类学生塑造正确的职业信仰的需要。医患关系是古今中外医学理论和实践的永恒主题，如何正视医患关系，是当代社会急需解决的问题之一。“医生的眼中不再有患者，而是疾病，一生对待‘人’的温存面对患者时便消失了，这还不是最糟糕的，糟糕的是‘病’也不在医生眼里，有时会导致延误治疗、加重病情甚至死亡的极端情况，医生起码的责任感也懈怠了。正如我们不相信军火工业的目的是保卫国家安全一样，我们也难以相信医药保健产业的目的是为了增进人类的健康。”[①]这种情况的出现，需要医生重新端正职业责任意识，正视病人的权利。白求恩在治病救人的过程中非常关心伤员的护理和心理情况，真正地做到了以“人”为中心，认真践行医生的责任。因此，白求恩精神走入高校医学类学生的课堂，有助于树立学生的责任意识。

（三）加强对高校医学类学生正确择业价值观的培育

在市场经济的冲击下，资本主义意识逐渐蔓延，这样的背景下，高校医学类学生的人生观、价值观不免受到影响，继而影响择业价值观。随着教育体系的改革，毕业大学生的数量也越来越多，随之而来的最重要的问题就是大学生的就业问题，高等教育已经从精英教育转变为大众化教育，毕业大学生的数量与就业的矛盾也越来越明显。[②]这种情况导致高校医学类毕业生在选择职业的标准上流传着一种说法——“钱多事少离家近”，这种说法是受功利主义影响只考虑自己的发展，从不考虑国家集体的利益。[③]

没有正确的择业价值观往往会造成既不利己也不利国的结果，择业价值观的偏差既会影响个人价值的实现，也会影响国家发展。白求恩毅然抛弃原本优越的生活，来到正处于水深火热的中国，这种行为也相当于现代社会的择业。他这样做虽然表面上看似乎并没有什么好处，但实际上，白求恩在中国实现了他的人生价值，

① 张丽红：《当代医学生思想政治教育内容建构研究》，长春：吉林大学出版社，2018年版，第34页。

② 章海山，张建如：《伦理学引论》，北京：高等教育出版社，1999年版，第65页。

③ 缪佳男：《白求恩精神融入医学类学生思想政治教育路径研究》，长春：吉林大学，2018年，第48页。

临终前的白求恩曾说过："我十分快乐，我唯一的希望，是能够多有贡献……最近两年是我生平最愉快最有意义的日子……"①他的这种精神值得每一个人敬佩，因此白求恩精神走入高校思想政治教育课堂，有助于高校医学类学生树立正确的择业价值观。

---

① 叶青山:《伟大的国际主义者——诺尔曼·白求恩》,《伟大的国际主义战士白求恩》,北京:中国青年出版社,1965年版,第26页。

第二章　白求恩精神育人的理念与历程

1939年11月12日，白求恩同志以身殉职。12月21日，毛泽东在《纪念白求恩》一文中，对白求恩同志的逝世表示深切的哀悼。与此同时，毛泽东对白求恩的革命精神进行了精辟而科学的概括。此后，白求恩精神为世人所知。这篇文章还被列入整风文件。白求恩精神不是偶然产生的，而是国际无产阶级的先进思想同中国抗日战争革命实践相结合的产物。白求恩同志在来中国前，他以一个无产阶级国际主义战士的名义参加了西班牙的反法西斯战争；在来到中国以后，由于具有出众的政治修养，他很快了解了中国的政治情况。毛泽东亲切接见了白求恩同志，并与他进行了一次长时间的、热情的谈话。在谈话中，毛泽东向白求恩同志详细地阐述了中国共产党的政策、措施和打算。毛泽东朴素的穿着，办公室里简单的陈设——一张桌子，五六把椅子，一个普通的炕，一个放满了书的书架子等等，使白求恩同志深受感动。毛泽东向他讲述了自己是怎样在一个艰苦的条件下开展工作的。在白求恩同志到达延安后，他迫切要求去前线工作。在到达晋察冀边区以后，他积极主动地从中国共产党所领导的艰苦卓绝的抗日战争实践中吸取丰富的营养。在那里，八路军指战员英勇顽强、坚忍不拔的斗争，忘我无私、忠于人民的战斗精神和高度责任感使白求恩深受感动。这个活生生的战斗经历进一步地加强和深化了白求恩同志的国际主义感情，使白求恩成为抗日战场上一个不屈不挠的战士；成为一个更加坚强的共产党员。上述两个方面的紧密结合，促成了白求恩精神的形成。

哲学范畴的“精神”，是指人的意识、思维活动和一般心理状态。意识或精神是物质的最高产物，是人类所特有的。它包括理论、理想、信仰、信念、道德、风尚、习惯、计划、办法等内容。精神是社会存在的反映，又对社会存在有巨大的反作用。人的任何实践活动，都受一定的精神指导或支配。白求恩精神是白求恩同志在敌后抗战的环境下革命实践的产物。白求恩精神被越来越多的人所接受，由个人意识转化为社会意识，成为社会的一股精神力量，发挥着立德树人的巨大作用。①

① 陈蕃编:《白求恩精神赞》, 北京: 解放军文艺出版社, 2002年版, 第360页。

第一节 白求恩精神的育人理念

白求恩精神的育人理念决定白求恩精神育人的发展方向，是白求恩精神育人之魂。白求恩精神的育人理念是一个内容丰富而又极富时代特征的概念。要理解白求恩精神的育人理念，首先要了解什么是理念、什么是育人理念，进而在此基础之上，结合前文所述的白求恩精神，进一步理解白求恩精神的育人理念。

（一）理念的概念

理念是精神、意识层面的上位性、综合性结构的哲学概念，是主观（认知、观念）见之于客观（规律、存在）的科学反映，是人们经过长期的理性思考及实践形成的思想观念、精神向往、理想追求和哲学观点的抽象概括。理念是指引人们从事理论研究和实践运作的航标及目的，是理论化、系统化、具有相对稳定性、延续性和指向性的认识、理想的观念体系。简单地说，“所谓理念，就是指人们对于某一事物或现象的理性认识、理想追求及其所形成的观念体系”①。对其做进一步深入的解读，理念的要义有：首先，它是客观事物或现象之机理，即该事物或现象存在的、区别于他事物或现象的本质特征及其运行规律；其次，它是人们主观认识之观念，即人们通过对该事物或现象本质特征及其运行规律的认识所得的观念体系；再次，它连接客观机理与主观观念形成理念之产生，即理念的产生需经长期的探究和实践；第四，理念并非是对于事物的一般认识，而是对事物全景式、深层次的揭示，且重在揭示其应然，即理想追求和精神向往，是必然与应然的高度统一，蕴涵明确的目的性；第五，它是一个高度哲学化的概念，是客观之机理与主观之观念的高度综合与概括。②

通过对理念要义的分析与把握，我们也可以将理念的概念表述为：关于某事物的理念是人们对该事物本质特征的深层揭示和运行目标的深切期望的高度综合与概括而形成的观念体系。这一表述或许更直接、更具体地涵盖了上述的五点要义：（1）两个“深”字直接体现了理念的精神、意识层面的上位性：理念表达的是非一般揭示和一般期望，而是深层的和深切的，再加上综合与概括，则具体地体现了理念的哲学高度；（2）本质特征的揭示与运行目标的期望的综合即直接地体现了必然（本质特征）与应然（深切期望）的统一；（3）深层揭示本质特征与提出运行目标深切期望的过程，本身就是理论探究和实践运作的结果；（4）对运行目标的深切期望表达了作为理念主体观念体系的核心价值内容，是在对理念客体本质特征和运行

① 韩延明：《大学理念论纲》，北京：人民教育出版社，2003年版，序一。

② 凌均卫著：《大学理念：认知与践行》，海口：海南出版社，2009年版，第2页。

规律认识的基础上，主体提出的应然愿景；（5）对事物本质特征的深层揭示表达了作为理念客体之机理的核心内容，是形成该事物理念的前提和基础。

在分析了理念的概念后，我们可以总结出理念具有如下特征：

（1）高度的有机统一性。"理念"是主体与客体、精神与物质、观念与实在等一切关系的内在的、有机的统一。这是从哲学的视角对理念概念的基本认识和基础性阐释，对于我们正确地认识和把握理念的概念具有重要的指导意义。

（2）表述的多样性。一方面，由于理念是客观之机理与主观之观念的有机统一，因此，在一定时段上，其机理是客观的、普适的，而其观念又往往因认识主体的差异而略有不同，故而对同一事物的理念的表述住往具有多样性；另一方面，事物自身具有系统性、结构性，系统的复杂性导致解构的多样性，人们可从不同的视角与层面构建事物的理念。这是理念表述具有多样性的客观原因。

（3）意蕴的应然性。理念中包含着某种预想的东西，具有前瞻性、导向性和设计性；理念蕴涵着精神向往和理想追求，是人们在对事物必然、或然、实然充分认识的基础上提出的应然性设想，体现了主体对真、善、美的向往与追求。理念的应然性意蕴，即精神向往和理想追求，使理念具有明显的警醒、激励、冲力作用。人们通过对理念坚定不懈地践行，使实现理念蕴涵的应然性目标成为可能，并使事物的发展朝着向往的、理想的方向前进。

（4）明显的时空性。事物总是不断发展变化的，人们对客观事物的认知也在不断深化与完善，因此理念也必定是一个动态的、不断发展和完善的过程。不同时代的理念，必定带有时代特征的色彩；由于事物发展在空间（地域）上的不平衡性和差异性，某些理念在彼时彼地是正确的，有很好的可践行性，而在此时此地有失偏颇或难于执行，因此，理念还有其空间性。把握理念的时空性，对于我们践行已有理念或提炼、构建新的理念均有其特殊的重要意义。

（二）育人理念的概念

如前文所述，理念是特定时期社会整体价值观的表现，是对社会自然状态的理想化追求，是对事物理性认识的结果，是将现实与理想完美结合的产物。理念对人的活动具有导向功能，除此之外，理念自身还有稳定性、时效性、延续性、发展性、实践性等特征。因此，所谓育人理念，就是人们对育人本质特征的深层揭示和运行目标的深切期望的高度综合与概括而形成的观念体系，即培养什么样的人和把培养对象摆在什么位置的问题。育人理念是教育的本质所在，即"教育主体在教学实践及教育思维活动中所形成和追求的教育应然性认识和主观要求，具有导向性、前瞻性、规范性的特征"[①]。简言之，育人理念是对在教育实践中遇到或发现的教育问题进行深入研究的结果，是基于教育学理论知识，并在此基础上逐渐发展而形成的对教育普遍事实的概括，也就是将教育理论上升到教育思想的过程。

① 李进才主编：《高等教育教学评估词语释义》，武汉：武汉大学出版社，2016年版，第84页。

育人理念包括实然的育人理念和应然的育人理念两个维度。所谓实然的育人理念，也就是教育活动的愿景和方向的指导原则。在实然的育人理念中，育人理念体现于具体的教育活动之中，成为指导教育活动达成愿景目的的最高组织原则。应然的育人理念是人们提出来并期待用以引领教育活动的理想或信念，可能在教育活动中没有完全付诸实践，可能还只是人们的一种美好愿景和理想，但对于育人思想或信念也发挥过积极而重要的指引作用。因此，研究育人理念必须以研究实然的育人理念为基础，同时也要重视应然的育人理念。

纵观历史和现今的许多教育实践，不难发现，但凡紧跟时代步伐和不断追求创新的育人理念都能促进学生的发展和教育的进步。追求育人理念的不断创新和进步也就意味着教育工作要重新定位和审视在教育关系中的地位和作用，重新发现教育现象中曾被忽略的教育资源，建构新理念下的教育关系，以新理念的方式组织和开展教育活动。先进的育人理念是指导教育实践走向成功的内驱力，是进行教育改革与创新的必要的基础。先进的育人理念的指导，可使教育行为更具有目标性，使教育活动更具有持续性和连贯性，最终指导教育行为不断向成功的方向发展。与工业经济时代相适应的功利教育（在我国又表现为应试教育），把学生看作未来的社会工具来培养，当作知识的容器来实施教育，当作没有独立需求的人而被国家教学计划所“奴役”，不能适应时代的需要。现代教育的育人理念，一方面应立足于每一位学生的需要和发展，充分地尊重每一位学生的独立个性、独立人格及其内在需求，使每一位学生都得到全面发展；另一方面，应立足于时代对人的要求，包括创新精神和实践能力的培养、科学素养和人文素养的培养、美的素养和世界精神的培养等。

（三）白求恩精神的育人理念

研究白求恩精神的育人理念，首先要明白何为白求恩精神。正如第一章所述，白求恩精神的内涵是十分丰富的。

首先，国际主义的精神。国际主义精神、共产主义精神是白求恩精神的灵魂。毛泽东说：“一个外国人，毫无利己的动机，把中国人民的解放事业当作他自己的事业，这是什么精神？这是国际主义精神，这是共产主义精神……白求恩同志是实践了这一条列宁主义路线的。”[①]共产主义的世界观、人生观和价值观，是白求恩精神的价值追求。在为共产主义的胜利和全人类解放事业的斗争中，全世界各国的无产阶级具有共同的利益和共同的目标，因此真正的共产主义者又是国际主义者。

其次，为人民服务的情怀。完全彻底为人民服务是白求恩精神的核心。白求恩同志毫不利己、专门利人的精神主要表现在两个“极端”，一是他对工作“极端”的负责，二是他对同志对人民“极端”的热忱。这里所讲的对工作的负责和对人民

---

① 中国白求恩精神研究会，中国医学金会编：《白求恩精神永放光芒》，北京：人民军医出版社，1999年版，第1页。

的热忱是高度统一的，是完全彻底为人民服务的关键所在。完全彻底地为人民服务情怀对现今各行各业都具有普遍的指导意义和示范作用。

再次，高尚的医德。白求恩同志的社会职业是医生，白求恩精神中包含了许多医德方面的内容，有些已被融为我国医疗卫生工作的光荣传统，如毫不利己，专门利人；对工作极端的负责；对伤病员极端的热忱；对技术精益求精；艰苦奋斗，廉洁行医等。

白求恩精神的育人理念，体现了对白求恩精神的传承与融合，注重将白求恩精神渗入人才培养要素中、内化于专业技能培养环节中、融入医学类学生的职业素养教育体系中等三个方面。在此基础上，着力解决将思想政治和医德教育与专业教育有效融合不足、临床医学专业人才培养体系不健全、临床技能培训体系不健全、学生对病人缺乏人文关怀、医学生职业素养教育体系不健全、大学精神文化与立德树人缺乏有机融合等问题。因此，我们需要结合不同时期白求恩精神的时代特点，以构建医学人才培养体系为核心，以构建专业实践能力培养体系为依托，以构建白求恩精神全程育人的医学生职业素养教育体系为重点，以临床医学生知识、技能和素养全面提升为目标，坚持白求恩精神立德树人，构建白求恩式卓越医学人才培养体系。

简言之，立德树人是白求恩精神育人理念的根本宗旨，白求恩精神占据整个人才培养体系中心位置。教育者必须将白求恩精神融入教育教学的全过程，使白求恩精神内化于教育对象的思想中，外化于教育对象的行为中，始终坚持白求恩精神对育人过程的引领作用。突出立德树人，打造白求恩精神文化，构建白求恩精神育人模式。以对人民极端热忱，对技术精益求精，志高远、敢担当、基础厚、能力强、会创新、适应广为育人理念，培养政治坚定、技术优良、医德高尚的白求恩式卓越医学人才。

具体来说，白求恩精神的育人理念体现在以下几方面：

1. 在人才培养中凸显共产主义理想信念教育

如上所述，共产主义精神是白求恩精神的灵魂。在新时代条件下，引导广大民众特别是青年学生树立共产主义理想已然成为我国意识形态工作的重中之重。“理想是人们在实践中形成的对未来的一种向往和追求，是有实现可能的人生奋斗目标。”[①]人类社会永远处在“它现在是什么”与“他们希望是什么”的张力之中。理想与现实的互动，是一个社会稳步向前迈进的永恒因子。正因为此，必须始终坚持对人们进行理想教育，使人们对现实保持适度的超越。在我国，共产主义理想既是社会理想，又是远大理想，它能给人以坚定的信念、明确的人生方向和巨大的精神力量，激励人们为建设中国特色社会主义而努力奋斗。因此，对人们尤其是青少年进行以共产主义为核心的理想教育，意义重大。“党的十八大以来，习近平总书记

① 陈万柏主编：《思想政治教育学原理（第二版）》，北京：高等教育出版社，2007年版，第188页。

从坚持和发展中国特色社会主义、实现中华民族伟大复兴中国梦的全局高度，从国家长治久安、党长期执政的战略高度，对青年学生成长成才提出了一系列富有创见的新观点新论断新要求。”①2013年5月4日，习近平总书记在同各界优秀青年代表座谈时的讲话中指出：“广大青年一定要坚定理想信念。‘功崇惟志，业广惟勤’。理想指引人生方向，信念决定事业成败。没有理想信念，就会导致精神上‘缺钙’……广大青年要坚持用邓小平理论、‘三个代表’重要思想、科学发展观武装头脑，把理想信念建立在对科学理论的理性认同上，建立在对历史规律的正确认识上，建立在对基本国情的准确把握上，不断增强道路自信、理论自信、制度自信，增强对坚持党的领导的信念，永远紧跟党高高举起中国特色社会主义伟大旗帜。”②

由此可见，在人才培养中，习近平总书记高度重视对青年学生理想信念的教育。对青年学生进行理想信念教育，就是要使他们把共产主义理想内化为个人理想，树立共产主义目标并为之努力奋斗。因此，在进行理想信念教育时，要把远大理想即共产主义远大理想与现阶段理想即建设中国特色社会主义共同理想结合起来，激励青年学生胸怀远大理想，脚踏实地地为实现共同理想而奋斗；要把理想信念教育与引导青年学生理性地追求合理的个人利益结合起来，帮助他们正确地处理成长过程中的各种利益关系，团结起来为增进共同利益努力奋斗；要针对不同青年学生的思想实际，确定不同的教育起点，采取不同的教育形式。只有这样，在培养青年学生成长成才过程中，理想信念教育才能深入人心，收到实效，促进青年学生自由全面发展。

2. 在社会主义市场经济中展现为人民服务情怀

全心全意为人民服务是中国共产党的根本宗旨。白求恩同志在给毛主席的报告中提出三点建议：“第一，要尽一切力量训练医务人员，提高他们的技术；第二，要设法获得更多的药品和装备；第三，要在前线附近的地方，建立特种外科医院，使伤员尽快地得到治疗。”③白求恩精神一直激励着我国人民，尤其是广大医务工作者全心全意为人民健康服务，是我们做好医疗卫生工作、救死扶伤的力量源泉和催人奋进的精神动力。改革开放以来，我国社会主义市场经济的迅速发展为社会主义卫生事业注入了生机与活力，人们的思想观念在不断地更新和发生变化。“经济生活、利益结构、活动方式，以及相应的思想观念、道德价值取向和人际关系等方面都面临着严峻的挑战。有人提出市场经济就是‘一切向钱看’，毫不利己、专门利

① 教育部思想政治工作司：《深入学习贯彻习近平总书记关于青年学生成长成才重要思想　大力培养中国特色社会主义建设者和接班人》，《习近平总书记关于青年学生成长成才和教师思想政治工作重要论述选编》，北京：中央文献出版社，2018年版，第1页。

② 教育部思想政治工作司，《深入学习贯彻习近平总书记关于青年学生成长成才重要思想　大力培养中国特色社会主义建设者和接班人》，《习近平总书记关于青年学生成长成才和教师思想政治工作重要论述选编》，北京：中央文献出版社，2018年版，第35页。

③ 章学新编：《白求恩》，北京：中国少年儿童出版社，1978年版，第26页。

人的白求恩精神过时了。”[①]但是，继承和发扬白求恩的为人民服务情怀与发展社会主义市场经济不是冲突、对立的，二者统一于建设中国特色社会主义的大局中，其根本目的在本质上是一致的。必须将白求恩毫不利己、专门利人的为人民服务情怀贯穿于中国特色社会主义精神文明建设中，因为它是顺应历史潮流的，对社会主义市场经济体制将起着巨大推动作用，对人们的精神和道德观念有着激励和向导作用。“市场活动的竞争性是市场经济固有的产物，表现为竞争压力与竞争动力的统一。”[②]如果不积极展现白求恩同志的为人民服务情怀，就会出现道德观念淡漠、奉献精神失落、人际关系疏远等现象。这些现象对国家的健康发展起阻碍作用。

3. 在全面从严治党中确立“两个极端”思想

用“两个极端”描述白求恩同志的一生再合适不过。“两个极端”即对工作极端负责；对同志对人民极端热忱。毛泽东在《纪念白求恩》一文中写道：“白求恩同志毫不利己专门利人的精神，表现在他对工作的极端的负责任，对同志对人民的极端的热忱。每个共产党员都要学习他。不少的人对工作不负责任，拈轻怕重，把重担子推给人家，自己挑轻的。一事当前，先替自己打算，然后再替别人打算。出了一点力就觉得了不起，喜欢自吹，生怕人家不知道。对同志对人民不是满腔热忱，而是冷冷清清，漠不关心，麻木不仁。这种人其实不是共产党员，至少不能算一个纯粹的共产党员。从前线回来的人说到白求恩，没有一个不佩服，没有一个不被他的精神所感动。晋察冀边区的军民，凡亲身受过白求恩医生的治疗和亲眼看过白求恩医生工作的，无不为之感动。每一个共产党员，一定要学习白求恩同志的这种真正共产主义者的精神。”[③]在长期的中国革命和建设中，毛泽东同志把马克思主义与中国具体实践相结合，在党的作风建设、思想建设、组织建设和工作方法等方面，创造性地提出了一系列重要思想和观点。以习近平同志为核心的党中央继承发展了毛泽东的党建思想，对于进一步完善党的建设具有现实价值。

第一，牢记“两个务必”，保持党的纯洁性。“两个务必”即“务必使同志们继续地保持谦虚、谨慎、不骄、不躁的作风，务必使同志们继续地保持艰苦奋斗的作风”。目前，党内存在着形式主义、官僚主义、享乐主义和奢靡之风。“四风”是违背我们党的性质和宗旨的，是当前群众深恶痛绝、反应最强烈的问题，也是损害党群干群关系的重要根源。党内存在的其他问题都与“四风”有关，“四风”问题解决好了，党内其他一些问题解决起来也就有了更好条件。习近平总书记指出：“解决‘四风’问题，要对准焦距、找准穴位、抓住要害，不能‘走神’，不能‘散光’。反对形式主义，要着重解决工作不实的问题，教育引导党员、干部改进

① 王荣：《坚持为人民服务宗旨，弘扬白求恩精神》，《职业与健康》，1997年第6期。

② 李丰才著：《社会主义市场经济理论》，北京：中国人民大学出版社，2010年版，第9页。

③ 中国白求恩精神研究会，中国医学基金会编：《白求恩精神永放光芒》，北京：人民军医出版社，1999年版，第1-2页。

学风文风会风，改进工作作风，在大是大非面前敢于担当、敢于坚持原则，真正把心思用在干事业上，把功夫下到察实情、出实招、办实事、求效率上。反对官僚主义，要着重解决在人民群众利益上不维护、不作为的问题，教育引导党员、干部深入实际、深入基层、深入群众，坚持民主集中制，虚心向群众学习，真心对群众负责，热心为群众服务，诚信接受群众监督，坚决整治消极应付、推诿扯皮、侵害群众利益的问题。反对享乐主义，要着重克服及时行乐思想和特权思想，教育引导党员、干部牢记'牢记'，克己奉公，勤政廉政，保持昂扬向上、奋发有为的精神状态。反对奢靡之风，要着重狠刹挥霍享乐和骄奢淫逸的不良风气，教育引导党员、干部坚守节约光荣、浪费可耻的思想观念，做到艰苦朴素、精打细算，勤俭办一切事情。"[①]习近平总书记在吸收毛泽东同志的党的建设经验基础上，深化了党对自身作风建设规律的认识，加强了我党对自身作风建设监督执行的力度，提升了对自身作风建设的制度化、科学化水平。党的建设进入了一个更高的阶段，为中国社会主义现代化建设提供了政治上的保障。

第二，坚定理想信念，保持党的先进性。习近平总书记继承坚持了毛泽东同志关于"惩前毖后，治病救人"的思想方针，针对国内外思潮和多样化观念的影响，根据国内外具体环境以及社会历史的发展趋势，强调加强党的思想建设的重要性，提出了"照镜子、正衣冠、洗洗澡、治治病"的总要求。"照镜子，主要是以党章为镜，对照党的纪律、群众期盼、先进典型，对照改进作风要求，在宗旨意识、工作作风、廉洁自律上摆问题、找差距、明方向。党员、干部要敢照镜子、勤照镜子，特别是对缺点和错误要多往深处、细处照，使之纤毫毕现，这样才能找出差距、修身正己。正衣冠，主要是在照镜子的基础上，按照为民务实清廉的要求，勇于正视缺点和不足，严明党的纪律，特别是政治纪律，敢于触及思想、正视矛盾和问题，从自己做起，从现在改起，端正行为，自觉把党性修养正一正、把党员义务理一理、把党纪国法紧一紧，保持共产党人良好形象。正衣冠往往一天一次不够，需要'吾日三省吾身'。洗洗澡，主要是以整风的精神开展批评和自我批评，清洗思想和行为上的灰尘，保持共产党人政治本色。治治病，区别情况、对症下药，对作风方面存在问题的党员、干部进行教育提醒，对问题严重的进行查处，对不正之风和突出问题进行专项治理。人的思想和作风有了毛病，也必须抓紧治。"[②]共产党员只有思想先进，才能进行正确的社会实践活动。此外，加强党的思想建设，必须不断夯实党员干部廉洁从政的思想道德基础。习总书记强调："从思想道德抓起具有基础性作用，思想纯洁是马克思主义政党保持纯洁性的根本，道德高尚是领导干

---

① 习近平：《习近平谈治国理政》，北京：外文出版社，2014年版，第374-375页。

② 习近平：《准确把握党的群众路线教育活动的指导思想和目标要求》，《习近平谈治国理政》，北京：外文出版社，2014年版，第375-377页。

部做到清正廉洁的基础。”[①]所有党员、干部必须认识到共产党员永远是劳动人民中的普通一员，除了法律和政策规定范围内的个人利益和工作职权以外，所有共产党员都不能谋求任何形式上的私利和特权。党的思想建设，是保持我党先进性的重要保障，是确保我党始终处于中国特色社会主义事业的坚强领导核心地位的坚实保障，是实现“两个一百年”奋斗目标，实现中华民族伟大复兴中国梦的重要前提条件。

第三，坚持德才兼备，树立正确的用人导向。习近平总书记在党的建设过程中高度重视选人用人，在选人、用人等方面提出了新观点：坚持德才兼备、以德为先，树立正确用人导向，并具体阐述了用人标准。他强调，好干部，就是做到信念坚定、为人民服务、勤政务实、敢于担当、清正廉洁的德才兼备的干部。“理想信念坚定，是好干部的第一位标准，是不是好干部首先看这一条。”[②]理想信念坚不坚定、相不相信马克思主义以及相不相信中国特色社会主义是判定一个党员、干部在政治上是否合格的标准。进而，习总书记强调，使那些对群众感情真挚、深得群众拥护的干部，那些说话办事有灼见、有效率的干部，那些对上对下都实实在在、不玩虚招的干部，那些清正廉洁、公众形象好的干部得到褒奖和重用；使那些享乐思想严重、热衷于形式主义、严重脱离群众的干部受到警醒和惩戒，用为民务实清廉的良好形象凝聚党心民心。

第四，坚持群众路线，夯实党的执政基础。群众路线是提高党的执政水平和执政能力的根本政治路线。因此，党必须坚持毛泽东的群众路线，充分发挥党的领导核心作用，以党的执政能力建设和先进性建设推动社会主义和谐社会建设，为构建社会主义和谐社会提供坚强有力的政治保证。毛泽东同志关于群众观点、群众路线的党建理论和宝贵经验告诉我们，密切联系群众，是党的性质和宗旨的体现，是中国共产党区别于其他政党的显著标志。一直秉持发展成果由人民群众共享的目的，一直代表最广大人民群众根本利益、为广大人民群众谋福利，是党发展壮大的重要原因；能否保持同人民群众的血肉联系，决定着党的事业的成败。习近平同志立足现实继承发扬毛泽东同志的党建理论，肯定群众路线是我们党的生命线和根本工作路线。习近平说：“我们党来自人民、根植人民、服务人民，党的根基在人民、血脉在人民、力量在人民。”[③]他指出：“在任何时候任何情况下，与人民群众同呼吸共命运的立场不能变，全心全意为人民服务的宗旨不能忘，群众是真正英雄的历史

① 习近平：《把权力关进制度的笼子里》，《习近平谈治国理政》，北京：外文出版社，2014年版，第391页。

② 习近平：《着力培养选拔党和人民需要的好干部》，《习近平谈治国理政》，北京：外文出版社，2014年版，第413页。

③ 习近平：《群众路线是党的生命线和根本工作路线》，《习近平谈治国理政》，北京：外文出版社，2014年版，第367页。

唯物主义观点不能丢，始终坚持立党为公、执政为民。”[①]我们要实现“两个一百年”的奋斗目标和中华民族伟大复兴的中国梦，就要紧紧依靠人民，充分调动最广大人民群众的积极性、主动性和创造性。应该说，以习近平同志为核心的党中央号召开展的党的群众路线教育实践活动，就是要使全党同志牢记并恪守全心全意为人民服务的根本宗旨，调动广大党员及党员干部深入学习社会主义先进思想，提升自身马克思主义素养，始终牢记全心全意为人民服务的根本宗旨，真正为人民做实事、做好事。要权为民所用，利为民所谋，始终把人民利益放在第一位，以优良的作风和高质量的服务，赢得人民的支持和拥护，夯实党执政的群众基础。

从毛泽东对白求恩同志的评价中可以看出，白求恩同志的一生是伟大的，因为：他是一名共产党员，时刻恪守作为一名医生的职责，他在工作中谦虚、谨慎、不骄、不躁，艰苦奋斗，在极其恶劣的条件下，将救死扶伤视为自己最宝贵的精神财富；在共产主义理想信念的指引下，正当中国人民遭受日本帝国主义屠杀蹂躏奴役之时，白求恩同志率医疗队来到中国，为我军送来了当时异常短缺的医药器材，为我军送来了高超的医疗技术和医疗管理经验。他坚信“在为共产主义的胜利和全人类的解放事业的斗争中，全世界各国的无产阶级具有共同的利益和共同的目标”[②]；他不仅医疗技术高超，最重要的是具有良好的职业道德和高尚的情操。“经白求恩大夫直接施行手术或治疗的伤病员达一千多人。据不完全统计，他共计手术疗伤1200人次。连续手术100人以上的有3次。当时全军区住院伤员中的1／3曾接受过他的亲手治疗。他挽救了众多生命，功德无量”[③]；白求恩同志是我军战士输血的先驱，他在晋冀察边区的513天里共献血3次，还是一个志愿义务献血的积极分子。习近平总书记在党的建设中贯彻的四点要求无不体现着白求恩精神，因此，作为新时代的共产党员，需“极端”对工作、党和国家负责，“极端”对人民负责。

4. 在社会实践中强调科学管理

19世纪末到20世纪40年代，西方发达国家适应生产发展的需要，逐步由传统的经验管理发展到科学管理阶段。主要是生产组织科学化，生产程序标准化，提高生产效率，保证生产质量。早期的经验管理，凭管理者的经验和意志进行管理，工人凭自己的技能和经验进行生产。这种管理效率低，质量毫无保证。20世纪初，美国的医院管理开始引进科学管理的思想和方法，对医院管理产生了很大影响。其重要内容就是医院管理的科学化、系统化、标准化。白求恩大夫来到中国以后，虽然没有彰明较著地号召“医院管理科学化”，但其作为军区卫生顾问的工作却充分体现了科学管理思想。第一，针对游击战争中的医药来源，主张就地取材与争取外援相

① 习近平：《群众路线是党的生命线和根本工作路线》，《习近平谈治国理政》，北京：外文出版社，2014年版，第367页。

② 冀国钧，张业胜编：《诺尔曼·白求恩在中国》，北京：中国协和医科大学出版社，2007年版，第2页。

③ 冀国钧，张业胜编：《诺尔曼·白求恩在中国》，北京：中国协和医科大学出版社，2007年版，第30页。

结合。在药品用尽的情况下，白求恩同志提倡去美洲一趟，筹集经费、药品、器材和书籍，但是由于种种原因，计划未能实现。在争取外援极端困难的条件下，他主张必须就地取材。在他临终遗嘱上仍念念不忘地嘱咐：每年要买250磅奎宁，300磅铁剂专为治疗疟疾和贫血病患者。千万不要再到保定、天津一带去购买药品，因为那里要比沪、港贵两倍。第二，倡导“到伤员那里去！医生坐等病人的时代已经过去了”①。白求恩大夫主张“医生去火线疗伤”。他说：“在前方用几分钟或十几分钟给伤员及时治疗，比转移到后方用若干小时治疗，效果要好得多，有时起决定性作用。”②洪子店战斗及雁北广灵—灵丘公路伏击战的伤员，都争取在负伤后不久进行了治疗，收到很好的效果。从此，“到伤员那里去，医生坐等病人的时代已经过去”③便成为他一切工作的总方针。第三，提倡早期初步疗伤，提高疗伤效果。所谓的初步疗伤，是针对创伤的中期或后期治疗而言的。战时，短期内发生大批伤员，伤员除局部损伤以外，常伴有休克、出血、内脏损伤、感染等。有些伤员局部损伤并不重，但并发症却是致命的。受伤后，短期内给以及时的科学处理，是关系其后果的关键。第四，整顿医院（休养所），提高医疗工作效益。白求恩大夫进行两次重大的医院整顿。第一次是1938年8月在五台山的松岩口建立“模范医院”，第二次是1938年12月在山西灵丘杨家庄，在那里集中了三五九旅和晋察冀军区一分区的骨折、头颅和胸腹外伤的重伤员300多人，创立了“特种外科医院”，两所医院的建立大大提高了军队的医疗水平。第五，注重提高卫生人员素质，培养卫生骨干，在职培养与学校培养并重。1938年8月13日，白求恩大夫给聂荣臻司令员的工作报告专门提到如何培养医务人员问题，他首先提到了培养医生、护士的迫切性，而后提出了多种培养方法。

白求恩同志在社会实践中的科学管理对于医院自身建设具有重要的指导作用。第一，自力更生，艰苦创业。“打铁还需自身硬”，每个医院需在技术、人员、管理等方面壮大自身的实力，积极引进先进的技术以提高医疗水平，广泛吸纳高层次人才以夯实人才基础。第二，医院的管理办法需科学。医院各级各类人员都应有自己的职权范围，各负其责，分工明确，责任具体。在实际工作中，工作程序要简洁高效。第三，医护人员需做“白求恩式”的工作者。目前，大多数医护人员都是大学本科学历以上，可以说，具备了较强的知识能力。在具备基本业务能力素质的基础上，必须在技术上精益求精，大大提升临床实践能力，才能在最大限度上造福于人。从领导同志到业务人员，都必须有自己深入钻研的课题。第四，坚持“引进来”和“走出去”相结合的方针。一方面要积极引进国外的先进技术，不断派人出去进修，请专家前来会诊，与国内外的其他医疗机构建立联系；另一方面，也要将

① 冀国钧，张业胜编：《诺尔曼·白求恩在中国》，北京：中国协和医科大学出版社，2007年版，第30页。
② 冀国钧，张业胜编：《诺尔曼·白求恩在中国》，北京：中国协和医科大学出版社，2007年版，第30页。
③ 冀国钧，张业胜编：《诺尔曼·白求恩在中国》，北京：中国协和医科大学出版社，2007年版，第30页。

自身的临床实践结果、先进的医疗技术发明、一些疑难病的最新治疗方法推向全国乃至全球，使全人类共同受益。

5. 在医德建设中培养道德情操

白求恩同志高尚的道德情操作为一种风范、一种楷模、一种传统、一种准则，教育培养了一代又一代中华儿女，为中国人民的解放和建设事业立下了不可磨灭的功勋，深受广大人民群众的赞颂。由于白求恩同志是一名医生，所以在广大人民群众心目中，白求恩就是“白衣战士”这一圣洁形象的标志，白求恩就是“救死扶伤”这一神圣事业的象征。白求恩同志高尚的道德情操应当是每位医务工作者为之骄傲、珍惜的巨大的精神财富。长期以来，医疗卫生战线的广大职工，在党和政府的领导下，牢固树立全心全意为人民服务思想，坚定社会主义办院方向，为祖国的医学事业、人民健康事业做出了卓越的贡献。但近些年来，随着改革开放的深入推进，市场经济的弊端逐步暴露出来，一些医务人员的人生观、价值观、道德观出现了扭曲和错位，对继承、发扬白求恩大夫高尚的道德情操产生糊涂的甚至是错误的认识，简单地将商品交换原则应用于救死扶伤这一神圣的事业中来，引起广大群众的不满，广大群众开始质疑白衣战士的圣洁形象。

白求恩同志是医德建设的典范与楷模，白求恩高尚的道德情操已成为人们对医院及医务工作者医德建设的要求与衡量标准。培养高尚的道德情操必须做到以下几点：

第一，提高认识。毛泽东同志曾经号召广大人民群众学习白求恩同志毫不利己、专门利人，对同志对人民极端热忱，对工作极端负责任的高尚品格。邓小平同志也曾题词让我们“做白求恩式的革命者，做白求恩式的科学家”。江泽民同志也先后两次号召我们“弘扬白求恩精神，建设现代化医院”和重读《纪念白求恩》。要求全体党员要像白求恩那样做人，要堂堂正正做人。在社会主义市场经济深入发展的今天，广大群众反映，在医疗服务中存在一些与白求恩高尚道德情操格格不入的事情，一致认为“看病难”，如收红包、拿回扣、开大方提成、吃请、索取、搭车开药、搭车检查等现象不仅使患者遭受巨大的经济损失，而且极大地败坏了医院的风气和名声。因此，必须提高广大医务工作者的思想政治觉悟，在实际工作中自觉践行全心全意为人民服务的宗旨。医院必须坚持用白求恩的高尚道德情操育人，使广大医务人员内化于心，外化于行。

第二，大造声势。白求恩同志在松岩口“模范医院”建成典礼上告诫大家：“护士的责任是什么？只有一个责任，那责任是什么？那责任就是使我们的病人快乐，帮助他们恢复健康，恢复力量。你必须把每一个病人看作你的兄弟，你的父亲，因为实在说他们比父兄还亲，他是你的同志。在一切的事情当中，要把他们放到最前头。倘若，你不把他们看得重于自己，那么你就不配在卫生部门工作。必须胆大、坚强、敏捷、果断，但同时也得和蔼、仁慈、对人体贴。”“每一个医生应该时时想到你的伤病员，要时时问自己，我能帮助他们更多一点吗？这样就要想办法使你的工作进步，更好地发挥你的技术为伤病员服务。”①白求恩同志高尚的道德情操，他的精神，不仅在战争年代极大地鼓舞了我解放区军民的斗志，而且在新时代下，同样激励着人们树立良好的道德品质，成为中国人民学习的榜样。我们应该大力宣传具有白求恩同志高尚道德情操的优秀人物及其先进事迹，同时还要积极利用电视、广播、媒体等传统媒体与互联网、微博、微信等新兴媒体等传媒大力宣传，使更多的人了解身边的典型，使之学有目标，做有尺度，增强了大家弘扬白求恩高尚道德情操的自觉性和使命感。

第三，抓好教育。在社会主义市场经济条件下，许多医务人员认为为人民服务“假、大、空”，从而向往金钱和权力，在利益的诱惑下出现了道德滑坡现象。为解决医疗服务存在的问题，各医疗机构必须始终坚持爱国主义、集体主义、社会主义育人的教育方向，树立正确的人生观、价值观、世界观，大力开展爱岗敬业、无私奉献教育。将白求恩高尚的道德情操作为广大医务工作者的一面镜子，提醒他们时时对照自己，坚定全心全意为人民服务的思想，树立良好的医德医风。出于加强教育针对性的目的，各医疗机构应该对医务人员队伍的思想作风情况展开深入调查，并针对调查结果分析问题及原因，提出相应的解决措施。

通过将白求恩高尚的道德情操渗入到医德建设中，确立了医务人员的新培养目标，实现从单一育人走向协同育人，在医德建设中凸显道德情操的重要性，促进医务人员的全面发展。

第二节　白求恩精神育人的历史进程

抗战期间就有一批医院、卫生学校以白求恩的名字命名，并涌现了许多“白求恩工作者”。解放战争时期，出现了许多的白求恩国际和平医院。中华人民共和国成立以后，为了让人民了解白求恩，“白求恩纪念馆”相继诞生。石家庄华北烈士陵园内的“白求恩纪念馆”是最重要的一个，其间还有从河北启县军城迁移来的白求恩和柯棣华大夫陵墓。1976年8月31日，加拿大“白求恩纪念馆”在白求恩故居——格雷文赫斯特城开幕。1978年在蒙特利尔市的“白求恩广场”竖立起白求恩汉白玉雕像。1978年11月，长春白求恩医科大学隆重集会恢复校名。1999年4月，石家庄白求恩医专经中央军委命名为中国人民解放军白求恩军医学院。两所以白求恩名字命名的院校均以“继承和发扬白求恩精神，全心全意为人民服务”为建院方

① 陈识路：《唐县中小学乡土教材　白求恩在唐县》，石家庄：河北人民出版社，2015年版，第37页。

针。位于石家庄的中国人民解放军国际和平医院更是驰名中外[①]。

在人民群众中，常用白求恩的名字，称颂医德高尚、技术精良的医生。只要医务人员为人民做了好事，则常被称为白求恩式的好医生。医疗队下乡治病，农民说："当年的白求恩医疗队又回来了。"社会上曾出现过"白求恩精神过时论"，"毫不利己、专门利人条件论"，随之而来的是医疗质量下降，医患关系紧张；医护困惑，无所适从，这时社会呼唤白求恩精神回归。经过教育及广泛深入讨论，达成了"白求恩精神是医院精神文明建设的重要组成部分"，"白求恩精神并非高不可攀"等共识。由曾经一度放松对白求恩精神的宣传，转变为理直气壮地用白求恩精神纠正卫生行业的不正之风。1991年12月，为了纪念《纪念白求恩》发表52周年，弘扬白求恩精神，由中国人民对外友好协会、全国卫生系统思想政治工作研究会、中国卫生宣传教育协会和白求恩医科大学北京校友会联合举办了"白求恩精神研究会"，并宣布成立中国白求恩精神研究会。参加人数之多，讨论范围之广泛，前所未有。还出版了《白求恩精神研究》杂志，涌现出众多的白求恩工作者。有关白求恩的历史遗迹被保护，出版大量有关白求恩的出版物，发行纪念邮票、纪念币、纪念章，拍电影，白求恩的高大形象在中国这块古老的土地上，像不落的星辰放射着灿烂的光辉，他的精神鼓舞着人们前进，他是医护人员心目中的楷模，他是艰苦奋斗、无私奉献、集体主义、大公无私、高尚人生道德的总称。[②]

不难看出，白求恩精神形成了感召后人的强大精神力量，并汇入古老的华夏文化洪流。无论在什么时期，白求恩精神都是中国共产党和中国人民中间的一种风范、一种楷模、一种准则、一种传统，源源不断地发挥着巨大的育人立德作用。

（一）新民主主义革命时期（1939—1949）

1931年9月18日，日本帝国主义悍然发动了"九一八"事变，占领了我国东北三省。以后数年贪得无厌，得寸进尺，利用国民政府的不抵抗政策，逐步侵入华北，并加紧策划，妄图一举侵占全中国。正当中华民族处在生死存亡的紧要关头，中国共产党中央于1937年5月在延安召开了中国共产党全国代表会议。毛泽东在会议上做了题为《中国共产党在抗日时期的任务》的报告，深刻地分析了民族矛盾和国内矛盾的变化，指出："中国的救亡抗战，必须用跑步的速度去准备。"[③]并明确提出："政治上、军事上、经济上、教育上的国防准备，都是救亡抗战的必须条件，都是不可一刻延缓的。"[④]毛泽东把教育上的国防准备，当作救亡抗战的必须条件之一。这不仅强调了教育事业在抗战时期的重要地位和不可忽视的作用，而且规定了教育必须为抗战服务这个基本的方针。

① 陈蕃编：《白求恩精神赞》，北京：解放军文艺出版社，2002年版，第361页。

② 陈蕃编：《白求恩精神赞》，北京：解放军文艺出版社，2002年版，第362页。

③ 《中国共产党在抗日战争时期的任务》，《毛泽东选集》第一卷，北京：人民出版社，1952年版，第247页。

④ 《中国共产党在抗日战争时期的任务》，《毛泽东选集》第一卷，北京：人民出版社，1952年版，第247页。

1937年7月7日，日本帝国主义发动了“卢沟桥”事变。第二天，中国共产党发表宣言，号召全民族抗战。7月23日，毛泽东在《反对日本进攻的方针、办法和前途》一文中，提出：“实施国防教育。根本改革过去的教育方针和教育制度。不急之务和不合理的办法，一概废弃。”[①]8月25日，中共中央通过《抗日救亡十大纲领》，其中第八项规定了“抗日的教育政策：改变教育的旧制度、旧课程，实行以抗日救国为目标的新制度、新课程”。这也成为了解放区实行抗战教育的总政策。

在抗战救亡的背景和教育为长期战争服务的基本方针下，1939年11月，白求恩逝世后，白求恩精神也和抗战救亡的方针紧紧地结合在了一起。

1.推动了白求恩学校的创立与发展

抗日斗争的迅速发展，边区军民对卫生工作提出了十分迫切的要求。1937年11月之前，晋察冀军区只有两个团卫生队、一个卫生所及一一五师军医处的一部分人员，医生只有二十余人。军区建立之后，由于武装部队的发展，卫生机构随之建立。卫生人员虽有所增加，但无论在数量上和质量上都远远满足不了抗战形势和部队发展的需要。面对这种情况，军区给卫生部的任务是：（1）组织后方医院医治伤病员；（2）组织部队开展战地救护；（3）组建卫生机构，培训卫生干部和动员地方医药人员参军；（4）筹划药材，为抗日战争提供卫生保障。在这四项任务中，培训医务人员、壮大卫生队伍的力量，是边区卫生建设的中心环节。1938年1月，晋察冀军区卫生部在山西省五台县河北村举办了医务训练队，首先招收了护士班和调剂班，护士班学员三十名，调剂班学员十五名。学习时间分别为一个月和三个月。7月，开办了军区训练队，学员三十七名，分别来自军区直属队和一、二、三、四军分区及三五九旅。这也就是之后白求恩学校的雏形。

1937年中国的抗日战争爆发，白求恩率领一个由加拿大人和美国人组成的医疗队来到中国解放区，1938年4月由延安转赴晋察冀边区。白求恩大夫抵达晋察冀军区后，了解到边区医务人员不但数量严重不足，而且技术水平很低，远远不能适应抗日战争的需要。他对军区领导重视医务人员培训工作并计划建立卫生学校的设想十分赞同。因此，在忙于医疗工作的同时，他很重视整顿医院的工作，并致力于筹建模范医院，作为对在职医务人员进行示范教育的重要基地。他还积极编写教材，制订培训医务人员的计划。1938年9月15日，白求恩倡议创建的“模范医院”在山西五台县松岩口村的一个大庙里正式落成并举行了开幕典礼。白求恩原想把模范医院建设成为边区医院的典范和培训医务人材的基地。可是，模范医院建立不久，日寇即向我五台山根据地大举进攻，模范医院被敌人焚毁。医务训陈队随卫生部转移到平山县常峪村，以后又到了完县（现顺平县）神北村。1939年5月，抗日战争形势迅速发展，晋察冀军区不断扩大，医务技术人员急需补充。军区决定在医训队的基础

① 《为争取千百万群众进入抗日民族统一战线而斗争》，《毛泽东选集》第一卷，北京：人民出版社，1952年版，第267页。

上，筹建卫生学校。经过一段紧张的筹建工作，1939年9月18日，晋察冀军区卫生学校在河北冒庸县牛限沟村正式成立。

白求恩积极参加了卫生学校的创建工作，他以军区卫生顾问的名义时常到学校检查工作，同学校负责人交换意见。他把在6月20日为卫校拟定好的教育方针和教学计划交给了学校领导. 并同他们详细谈了有关学校教育的各种问题，帮助审阅教员们编写的教材，向学生讲演，鼓励学生燃起对学习医务的兴趣，还向学校捐赠了显微镜、小型X光机和从加拿大带来的内外科书籍。

1939年11月，学校刚成立不久，敌人就开始对根据地进行冬季大“扫荡”。学校立即转入反“扫荡”战斗，与敌人周旋于唐县平西一带崇山峻岭之中，直到12月反“扫荡”结束，来到唐县葛公村。不久后，白求恩逝世。

12月21日，毛泽东发表了《纪念白求恩》这篇著名的文章，高度赞扬了白求恩崇高的国际主义和共产主义精神，号召学习白求恩的国际主义精神和毫不利己、专门利人，对工作极端负责任、对同志对人民极端热忱、对技术精益求精的革命精神。毛泽东的号召极大地教育了解放区军民、医务工作者和卫校师生。

1940年1月5日，晋察冀军区在唐县军城隆重举行了白求恩遗体安葬仪式和追悼大会。到会军民一万多人，卫校师生专程从葛公村步行六十多里参加了大会。聂荣臻司令员在会上宣读祭文报告及白求恩生平，号召边区所有医务工作者向白求恩学习。为了学习和纪念白求恩，聂荣臻司令员在大会上宣布了军区的决定，将军区卫生学校改名为白求恩学校，附属医院改名为白求恩国际和平医院。

2月16日，学校在葛公村举行了易名典礼。晋察冀军区司令部、政治部、卫生部和各军分区首长参加了大会。政治部主任舒同代表军区讲了话，向学校赠送了锦旗和纪念品。从此，学校培养政治坚定、技术优良的革命医务工作者的目标又有了新的标准，那就是白求恩式的医务工作者。白求恩的名字紧紧地和学校连在一起，白求恩的思想铭刻在卫校每一个人的心中，白求恩的精神鼓舞着人们前进。

学校以白求恩命名，不仅因为他是学校的奠基者，更重要的是为了继承和发扬白求恩精神，遵循他的办学思想，建设有特色的学校。白求恩学校的教育方针明确规定：培养政治坚定、技术优良、白求恩式的医务工作者。学习和发扬白求恩精神，以白求恩的光辉形象和革命精神教育学生，便成为贯穿于全部教学过程的政治任务。

第一，学校注重培养学生全心全意为人民服务、无私奉献的精神。全心全意为人民服务、毫无自私自利之心的精神，无私奉献精神，是白求恩革命精神的核心。通过思想教育、革命斗争的实际锻炼和白求恩的高尚品德以及光辉事迹来培养学生全心全意为人民服务的革命人生观和世界观。作为一名革命的医务工作者，首先应当想到的是伤病员，是怎样使伤病员恢复健康；对同志满腔热忱，对工作极端负责任。仅抗日战争期间就有30多位学员光荣牺牲在反扫荡或工作中。

第二，注重培养学生艰苦奋斗的精神。白求恩在工作和生活上的艰苦奋斗精神是非常感人的，他不顾个人安危，转战在抗日斗争的最前线，救治大批伤病员，在物质条件十分困难的情况下，和八路军的战士同样吃苦耐劳。学校除进行传统教育以外，还以白求恩模范事迹教育大家，树立起“以大公无私，艰苦朴素为荣；以自私自利，追求个人享受为耻”的良好风尚。学生们自己背柴，背粮，吃黑豆，帮助驻地老乡挖走洪水泛滥时淤在稻田内的沙子，在学校内就养成了吃苦耐劳的习惯。

第三，培养学生技术上精益求精的科学态度和实事求是的精神。当时，条件虽差，但在工作上要求很严，要尽可能把一切做好，要坚持认真负责、一丝不苟的精神。白求恩根据战争环境下急需培养大批医务人员的客观情况，提出学制不宜太长、教材要求精练、不能照搬城市大学的教科书等教学意见。他的这种实事求是的科学态度，在教学和医疗工作中得到了贯彻，培养了学生的科学态度和良好的医疗作风。

在白求恩精神的指引下，白求恩学校遵循“培养政治坚定、技术优良、白求恩式的医务工作者”的方针，在战争的烽火中发展壮大，不断前进。

1941年8月15日，敌人集结重兵对晋察冀根据地发动了大规模“扫荡”。边区军民紧急动员起来，展开了英勇的反“扫荡”斗争。这次反“扫荡”斗争，敌情变化很快，学校师生始终处于紧张的战斗状态。在这种情况下，为了不影响教育计划，他们抓紧一切空隙时间进行教学。每到一个地方住下以后，就立即派人与各方面取得联系，弄情敌情，设好岗哨，监视敌人，同学们便找一个隐蔽的地方——树林中或山洼中，背包一放当凳子，两腿一支当桌子，书摊在腿上，就开始上课。有一次，学校转移到北店头，敌人从唐县出动，距学校驻地只有八里路。机枪声清晰可闻，在没有军队警卫的条件下，师生们仍然聚精会神、专心致志地学习。当敌人逼近时，大家才背起背包迅速转移。为了和敌人抢时间，每次行军出发前，根据教员事先布置的学习内容，如解剖名词、鉴别诊断、神经传导以及药物的名称、作用、剂量、用法等，准备出一个个问题，写在纸上，行军时贴在前面人的背包上，边行军、边学习，也可以边行军、边讨论。这种以问题为中心，又适应行军特点的学习方法很受同学们欢迎。行军中也把一些学习内容编写成小快板、顺口溜、打油诗等进行说唱，这既是一种宣传鼓动，又是一项学习内容，一举两得。鼓动小组还用“点将”提问的方法，帮助复习功课，设营小组还在保守行军秘密的原则下沿途用粉笔在明显处写出问题或药名。队伍经过时便能看一眼（队伍过后擦掉），边走边想，边走边议。就这样，在历时五十多天的反“扫荡”斗争中，坚持教学二十六天。

在战火之中建立、成长起来白求恩学校，是对白求恩精神的完美诠释者。在烽火中，白求恩学校师生发扬白求恩全心全意为人民服务的精神，不畏艰难险阻，克服种种不利条件，坚持学习，用科学知识武装自己，用白求恩精神鼓舞自己，为我国反法西斯战争的胜利做出了巨大贡献。

2.鼓舞了众多国际友人

中国的抗日战争，是世界反法西斯斗争的一个重要组成部分，它得到了世界上爱好和平的国家和人民的同情与支援。白求恩的事迹和精神很快就在全国乃至世界范围内传开，白求恩精神所体现出来的国际主义精神极大地感染了世界上爱好和平的国家和人民，产生了极大的影响。此后，众多国际友人在白求恩精神的感染下，纷纷来华援助中国的反法西斯战争。

继伟大的国际主义战士白求恩之后，印度援华医疗队的柯棣华对白求恩的精神十分钦佩，决心以白求恩为榜样，献身于反法西斯的伟大事业。1940年5月，印度援华医疗队的巴苏华、柯棣华大夫来到了晋察冀边区。柯棣华原名德瓦卡纳思·桑塔拉姆·柯棣尼斯。柯棣华这个名字是在印度援华医疗队来中国以后，他为了表示在中国工作的决心和对中国人民的友谊，在自己的姓后面加了一个“华”字。

1940年6月21日，他在河北省唐县军城和聂荣臻司令员等领导同志一起，参加了白求恩陵墓的揭幕仪式，并代表印度援华医疗队献了花圈。柯棣华说：“这里是白求恩工作过的地方，你们的学校也以白求恩的光荣名字命名。我一定要像他一样，献身于反法西斯的伟大事业，绝不玷污白求恩的名字。”①柯棣华以自己的行动实现了这一诺言。

柯棣华到中国后，立即投入了紧张的教学和医疗工作。1940年9月，我军发动“百团大战”，向日本侵略军发起反击。柯棣华坚决要求到前线去，他带领部分医校师生组成医疗队，到第一军分区参加了百团大战第二阶段涞灵战役的战地救护工作。在十三天的战斗中，先后接收伤员八百多人，为其中五百八十五人施行了手术。柯棣华连续三天三夜坚持工作，以最大的热情抢救伤员。他那像白求恩一样的精神与行动，深深地教育和感染着人们。

1942年整风运动开始以后，柯棣华虽然不是共产党员，但也积极参加运动，按照文件精神，检查自己的非无产阶级思想。他用中文写下了大量的学习笔记，有些篇章还在晋察冀日报上发表了。由于柯棣华能够刻苦努力，严格要求自己，因而思想政治觉悟不断提高。根据柯棣华本人的申请，经过党组织的考察，1942年7月7日，由江一真介绍，并经军区党委批准，他加入了无产阶级先锋队的行列，成为光荣的中国共产党党员。

1942年初，在白求恩精神的感召下，奥地利医生傅莱也赶赴中国援助中国抗战，并从敌占区北平（今北京）进入晋察冀边区。众多援华医生都以白求恩为榜样，把做白求恩式的医务工作者当作自己的努力方向。

从1942年5月1日开始，日本侵略军在华北派遣军司令冈村宁次的直接指挥下，

① 《白求恩医科大学校史》编辑委员会编:《白求恩医科大学校史 1939—1989》,成都:四川人民出版社, 1989年版,第14页。

出动五万兵力和七百辆汽车，对冀中根据地进行了空前残酷的“全面扫荡”，企图摧毁根据地军民的生存条件，同时对冀西根据地也加宽了封锁和蚕食。由于敌人的分割封锁，掠夺破坏，造成了边区军民生活空前困难。这年10月，部队冲破敌人的封锁，从冀中抢运一批粮食到冀西根据地。国际援华医生柯棣华、傅莱等都主动加入了背粮队伍。他们背着粮袋，一路上和同志们谈笑风生。由于众人的共同努力，此次提前完成了背粮任务。

在柯棣华等援华医生的指导下，边区医院取得了快速的发展。不但治好了大批战士、干部和老乡的疾病，配合了学校教育，而且在医院工作制度和技术上，都有明显的进步，医院有了较大的发展。这时医院已分住院、门诊两部，设有内、外、妇、眼、耳鼻喉和化验等科室，是边区的一个重要医疗基地。然而由于工作繁重，环境艰苦，柯棣华的身体状况每况愈下。他的癫痫病经常发作，有一次竟然昏倒在村旁的小水沟里。为了照顾柯棣华的身体，军区首长和学校领导提出让他到延安或者回到印度去休养治疗。柯棣华不愿离开火热的战斗，一直带病坚持工作。他除了从事繁重的医疗和教学工作以外，还挤出时间编写外科教材。当他写完《外科总论》，又在赶写《外科各论》的时候，他的病发作得更厉害了，在1942年12月9日，因癫痫病发作，经抢救无效而逝世，终年三十二岁。

以柯棣华为代表的众多援华医生以及国际友人所展现出的白求恩精神可以说是在中国共产党的领导下，在艰苦的抗日战争中形成和发展起来的一种革命精神。白求恩精神所包含的正确人生观思想是一个古老而又常新的话题，每一代人，每一个人都不可避免地遇到它。而在革命的年代，尤为突出。人生在世，每个人都有对人生的看法，因此，人人都有人生观。区别在于，是自觉的、系统的人生观，还是不自觉的、不系统的人生观；是正确的、科学的人生观，还是不正确的、不科学的人生观。白求恩精神的丰富内涵是革命者的重要精神食粮，鼓舞、教育着革命年代的广大群众。只有树立全心全意为人民服务的人生观，才能正确处理好革命生活中各种利益关系。只有经过长期的、自觉的修养，把自律和他律结合起来，自觉地学习白求恩精神，用白求恩精神指引自己，才能成为一个高尚的人，一个纯粹的人，一个脱离了低级趣味的人，一个有益于人民的人。

（二）新中国成立初期（1949—1956）

学校十分重视用白求恩精神教育学生和职工。1949年11月，白求恩逝世十周年时，学校广泛开展深入学习白求恩的宣传教育。和平医院还在全体职工中开展了学习白求恩爱护伤病员的“四评”活动。事实证明，白求恩精神是一个强有力的思想武器，是这所学校的传家宝。解放战争中，学校教师队伍新的成员不断增加，学生中地方知识青年也逐渐增多，但是抗日战争时期形成的光荣传统，不仅没有削弱，而且进一步得到了继承和发扬。因此，团结、教育、吸引了大批中外技术专家，这支技术队伍不断发展壮大，成为学校建设的骨干力量。稗田宪太郎教授和津泽、安达等日本朋友在这个时期为学校建设做出了突出贡献。那时学校的教学、医疗环境虽然还不具备进行科学研究的条件，但是各学科的专家们结合教学和医疗实际，也积极开展了一些研究工作，比如对“加铜食盐水”代替血清治疗贫血的研究，“细胞溶解酶素”治疗化脓性炎症的研究，“防蚊水”“冻伤膏”的研究，等等，都取得了初步成果。不仅提高了临床治疗效果，也初步训练了学校教师的科研能力。此外教师们还相互探讨科技问题。这一时期育人的主要对象是医疗工作队伍。

1.育人的方向——“一切围绕建设”

1949年，是解放战争全面胜利的一年。华北地区大部分解放，大军南下西进，需要配备大批卫生人员。随着革命形势的发展，学员中除少数系抽调入学的卫生干部外，还有大批城市知识青年，为学校的育人工作提出了新课题。这一年的1月，军医一至三期毕业，5、6月份四至八期毕业，接着调剂一至二期毕业，这些学员在“光荣的岗位在前线”号召鼓舞下，愉快地走上了解放战争的第一线。

一大批新学员先后入校学习。知识青年入学，需进行两个方面课程的学习。首先进行3—6个月的文化政治学习，然后再编班上医务课。先后编班上课的有1948年入学的军医十六至十八期；1949年陆续开课的有军医十九至二十期，军医二十一至二十四期，军医二十五至二十八期；同时还有从部队调训的一百五十多名医务人员编成的文化一至二期（医预科）。

同时，医疗教师队伍有了进一步的发展。先后由平津、东北等地来校工作的医教人员有数十人，前后期授课教师一百余名，基础课、临床课各教研室（当时叫教室）逐步建立健全，编写出一套前后期课的各科讲义。这套课本还被当时华北解放区军内外医务学校所采用。1949年12月统计，在校学员一千七百八十名，校部教学行政人员二百七十九人，附属和平医院工作人员六百八十六人（不含休养员），全校共二千七百四十五人。医学类院校的规模得到进一步扩大。

1949年6月，华北军区召开卫生宣教会议，钱信忠部长在讲话中指出：随着解放战争的节节胜利，卫生工作任务由“一切围绕战争”转变为“一切围绕建设”，卫生部门教育工作的任务主要是理论学习和技术提高，要改变以往“用什么学什么”的方针，“正确地系统地从头学起”。从这时起，开始把正规化、现代化建设纳入学校建设的议事日程。

7月，学校开始实行教学内容重点制策略。学校由内科、外科、五官科三个专业组成。重点制策略就是要根据各专业的不同需要，教学内容各有侧重。在当时的历史条件下，这种策略对于提高教学质量起到了一定的促进作用。

1949年10月1日，伟大的中华人民共和国诞生了。全国医疗队伍热烈庆祝这一伟大的光辉节日，并认真学习了毛泽东主席的讲话和有关文献，决心为新中国的建设事业贡献力量。此后不久，察北一带发现鼠疫，这是新中国成立后发生的一起重要疫情。党中央十分重视，迅速组成中央防疫大队，采取果断措施，防止疫情蔓延。

学校组织正在实习的九到十五期同学，大概有三百多人，参加了中央防疫大队，到疫区做防疫工作。同学们在疫区克服脏、累等不利因素，积极参加防疫工作，顺利地完成了防治任务。

在整个解放战争时期，学校始终坚持为了战争服务的方向，以此来确定学校育人的计划、内容及方法，先后为部队输送了两千二百余名各类医务干部，收治了大量伤病员，为解放战争做出了贡献。在新中国成立后，学校育人的重心发生变化，由原来的为战争服务转向为建设服务。

2.育人新机构的诞生——正规化现代化军医大学

1949年10月1日，伟大的中华人民共和国的诞生标志着人民解放战争的全面胜利。这一时期，军事安全建设是我国国家安全建设的重要方面之一，因此，全军的任务是：在继续肃清残匪的同时，进行正规化、现代化国防军建设，保卫新的人民共和国。1949年12月29日，中央军委命令：决定华北医科大学与天津陆军总医院合组为军委军医大学，自1950年1月1日，改隶军委卫生部领导。这是学校历史上一个重要转折。在中央军委命令下发之前，华北军区卫生部部长钱信忠、副部长叶青山于1949年7月22日曾书面报告聂荣臻、薄一波、杨立三等总参、总后领导同志，提议：华北医科大学迁至北京或天津办学，使这个全心全意为人民服务的医学校，成为一个有历史和现实意义的、相当规模的、名副其实的作为各医学校模范的医科大学。中央军委主席毛泽东很关心这所抗日烽火中白求恩大夫参与创建的革命学校的发展建设，亲笔批示：军医大学以天津建校为宜。于是，学校于1950年初开始进行迁到天津建校的各项准备工作。1950年2月正式定名为军委天津军医大学。

1950年6月，军委卫生部指示学校的建设方针是“为建设现代化正规化军医大学准备条件”。按照上级指示，将原附属医院即白求恩国际和平医院留在石家庄隶属华北军区卫生部领导。“原天津陆军医院改为天津军医大学临床学院，一切行政、教育及医疗事宜，均直接由天津军医大学领导。”（军委卫生部1950年9月通知）为适应临床教育的需要，在筹备迁校建校的同时，对新的附属医院进行了科室调整，添置了教学设备。为了胜利完成迁校和建设任务，学校在北京、天津设立办事处，主持办理聘请教师、购置图书设备事宜。天津办事处则着重进行购置校舍、添置营具设备等项工作，同时按照教学需要对新购校舍进行维修改造，并接待分批迁到天津的人员和物资。

1950年7月27日，学校召开干部、党员活动分子会议，学习七届二中全会文件，会议主要讨论对进入大城市会遇到的问题和可能产生的思想问题并且对全校人员进行思想教育。此次会议的育人内容是：要求全校同志，继续保持艰苦朴素的优良作风，提高革命警惕性，并做好新到校人员的团结工作。经过此次育人教育会议，全校师生在学校搬迁中纪律严明，服从命令听指挥，新老同志团结合作，于1950年8月27日全部人员和物资搬迁完毕，安全顺利地完成了迁校任务。新校址的校部、基础各科室和学生干部宿舍，设在天津大理道、镇南道、常德道等处，校舍全由民房改建，临床学院仍在原陆军医院旧址。全校同志以顽强的战斗精神边搬迁、边建设、边教学，全校的教学实习按原计划进度完成。

中央调外科专家周泽昭任天津军医大学校长，耿毓桂任政治委员，陈淇园任副校长。学校迁津后的行政机构有：政治部、教务处、总务处、学员大队、临床学院，以后又陆续成立基础医学部、医预科，增设研究处。学校在校学员除十六至二十期不变外，其余各期序列重新命名，将原二十一期至二十四期编为天津军医大学第一期至第四期；原二十五期甲、乙班编为第五期、第六期，原二十六期甲、乙班编为第七期、第八期；原二十七期甲、乙班编为第九期、第十期；原文化一期编为第十一期。为完成培养国防军医的任务，提高教育质量，在校各期都延长了学制。原文化二期调拨中央卫生部继续培养。

天津军医大学认真回顾了1938年以来走过的战斗历程，总结学校发展的历史经验，于1950年7月编印出版了《十二年来的华北医科大学》一书。朱德总司令为这本书的题词是“发扬艰苦奋斗的光荣传统，提高国防军的医学水平”[①]。聂荣臻代总参谋长的题词是：“华北医大在十二年的英勇斗争与艰苦工作中，培养了大批医务干部，获得了很大的成绩，今后应继承白求恩精神，提高全军医疗水准，加强国防卫生建设。”学校前任政委、军委卫生部副部长姜齐贤在前言中写道：“华北医科大学在党的领导下，一直坚持着‘培养政治坚定、技术优良，为人民服务的医务工作者’的教育方针。……从创始就遵循着理论与实际联系的基本原则，一切从实际出发，从群众需要出发。根据每个时期革命任务的要求，和人力物力客观条件，来确定它的组织形式、教学制度、教学方法和工作方法。这一原则的正确实行，保证了教学方针的有效贯彻。”[②]前言还指出，学校“奉命改编为天津军医大学，即将担负起培养建设现代化国防军的医务干部的任务，这标志着由战争时期进入和平建设时期，医大也进入新阶段……今后应着重质量，提高部队卫生干部的科学技术水平，从而加强国防建设”[③]。

学校非常重视育人队伍建设。新中国成立前后，校领导亲自出面，通过各种渠道聘请教师。在全国革命胜利形势的鼓舞下，一批有志于献身国防军医教育事业的专家教授和一些中青年教师，先后来校任教。几年中有鲍鉴清、王凤振、杨敷海、许殿乙、阴毓璋、李落英、魏益春、冯玉珊、张文山、张行、陈学穆、唐虽、祝海如、朱育惠、于一峰、杜增瑞、董克恩、徐开等知名教授来校工作，还有外籍教授稗田宪太郎，兼职教授林崧、方先之、高施恩等。临床、基础各教研室都有了教授作为学术带头人，为提高军医大学的学术水平打下了基础。在学校的积极争取下，

① 天津军医大学编：《十二年来的华北医科大学》，天津：天津军医大学，1950年版，第2页。
② 天津军医大学编：《十二年来的华北医科大学》，天津：天津军医大学，1950年版，第8页。
③ 天津军医大学编：《十二年来的华北医科大学》，天津：天津军医大学，1950年版，第9页。

地方各高等医学院校陆续分配来许多志愿参加国防卫生建设的毕业生，这些同志后来都逐步成长为本校医教诸方面的专家。为了提高师资队伍的质量，学校选派了一批中青年教师到国内各医学院校进修，请苏联专家来校讲学，并派出两批十四名教师赴苏联留学。

在广泛吸纳各类人才之后，学校的科系建设臻于完备，并于1951年7月9日被命名为中国人民解放军第一军医大学。同年8月，学校召开了迁津后第一次教育工作会议，传达4月召开的全军军医教育会议决议，重点讨论了进行正规军医教育的教学方法、教学组织和师资培养等问题。会议总结指出：为了培养正规的合格的国防军医，除了必须加强军事和军事医学知识教育以外，必须大力开展普通医学的教育工作，提高教学医疗水准，只有这样，才能培养出技术优良的军医。其次，学习苏联先进经验是必要的、肯定的，但要结合中国实际，面向部队，了解部队和战争情况，学习部队卫生工作经验，从而提高和充实军事医学的内容。这次会议为今后搞好正规军医教育明确了方向，统一了认识。

3.育人的目的——为抗美援朝服务

1950年秋季，当美帝国主义把侵略战火燃烧到我们祖国的边疆、严重威胁着我国安全的时候，全校教职工和学员，掀起了轰轰烈烈的抗美援朝保家卫国的热潮。大家纷纷签名，写志愿书、保证书，要求参加志愿军，同时还订立爱国公约，捐款捐物支援抗美援朝。学校深入地开展了爱国主义和国际主义教育，批判了亲美、崇美、恐美的思想，从而使热爱祖国的思想觉悟空前提高。

全校人员进行了临时战救训练，增加军队卫生、战地救护、初步疗伤等课程，同时培训战地救护人员。学校还组织了宣传演出队，走向社会，以各种文艺形式进行抗美援朝保家卫国的宣传活动。以十六名临床教师和第11期七十余名学员组成的天津军医大学抗美援朝志愿医疗队，由张渔渭任队长，于11月中旬赶赴朝鲜前线。在全校欢送大会上他们表示：要学习白求恩大夫的国际主义和爱护伤员的精神，保证志愿军打到哪里，医疗队也跟到哪里。正在进行毕业实习的十六至二十期的军医学员，紧急进行战救需要的各项训练，于1951年1月毕业分配到部队工作。很多赶赴前线的学员，未等母校发毕业证书便奋不顾身投入战场救护工作。在校实习的一、二、三、四期学员，以高度的学习热情，认真地完成了外科尤其是野战外科的学习，强烈要求到前线去工作。这批同学于1951年7月毕业，大部分分配到抗美援朝的战斗岗位。1952年12月，五至十期的学员毕业，又为部队医疗战线增加了新的力量。学校毕业学员很多人在前线立功受奖，也有的光荣牺牲在救死扶伤的岗位上。

1952年1月，美国侵略者在朝鲜使用细菌武器，从2月份起，又向我国东北地区投掷了细菌弹，严重威胁中朝军民的健康和生命安全。为了粉碎美国侵略者的细菌战，学校遵照军委卫生部的指示，成立了各级防疫委员会，立即开展防疫医学的研究和教学，并派出防疫人员到朝鲜前线工作。3月份建立了防疫医学教学领导小组，基础医学部副主任鲍鉴清教授任组长，由细菌学、寄生虫学、病理学、卫生学和内科学（包括传染病）等学科领导人参加组成。依据已经发现的敌人撒布的病菌，把可能流行的传染病作为重点教学内容。3月17日起，对临床实习学员及有关防疫人员进行培训，还进行了采集标本、细菌检查、检查病人等实战演习。这期间还协助地方政府开展防疫工作，周泽昭校长和有关教授承担了天津市反细菌战防御专门委员会的工作，学校有关科室正式接受天津市及河北省天津、沧州两个专区的中心检验任务；并派出三十多名师生参加天津市防疫注射队，帮助市政府开展群众性的防疫工作。学校接受上级指示，组成反细菌战小组，到前线开展防治和科研工作，为前线部队训练反细菌战工作人员。医学生物学家王凤振教授深入第一线开展研究，在国际科学委员会调查美国对朝鲜和中国进行细菌战的事实时，王教授以充分的论据，揭露了美国进行细菌战的罪行，得到国际科学委员会的认可，为保卫祖国立了功，受到朝鲜政府和我国卫生部的奖励。此外，学校的王凡、于振华、李若伦等在朝鲜战场上的反细菌战战斗中，获得朝鲜政府的奖励。

为了加强防化、防毒等课程的教学工作，学校药理、卫生勤务任课教师，到第一线调查研究，了解美国在战场使用化学武器等情况，搜集有关资料，充实教材内容，完成了本校和志愿军防毒训练班、化学兵学校、海军学校等兄弟院校的防毒教学任务。

1951年起，学校临床学院开始接受治疗前方转来的志愿军伤病员的任务，先后接受志愿军伤病员七百五十三名，胜利地完成了任务。

4.育人的中心——以教学促业务

1952年1月起，学校根据上级指示，开展了反贪污、反浪费、反官僚主义的“三反”运动。这一运动中每个人都受到了很大的教育，但也有逼、供、信、扩大化的倾向，但很快纠正了。运动后期进行了反对资产阶级思想腐蚀，发扬艰苦奋斗、勤俭建国的思想教育，进行了各项工作的整改；在临床学院进行了整顿医疗作风、消灭责任事故的讨论，并制定了医院管理的各项制度。

1952年7月，学校召开全校党员代表会议。会议对“三反”运动进行了总结。与会代表还对教育工作进行了深入的讨论，明确了“搞好军医教育应该是军医大学唯一的任务”，学校治疗工作的任务，就是坚持保证教好学好这个方向。会议总结说：“今后要认真作好思想建设、组织建设、制度建设，这三项建设的实施，应以教学为中心。全校工作的总要求是完成教学任务，要教得好、学得好。会议决议要求行政机构提高工作效率、健全制度、严明纪律、发扬优良的工作作风，要有坚强的党团组织工作。”会上还对师资培养、教学方法、学习苏联和学习新知识等问题进行了讨论。会后，各单位各部门根据大会决议，分别制订了具体实施计划。8月，召开全校政治工作会议，明确提出政治工作要贯彻党代会决议，保证教学医疗任务的完成，要深入教学医疗工作的第一线，做好政治思想工作，克服政治工作一般化的作风，会后校政治部组织专门小组，深入第一线，检查保证教学医疗工作的决议执行情况。

1953年开始，正式执行“教学规程”，初步统一了教学方法，改进了教学环节，加强了学科之间的相互联系，教学秩序趋向正规，教学质量逐步得到提高，这是学校入城后教学工作的一项重大建设。

1952年11月，校党委召开会议，认真分析全校情况。认为经过三年来的工作，全校人员思想有了很大提高，各项建设已初具规模，规章制度已经建立健全起来，具备了向业务进军的条件。校党委决定，1953年的工作方针是向业务大进军，把全校人员的全部精力，引导到提高业务方面，努力提高各项工作的质量。要求医教人员钻研业务，改进工作，学习苏联先进经验；其他各类人员，要把自己的业务水平提高一步，以保证完成教学医疗等任务。为了适应学校的发展建设，决定进一步调整和充实组织机构，设立训练部、校务部、政治部、研究处、干部处、附属医院和三个学员队。1953年初，校党委向全校发出向业务大进军、开展立功创模运动的号召。号召指出，开展这一活动的目的，是贯彻以教学为中心的方针，推动学校正规化建设，保证教学、医疗、科研等任务的完成。为了把运动开展得更广泛更深入，学校又连续召开党的活动分子会议、青年团代表大会和教学研究委员会第一次会议，动员全校的教员、学员、医务和政工、行政后勤人员，在各自的岗位上，从学好、干好各自的业务出发，投入到运动中来，向业务大进军，使全校呈现一派生机勃勃的景象，对完成教学医疗任务起了很大的推动作用。

在教学方面，师生们努力克服学生年制不同、文化程度不齐的困难，学习苏联军医教育的经验，加强教学组织，改进教学方法，提高了教学效果。这一年末，学生成绩普遍提高，四分五分者由1952年的百分之六十一，提高到百分之八十四点五。各科系暑期前全部编写出质量较高的讲义，全校医教人员于暑期前分五期完成了俄文速成轮训任务。临床学院进一步树立“一切为了伤病员”的思想，加强工作责任心，提高了治愈率，实行保护性医疗制度，开展了睡眠疗法、无痛分娩、体育疗法等，都获得了良好效果。科研方面，配合教学、医疗进行了关于活质、血浆代用品、睡眠疗法等课题研究，取得了一定成果。校务行政后勤等工作，加强了工作的主动性、计划性，在面向教学、深入教学、保证教学方面，有了显著的改进。1953年成立了病理生理教研组，并编写了病理生理学讲义。

为了继续贯彻向业务进军的方针，总结开展立功创模运动的成果，学校在1953年8月进行了一次群众性的评功活动。全校评出三百八十一名功臣（包括休养员），其中一等功臣一名、二等功臣二十五名、三等功臣三百五十五名，还评出集体二等功单位一个、集体三等功单位五个。9月5日，召开了全校庆功大会，奖励全体立功人员，总结立功创模运动的收获，号召在今后向业务进军中继续开展立功运动，努力提高教学、医疗质量，发展科学研究工作，加速学校的正规化建设，更好地完成军委交给的培养国防军医的任务。9月10日，总后卫生部和卫生部政治部首长对学校二等功以上人员，给予通令嘉奖。1954年2月26日，总后勤卫生部下发了整编军医院校实施方案，决定天津第一军医大学与长春第三军医大学合并，命名为中国人民解放军第一军医大学。

（三）全面建设社会主义时期（1956—1966）

1957年5月，传达学习毛泽东主席在最高国务会议上发表的《关于正确处理人民内部矛盾的问题》重要讲话。5月8日，校党委召开扩大会议，学习讨论如何正确处理人民内部矛盾，具体分析研究学校内存在的矛盾问题。党外部分教授、副教授和讲师应邀参加会议。此后，政委车敏瞧又在全校干部会上，就上述内容做了报告。5月底，校党委根据中共中央《关于整风运动的指示》，部署开展以正确处理人民内部矛盾为主题，以反对官僚主义、宗派主义和主观主义为内容的整风运动。首先邀请部分教授、副教授开座谈会，发动群众，揭发学校存在的问题。然后，又召开了全校干部大会，动员深入开展整风运动，号召以“大鸣大放大字报”的方式提出批评建议，以后各单位还以小型座谈会等方式进行鸣放。6月14日，校党委根据中共中央《关于组织力量准备反击右派分子进攻的指示》开展反击右派的斗争。其后，于9月初又进行了六周时间的“社会主义思想教育运动”。9月8日，召开了全校学员大会，动员学员停课开展整风运动和反右派斗争，参加社会主义思想教育大辩论。

这次整风运动，前阶段开展反对官僚主义、宗派主义和主观主义，对改进学校干部思想作风和工作作风，起了积极作用。整风运动后期，进行了精简机构、紧缩编制、下放干部等工作。党的八大二次会议提出“鼓足干劲、力争上游、多快好省地建设社会主义”的总路线。1958年6月8日，全校出动一千七百人的宣传大军，组成十一个宣传队，走上街头宣传党的社会主义建设总路线，一个学习贯彻社会主义建设总路线的活动又在全校迅速展开。

在我国社会主义改造基本完成以后到“文化大革命”前夕，是全面建设社会主义时期。在这一时期，虽然党的工作在指导方针上有过失误，经历了曲折的发展过程，但社会主义建设仍然取得了伟大成就。在这种形势下，学校奉命从军队移交给地方，面临着新的任务，经受着新的考验。全校同志充分发挥了社会主义积极性和创造精神，使学校的发展建设和各项工作取得了很大成绩，但也有许多值得认真思考和吸取的经验教训。这一时期，学校的育人工作出现了一些新特点。

1.育人的“阶级性”

1958年6月28日，根据中央军委关于军队要支援国家社会主义建设的指示，将解放军第一军医大学移交给地方领导。政委车敏瞧和副政委吴星峰在大会上讲了话，表示坚决拥护上级的决定，要求全校同志适应这一巨大转变，积极地投入到社会主义建设高潮中去。全校同志怀着极其留恋军队的心情，坚决服从命令，决心去迎接新的任务，经受新的考验。

1958年7月11日，中共吉林省委和省人民委员会联合召开了欢迎第一军医大学移交地方大会。时任吉林省省长栗又文宣布将学校命名为长春医学院。学校移交地方时正面临着新的形势与任务。1958年5月，中共八届二次会议制定了“鼓足干劲，力争上游，多快好省地建设社会主义”的总路线，号召“在继续进行经济战线、政治战线和思想战线上的社会主义革命的同时，积极地进行技术革命和文化革命”。“总路线”和中央的决议及指示精神下达后，在全国迅速掀起“大跃进”、大炼钢铁和人民公社化运动的高潮，以高指标、瞎指挥、浮夸风和“共产风”为主要标志的“左”倾错误严重泛滥。在这种形势下，学院承担的任务成倍增加，原有的领导体制、组织机构和教学设施已经不能适应新的形势与任务的需要，为此学院进行了机构调整，制订了新的教学计划，调整了教学组织，保证了原有军医学员和新生能够按时开学。

1958年9月3日，举行了学校移交地方后的第一个开学典礼，迎来了第一次参加地方统一招生的五八级五百四十名本科新生和附属卫生学校一百六十名新生。

新学期开始，学院党委根据中共中央、国务院《关于教育工作的指示》精神做出决议，在全校开展党的“教育为无产阶级政治服务，教育与生产劳动相结合”的教育方针的学习，要求改变“教育脱离政治、脱离生产劳动和脱离实际”的现状，勤工俭学，大办工厂，大搞科学技术发明创造。在这一时期，教育领域开始受到打击和破坏，学校在育人方面需强化全校师生的无产阶级意识，在无产阶级阶级意识的指导下开展一切工作。全校人员积极响应党委号召，发扬艰苦奋斗的作风，因陋就简，办起教具、仪器、印刷、制药等工厂和农场，突击试制新产品，搞出大小发明创造、新技术、新药品、新器材等二百多项。全校师生还参加了全民大炼钢铁的群众运动，派出大批师生下乡下厂巡回医疗，支援农业生产建设。这些活动很多搞过了头，打乱了学校工作秩序。

2.育人的革新性

1958年中共中央召开教育工作会议后，教育领域发生了一定程度的变革。全国高等学校开展了群众性的教育改革运动，扩大了育人的范围。长春医学院党委为了贯彻这次会议精神，于1958年10月6日发出《关于深入贯彻党的教育工作方针开展教学改革工作的指示》，确定这次教学改革要充分发动群众，在各级党委领导下，师生结合，展开大鸣大放大辩论，彻底“拔掉白旗，插上红旗”。教育革命随即在各单位展开，基础医学部和各院分别召开了教学改革汇报评比大会和辩论大会，揭发和批判所谓资产阶级教育思想与学术思想。会上不适当地点名批判了一些老教师。

随着“大跃进”和人民公社化运动的进展，一个全国性的共产主义教育运动也普遍展开。1958年11月10日，学院党委制订了《关于共产主义教育计划》，提出从现在起到翌年暑假结束，结合人民公社化运动、大炼钢铁和学院教学改革，掀起一个共产主义教育高潮。要求人人谈共产主义，人人大干共产主义，努力提高共产主义觉悟。1960年四五月间，学校根据中央和省市指示，对技术革新和技术革命运动进行群众性的检查和总结。有些技术革新项目，如超声波、同位素、电子显微镜和极谱分析在教学科研及临床上得到应用，取得了满意的效果。试制的电泳光密度描绘仪被国家选送到莱比锡国际博览会展出，透明质酸酶被国家定为国内产品鉴定的标准，火焰光度计在北京、上海展出。

育人的革新性一方面在于育人的范围扩大了，另一方面在于育人思想的变化。

在教育领域，一切必须以毛泽东思想为指导，教师和学生必须仔细研读毛主席的相关著作，用毛泽东思想的立场、观点和方法开展批判。育人不能停留在理论上空喊口号，需落实在生产劳动上。在此期间，学校积极响应"全党动手、全民动手大办农业"的号召，组织五八年级、五九年级同学和工作人员近千人到新立城水库参加劳动。10月间又组织一千五百多名师生到德惠县三个公社和长春市郊大屯公社参加秋收劳动。

20世纪60年代初形成的《高教六十条》在教育史上具有重要地位。"《高教六十条》共十章：一、总则；二、教学工作；三、生产劳动；四、研究生培养工作；五、科学研究工作；六、教师与学生；七、物资设备和生产管理；八、思想政治工作；九、领导制度和行政组织；十、党的组织和党的工作。"①它明确了高等学校的培养目标，即"高等学校学生要具有爱国主义和国际主义精神，具有共产主义道德品质，拥护共产党的领导，拥护社会主义，愿为社会主义事业服务、为人民服务；通过对马克思主义、毛泽东著作的学习和一定的生产劳动、实际工作的锻炼，逐步树立无产阶级的阶级观点、劳动观点、群众观点、辩证唯物主义观点；掌握本专业所需要的基础理论、专业知识和实际技能，尽可能了解专业范围内科学的新发展；具有健全的体魄"②。《高教六十条》的制定和实施，在育人方面取得了一定的成绩，充分调动了知识分子教学和科研的积极性。

（四）改革开放新时期（1978—2012）

1976年10月，中共中央采取果断措施，一举粉碎了江青反革命集团。以此为标志，宣告了对党和国家造成巨大损失的"文化大革命"结束。在党中央领导下，人们进行了揭发、批判江青反革命集团罪行的斗争，冲破了"两个凡是"的思想束缚，经过"实践是检验真理的唯一标准"的大讨论，逐步从长期的"左"倾错误思想中解放出来，恢复了党的解放思想、实事求是的正确思想路线。"1978年11月中国共产党十一届三中全会胜利召开，确立以邓小平为首的新领导集体，制定了新时期的基本路线，开始了建设有中国特色的社会主义强国的新长征，实现了中华人民共

① 《中国教育年鉴》编辑部：《中国教育年鉴（1949—1981）》，北京：中国大百科全书出版社，1984年版，第693-698页。

② 董宝良编：《中国近现代高等教育史》，武汉：华中科技大学出版社，2007年版，第311-312页。

和国历史性的转折。”[①]

同时，教育领域也迎来了迅速、敏捷、持续健康发展的大好时机。经过拨乱反正，重新确立新时期党的育人方针，确立教育优先发展的地位，提倡尊重知识、尊重人才，提出“教育要面向现代化、面向世界、面向未来”的战略指导思想，深化各级各类学校的育人改革，从而促进教育事业全面协调、科学持续地发展。

1.以教育促科技

随着国家的工作重点转移到经济建设上来，教育的地位日益受到重视。邓小平以实现社会主义现代化的宏伟目标为出发点，提出必须把教育放在优先发展的教育地位。早在1975年，邓小平第一次恢复工作，在听取中国科学院汇报工作时，就指出：“我们有个危机，可能发生在教育部门，把整个现代化水平拖住了。”[②]1977年5月，邓小平在第二次恢复工作前夕，在一次谈话中更明确地指出：“我们要实现现代化，关键是科学技术要能上去，发展科学技术，不抓教育不行。”[③]1978年3月18日，在全国科学大会开幕式上，他又说：“科学技术人才的培养，基础在教育”，“各级党委要认真地作为大事来抓”。[④]

1982年中共十二大把教育和科技列为社会主义现代化建设三大战略重点之一。1987年10月，中共十三大报告中强调：从根本上说，科技的发展，经济的振兴，乃至整个社会的进步，都取决于劳动者素质的提高和大量合格人才的培养。百年大计，教育为本。高等院校担负着育人的重要使命，是以白求恩同志对科学精益求精的精神达到育人目的的有效载体。首先，科技是第一生产力，科学和文化水平的提高，最终依靠掌握先进科技知识的人。培养高等专业人才是高等学校的主要任务。其次，高等院校的功能，随着社会和教育自身的发展而逐步扩大，由人才培养向科学研究、技术研发和产业经营方向延伸，对国家科技和经济发展产生越来越大的直接作用。总之，高等院校育人功能的有效发挥对促进科学技术的发展具有极其重要的意义。

1992年10月，中国共产党召开第十四次全国代表大会。江泽民代表党中央提出了加快社会主义现代化建设步伐，进一步确立了教育优先发展的战略地位。在此基础上，中共中央、国务院1995年5月6日颁布了《关于加速科学技术进步的决定》（以下简称《决定》），在《决定》中首次提出了科教兴国的战略。1997年召开中国共产党第十五次全国代表大会，明确把发展教育作为社会主义文化建设的基础工程，走教育创新和科教兴国战略和可持续发展道路。“科教兴国”是对教育优先发展战略地位的高度概括和更准确完善的表述，更清晰地阐明了“实现现代化，科技

① 王炳照等编：《简明中国教育史（第四版）》，北京：北京师范大学出版社，2007年版，第490页。

② 邓小平：《科研工作要走在前面》，《邓小平文选（第二卷）》，北京：人民出版社，1983年版，第34页。

③ 邓小平：《尊重知识，尊重人才》，《邓小平文选（第二卷）》，北京：人民出版社，1983年版，第40页。

④ 邓小平：《在全国科学大会开幕式上的讲话》，《邓小平文选（第二卷）》，北京：人民出版社，1983年版，第95页。

是关键，教育是基础”的思想内涵。“科教兴国”战略的确立与实施，是全党全社会对新时期教育战略地位在认识上的进一步深化，为建设中国特色的社会主义教育体系和教育的现代化指明了正确的道路。

2.培育新人

为了适应新时期对人才培养的需要，邓小平敏锐地指出培养“四有”新人的人才教育观。1982年7月4日，在中央军委召开的座谈会上，邓小平指出：“搞社会主义精神文明建设，主要是使我们的各族人民都成为有道德、讲道德、有文化、守纪律的人民。”[①]根据邓小平的这一重要思想，中共十二大报告郑重地把“四有”确定为社会主义精神文明建设的根本目标。在1982年底召开的第五届全国人民代表大会第五次会议上，全体代表一致通过把“四有”教育写入《中华人民共和国宪法》。这样，“四有”变成了新的历史时期全国人民必须遵守的法律规范和行为准则，自然成为新时期高等教育的育人方针。

有理想，是指有社会主义、共产主义理想。新时期，广大青年要学习白求恩同志的共产主义理想信念，树立共产主义远大理想，只有为共产主义奋斗终生，才是最正确的理想，才能为人类做出更大贡献。

有道德，是指有社会主义、共产主义道德。社会主义道德建设的基本要求是爱祖国、爱人民、爱劳动、爱科学、爱社会主义。“五爱”是全体人民在处理国家、集体、个人、他人之间关系应该遵守的道德原则，大学生应自觉做一个道德高尚的人。白求恩同志不远万里来到中国，毫不利己、专门利人，解救了不少伤员和战士，对科学精益求精，为集体、为中国、为无产阶级贡献自己的一生。白求恩同志高尚的道德情操应成为每一个人的道德典范。

有文化，是指社会主义新人必须有科学文化知识。大学生不仅要掌握专业知识，还要有较高的文化素养和综合素质。白求恩同志正是因为具有良好的科学素养，将科学精神与专业知识深度融合，建立模范医院，使当时中国的医疗技术和水平大大提高。

有纪律，是指自觉遵守党和国家的纪律和法律，积极贯彻党的路线、方针和政策。白求恩同志实事求是、全心全意为人民服务、无私奉献等精神深刻体现着中国共产党的路线、方针和政策。大学生应当成为遵纪守法的模范。

由此可见，把人的素质的提高和社会主义新人的培养作为精神文明建设的根本任务，既是建设富强、民主、文明的社会主义现代国家的要求，也是实现共产主义的要求。[②]高等教育是社会主义建设事业的建设者和接班人的关键环节。因此，高等教育必须担负培育“四有”新人的任务，坚定正确的育人方向。

此后，江泽民强调“在我国社会主义初级阶段，教育作为经济、政治、文化建

---

① 《在军委座谈会上的讲话》，《邓小平文选》第2卷，北京：人民出版社，1994年版，第408页。

② 刘金田：《邓小平教育理论教程》，北京：人民教育出版社，1999年版，第140页。

设的基础工程，不仅要为现代化建设提供人才和智力储备，而且要直接参与各方面的建设事业，为推动各项建设事业作贡献”①。实施素质教育，就是全面贯彻党的教育方针，以提高国民素质为根本宗旨，以培养学生的创新精神和实践能力为重点，造就“有理想、有道德、有文化、有纪律”的德智体美等全面发展的社会主义事业建设者和接班人。因此，各级教育行政部门、各级各类学校，都必须用素质教育的观念开展育人工作。

（五）党的十八大以来（2012—）

“培养什么样的人，如何培养人”是社会主义教育事业发展的根本性问题，也是高等院校改革发展的根本着力点、逻辑起点和归宿。教育具有改造人、培养人以及发展人的功能。确保人才培养方向，提高人才培养质量，努力培养为实现中华民族伟大复兴中国梦而奋斗的中国特色社会主义建设者和接班人是高等院校的首要职责和根本任务。

1.教育者——以身作则

党的十八大以来，习近平总书记十分重视育人工作。2014年9月9日，习近平在同北京师范大学师生代表座谈时，说：“我们的教育是为人民服务、为中国特色社会主义服务、为改革开放和社会主义现代化建设服务的，党和人民需要培养的是社会主义事业的建设者和接班人。好教师的理想信念应该以这一要求为基准。广大教师要始终同党和人民站在一起，自觉做中国特色社会主义的坚定信仰者和忠实实践者，忠诚于党和人民的教育事业，自觉把党的教育方针贯彻到教学管理工作全过程，严肃认真对待自己的职责。要加强中国特色社会主义理论体系的学习，加深对中国特色社会主义的思想认同、理论认同、情感认同，不断增强道路自信、理论自信、制度自信，积极引导热爱祖国、热爱人民、热爱中国共产党。好教师应该做中国特色社会主义共同理想和中华民族伟大复兴中国梦的积极传播者，帮助学生筑梦、追梦、圆梦，让一代又一代年轻人都成为我们民族梦想的正能量。”②在育人过程中，教育者（教师）是主体，理应做到以身作则。古代中国社会，以教师为中心一直是教育的传统。所谓“一日为师，终身为父”，教师被尊为“师父”，是扩大了的传统人伦关系中的“三父”之一，享有学生及其家长的充分尊重。“尊师重道”也好，“师道尊严”也好，还是“天地君亲师”也好，都说明了教师在学生成长过程中的重要性。

教师队伍是高校发挥育人功能的核心所在，他们的理想信念坚不坚定直接影响高校育人工作的实效。在高等教育中，为了达到继承和发扬白求恩精神的目的，高校教师必须以身作则，起到表率作用。首先，加强马克思主义理论知识的自我学

① 《江泽民在全国教育工作会议上的讲话》，《人民日报》，1999年6月16日第1版。

② 教育部思想政治工作司：《习近平总书记关于青年学生成长成才和教师思想政治工作重要论述汇编》，北京：中央文献出版社，2018版，第96页。

习。最重要的是学习马克思主义经典著作。研读经典著作是马克思主义理想信念养成和科学精神形成的重要环节和必经之路。坚持学深悟透，筑牢思想政治理论基础，努力在勤于思考、勇于实践上不断深化拓展，摆脱僵化的学习模式，利用闲散时间把经典著作成体系地通读一遍，还可以做读书笔记，写读后感，相互学习交流等加深印象。学习是固本之策、能力之源，青年教师只有具备渊博的学识、广阔的视野，用马克思主义理论武装自己，才能在理论上"居高临下"，在实践中"游刃有余"；只有不断学习理论知识，积极进取，才能坚定理想信念，担当起培育高素质人才的伟大重任。马克思主义理论知识的学习不在一朝一夕，而是循序渐进、由浅入深的过程，青年教师在学习成才的过程中已培养出高度自觉且卓有成效的自学能力，只要严格要求自己，持之以恒，不畏艰辛，定能在理论知识的学习中结出硕果。其次，深入理解习近平新时代中国特色社会主义思想。习近平新时代中国特色社会主义思想是马克思主义中国化最新的理论成果，是习近平总书记治国理政的思想凝练，是建设中国特色社会主义的科学理论依据，是高校教师坚定理想信念的保障。纵观历史，历届国家领导人将马克思主义结合中国国情，走出了中国独有的特色，走上了国际政治舞台，创造了惊人的宏伟业绩。这一重要思想与中国特色社会主义理论体系一脉相承，又有时代创新，在高校教师的自我学习当中可以承上启下，传承信仰，坚定理想。再次，积极将理想信念转化为自觉自律。理想信念是青年教师精神上的"钙"，它也可以是具体的，不仅支配人的意识和精神世界，还为人的实践行动带来了强大的精神动力。理想信念需要融入灵魂和具体行动，不能光说不做、光想不动，是不能将信念的力量发挥到实践中去的。学习白求恩同志的伟大精神，不仅要学习他的共产主义理想和科学态度，还要学习他为人民服务的无私奉献精神。高校教师要从心理上、情感上认同所学的理论知识，树立人生理想和正确的价值观，严格要求自己。在工作生活中不搞形式主义，不把为人民服务当口号挂在嘴边，要做到言行一致，在学生当中应当要树立好教师形象，在实际行动中践行"毫不利己、专门利人"的奉献精神，时刻保持自我约束，找到理想信念与自觉自律的平衡点。

2.受教育者——身体力行

青年学生是实现中华民族伟大复兴的有生力量。2014年1月17日，习近平总书记在给全体在德留学人员的回信中写道："中华百年以来的留学史，是中国人民为个人梦、强国梦、复兴梦而奋斗的历史。实现中华民族伟大复兴的中国梦是近代以来中华民族的夙愿，是13亿中国人民的共同梦想。希望广大海外学子秉持崇高理想，在实现中国梦的伟大奋斗中实现自身价值，努力书写无愧于时代的华彩篇章。你们在来信中表示要坚持爱国、坚持理想、坚持学习、坚持创新，希望大家把这些信念付诸行动，志存高远，脚踏实地，刻苦攻读，积才广学，早日用所学所得报效祖国和人民。”[①]正如习总书记在回信中所期望的那样，青年学生作为受教育者的主体部分，应怀有一颗爱国之心、坚定理想信念、富有创新意识，脚踏实地地去学习，用自身的实际行动报答祖国的栽培和人民的期望。

白求恩同志在共产主义理想信念的指引下不远万里来到中国，积极投入到前线中去，在战时极其恶劣的条件下，他怀着一颗为人民服务的心，实事求是，深受中国人民的尊敬和爱戴。他不仅具有先进的医疗技术，对科学精益求精，建立模范医院，从而大大地提高了当时中国的医疗水平，而且他高尚的道德情操和对中国人民真挚的情感使他获得了毛主席和所有中国人民的赞许。

习总书记在给全体在德留学人员的回信中的话字里行间无不体现着白求恩同志所具有的伟大精神。广大青年学生在实际学习和生活中应自觉践行白求恩精神，永做时代的弄潮儿！

① 教育部思想政治工作司:《习近平总书记关于青年学生成长成才和教师思想政治工作重要论述汇编》, 北京: 中央文献出版社, 2018版, 第36-37页。

第三章　白求恩精神育人的模式与机制

总的来说，白求恩精神蕴含着丰富的内涵：忠于职守、献身科学、毫不利己的无私奉献精神；团结互助、恪守医德、极端负责、救死扶伤的人道主义精神；尊重科学、严谨求实、钻研医术、精益求精的开拓创新精神。但其具体内涵却不是一成不变的，而是随着时代的变化而不断发展的。毛泽东在《纪念白求恩》一文中写道："一个外国人，毫无利己的动机，把中国人民的解放事业当作他自己的事业，这是什么精神？这是国际主义的精神，这是共产主义的精神，每一个中国共产党员都要学习这种精神。"精神可以支撑一个人前行，一个国家、一个民族、一个政党若要发展也需要精神的支撑。所以，新时代条件下，继续学习白求恩精神仍然有着重大现实意义。在社会主义市场经济条件下，我们要结合新的时代特点，继续学习白求恩毫无自私自利之心的精神。只有这样才能成为"一个高尚的人，一个纯粹的人，一个有道德的人，一个脱离了低级趣味的人，一个有益于人民的人"。因此，结合新的时代特点，从理论与实践层面探寻与完善白求恩精神育人的机制与模式，就显得尤为重要。本章将通过"加强白求恩精神育人的组织领导""开展白求恩精神育人的理论研究""推动白求恩精神育人的'三进'工作""建设白求恩精神育人的校园文化""建立白求恩精神育人的激励机制"五节具体论述。

第一节　加强白求恩精神育人的组织领导

于高校而言，加强白求恩精神育人教育有利于培养全体师生的社会主义核心价值观，有利于教师形成良好的职业素养，有利于为医学学生将来在医药行业中形成优良的医德医风奠定坚实基础，还有利于丰富高校思想政治教育内容。这就需要切实加强白求恩精神育人的组织领导，精心安排部署，狠抓落实，确保学习成效。

一、加强白求恩精神育人组织领导的意义

在社会主义市场经济的新形势下，人们的思维方式、价值取向、道德观念、行为准则都发生了很大的变化。这些变化，导致了一部分人片面强调自我设计，利己思想严重，为私欲置国家与人民的利益于不顾，白求恩高尚的价值观念受到了冷遇。这些现象虽然不是主流，但也败坏了社会风气。面对这样的问题，大力弘扬白求恩“毫不利己、专门利人、精益求精”的精神，依然是时代的主旋律。[①]白求恩精神，在现代社会，体现在将医学的职业精神与人文素养相结合，不仅包含原来的精神，更是囊括了医学工作人员的职业道德精神、高尚的人道主义情怀。在医学教育过程当中，需要将白求恩精神完全融入其中。这样才能让医学类学生能够完全熏陶在白求恩精神之下，潜移默化地学习白求恩精神，并践行白求恩精神。具备白求恩精神的医学类学生在真正走向工作岗位的时候，不仅能尽快胜任岗位，而且对保证良好的医患关系具有重要的作用，对促进医学的发展也具有重要的意义。这就需要加强白求恩精神育人的组织领导。

（一）加强白求恩精神育人组织领导的理论意义

加强白求恩精神育人的组织领导，有利于坚定马克思主义信仰。马克思主义创造性地揭示了人类社会的发展规律，第一次创立了人民实现自身解放的思想体系，指引着人民改造世界的行动，并始终站在时代前沿。它照亮了人类探索历史规律和寻求自身解放的道路，在人类思想史上产生了广泛而深刻的影响，两个世纪后依然闪烁着耀眼的真理光芒。它是中国共产党人的理想信念之魂。马克思主义是为了实现人的自由而全面的发展，是为了整个人类的解放而奋斗的科学。这与白求恩精神中的“毫不利己、专门利人”的精神高度吻合，因此，在新时代提倡学习白求恩精神有利于加强马克思主义的理想信念教育。

加强白求恩精神育人的组织领导，有利于保持初心不变。白求恩来到中国，是本着一颗救人、爱人的初心来到中国，并献出了宝贵的生命，他始终坚持着一颗为人的初心。而中国共产党从浙江嘉兴南湖起航时就强调初心为民，新时代以习近平为核心的党中央依然强调人民的重要性，并自觉把以人民为中心贯穿到治国理政之中。新时代，党员干部和党员都要自觉担当起时代重担，自觉提升自己。思想上，应该加强党性修养，用习近平新时代中国特色社会主义思想武装自己，不断提高自身理论水平。自觉学习白求恩等楷模，心中时刻想着党、想着人民，敢拼、敢闯，永葆干事创业之心。自觉学习白求恩精神，永远保持对人民的初心不变。

加强白求恩精神育人的组织领导，有利于弘扬中国传统价值观。白求恩精神与中国传统价值观的高度契合是其能够被我国人民接受、认同的根本原因。白求恩的敬业精神与传统的职业价值观相符合。白求恩曾说过：“我是来工作的，你们要拿

① 闫玉凯：《浅论弘扬白求恩精神的现实意义》，《学理论》，2010年第10期。

我当一挺机关枪使用，而不是摆在客厅里供人们欣赏的明代瓷瓶。”他曾在一周内集中精力为分散在老乡家的520名伤员检查伤情，“不知疲倦，以极大的热情工作，每天行路几十里，工作十七八个小时”[①]。而我国古代就有“业精于勤荒于嬉”“头悬梁、锥刺股”“闻鸡起舞”的故事或名言。白求恩无私奉献的精神与中国传统的见利思义观相符合。他在战火纷飞的年代，放弃了资产阶级社会医界名流的身份来到中国，与中国人民并肩战斗；他拒绝给他的补助，“睡的不够，吃的也不够，一个人做着 10 个人的工作”，而且“好像以为日本人的枪弹炮弹绝不可能打中他似的”[②]。学习白求恩精神也是对中国传统价值观的弘扬。

加强白求恩精神育人的组织领导，有利于实现中华民族伟大复兴的中国梦。理想信念是人们对美好未来的希冀和追求，也是世界观、人生观、价值观及政治立场在奋斗目标上的集中体现。一个时期以来，一些人在五光十色的物质世界面前，价值取向出现了偏差：多了一些时尚追求，少了一些理想信念；多了一些趋利倾向，少了一些奉献精神；多了一些唯我心态，少了一些家国情怀。在中国特色社会主义进入新时代之际，追忆思源、登高望远，尤感白求恩精神永不褪声、永不过时的时代价值。虽然当今社会已经早就不同于白求恩所处的那个时代，但是他信仰坚定、探求真理、刻苦工作、无私奉献的品德和精神，却依然是我们应该学习的。

（二）加强白求恩精神育人组织领导的现实意义

加强白求恩精神育人的组织领导对于现代社会具有深刻的思想教育意义。在白求恩的一生当中，一直都在钻研医学，并且极度热爱他的工作，毫不利己、专门利人，最后将自己的生命奉献在了中国的领土之上。从国际角度来讲，白求恩精神是一种国际共产主义精神。白求恩生前也是桀骜不驯的，但是在我国革命时期，在最需要他的帮助的时候，他毫不犹豫地伸出了援助之手，并坚持信奉共产主义，其一生都在践行着自己的信仰。在白求恩去世之后，毛泽东同志号召全体中国共产党员学习白求恩精神。这种白求恩精神深深地感染着每一位抗日战争前线上的战士，对于战争的胜利起到了极大的推动作用。在现代社会，也需要继续弘扬白求恩精神。第一，医学类高等院校需要弘扬白求恩精神，应该将这种精神继续传承，使其成为我国的优秀的品质之一。第二，我国社会主义医疗制度改革需要将白求恩精神融入其中。第三，精神文明建设，需要白求恩精神的支撑。第四，弘扬这种国际共产主义精神，对于我国的医疗事业以及外交事业的发展也极为有利，可以帮助推进中国特色社会主义建设。

加强白求恩精神育人的组织领导对于培育职业道德具有重要意义。白求恩同

---

① （加）泰德·阿兰，赛德奈·戈登著，巫宁坤译：《手术刀就是武器：白求恩传》，上海：上海文艺出版社，2005年版，第23页。

② （加）泰德·阿兰，赛德奈·戈登著，巫宁坤译：《手术刀就是武器：白求恩传》，上海：上海文艺出版社，2005年版，第23页。

志是一名医生，对于工作的态度极为认真，对待病人也是非常有耐心并且高度负责。其一生都致力于钻研医学，努力提高自己的医术水平，彰显了高尚的职业道德修养。在新时代下，白求恩精神的这种职业道德更值得每一位医务人员进行学习，对于医学类学生更具有深刻的教育意义。白求恩同志对于自己工作的热爱与认真负责，不仅在中国的土地上广为流传，在全世界各国的领土上也是被各族人民所熟知的。这种高尚的精神，值得现代社会的每一个工作者认真学习并颂扬。白求恩虽然是一名加拿大人，但是在支持西班牙与中国工作时，都体现了一个医学者最高尚的品质——治病救人不分国籍。这种职业道德不仅要在医学界加以弘扬和继承，也需要推进其在社会各界范围内广为流传，白求恩是全社会需要学习的楷模。在我国医疗体制改革的过程中，更要大力倡导白求恩精神。在医学高等院校，注入白求恩精神，才能为培养具备职业道德的医学人才打下良好基础。在医学界，通过不断地宣传与学习白求恩精神，才能走出更多的“白求恩”。

加强白求恩精神育人的组织领导对于改善医患关系具有重要的意义。白求恩精神不仅包含对工作极为认真负责，而且还包括对于他人的无私帮助。白求恩虽然是一名加拿大人，但是其无论是对西班牙人民的帮助，还是对中国人民的帮助，都是无私的。在他的眼中，只有病人，没有国籍，这是一种国际共产主义精神，也是最高的人道主义精神的体现。无论在哪，只要有病人需要白求恩同志，白求恩同志一定会尽自己最大的努力为病人排患解难。白求恩的这种大无畏精神令每一个中国人为之动容。“白求恩精神感染着医学界每一个医务人员，也感染着每一个医学类学生，白求恩精神在医学界像一盏指明灯，指引着无数的医务人员以及医学类学生在迷途中找到方向，纠正自己错误的脚步，对于改善我国目前的医患关系具有重大的作用。”①

我们一直注重白求恩精神育人的组织领导。白求恩毫不利己、专门利人的精神，对工作极端负责任、对人民极端热忱、对技术精益求精的行为和作风，成为共产主义思想、道德、价值观的标准。毛泽东说，只要有白求恩般毫无自私自利之心的精神，“就是一个高尚的人，一个纯粹的人，一个有道德的人，一个脱离了低级趣味的人，一个有益于人民的人”。邓小平倡导，“做白求恩式的革命者，做白求恩式的科学家”。江泽民提出，要“继承和发扬白求恩精神，全心全意为人民服务”②。胡锦涛发出“我们不会忘记不远万里前来中国救死扶伤并献出宝贵生命的白求恩大夫”的历史性感叹。“升官发财请走别路，贪生怕死莫入此门。榜样是谁？张思德、白求恩、焦裕禄、麦贤得……”2017年，习近平同志参加所在党支部专题组织生活会，即席讲话号召大家学习白求恩等历史和时代的楷模，要求大家保持一颗金子般发光的心。在党和国家历代领导人一以贯之的倡导下，白求恩精神早已融

① 缪佳男：《白求恩精神融入医学类学生思想政治教育路径研究》，长春：吉林大学，2018年，第22页。

② 魏晓玲：《白求恩精神与培育和践行社会主义核心价值观》，《河北软件职业技术学院学报》，2014年第4期。

入中华民族血脉，成为中华民族伟大精神的重要组成部分。

二、加强白求恩精神育人组织领导的路径探析

（一）教师带头先学

高校思想政治工作关系高校培养什么样的人、如何培养人以及为谁培养人这个根本问题。坚持以马克思主义为指导是高等教育办学方向与内在灵魂的规定。高校思想政治教育必须坚持以马克思主义为指导，全面贯彻党的教育方针。培育和弘扬社会主义核心价值观，引导广大师生做社会主义核心价值观的坚定信仰者、积极传播者、模范践行者。高校思想政治理论教育从本质上说是马克思主义理论教育。思想政治教育的本质是政治性，它揭示了思想政治教育本质内容是什么，决定了本质是政治角色，为国家意识形态服务。马克思主义理论从根本上教育青年人要为推动新社会之发展、进步有所贡献，为国家、民族之解放富强有所担当，为人类之幸福、自由有所施展。这些远大理想和抱负是青年人成长过程中应有的追求，应当成为青年学生的理想信念。高校思想政治教育要培养大学生正确的世界观、人生观和价值观，使其形成理性心态，避免好高骛远、眼高手低。只有脚踏实地、兢兢业业，才能有所作为、有所成就。白求恩精神是符合主流意识形态的，因此在高校的思想政治教育工作中，应该加强白求恩精神教育。而在高校加强白求恩教育，高校教师有着重要作用。

高校教师处于学生工作的最前线，有其特殊的地位和作用。第一，教师具有模范作用。“大学之道，在明明德，在亲民，在止于至善。”中国人在追求道德完善的道路上，倡导“修身”“养心”，提倡知行统一，更强调教师的模范作用。他们是文化的传授者，他们对于教育内容的处理和教育方式的选择与实施对学生有着至关重要的影响，一向主张“听其言，观其行，察其德，然后信其道”，提倡“身教重于言教”。另一方面，在一所高校中教师是与学生接触最多、关系最密切的人，是校园中对学生影响最大的文化群体。教师的人格、学术、社会文化观念、道德价值观念等都对大学生有着深刻而潜移默化的影响。充分发挥教师在校园文化活动中的指导作用，是提高校园文化活动质量，加强校园文化建设的重要条件。第二，在一所高校中教师是校园中最稳定的构成部分，参与指导校园文化建设应该说是学校老师的天职。因为他们是大学校园文化的建设者、发展者、守护者和传播者。他们是校园文化建设的主体和参与者。是他们一年年迎来希望又送走英才，是他们通过自身言行实践着自己倡导的校园文化并向一批批学生传播校园文化。因此，教师要先学一步、深学一些、学透一点，在带头学习的同时指导学生的学习。在高校教师中尤其应该发挥好思政理论课和辅导员的作用。

发挥思政理论课教师在白求恩精神育人中的作用。第一，思政课教师作为高校马克思主义理论的传播者与指导者，不仅应该熟悉马克思主义理论的真谛与内涵，

而且应该对其他主流精神要熟悉，这样授课时才能富有理论深度与广度。如在传播白求恩精神的过程中，要达到理想的教学效果，不仅需要教师静心研究教学规律，通过阅读书籍、观看视频、参加宣讲等各种形式了解白求恩精神，而且要善于关注社会热点、难点问题，善于运用多媒体等多样化现代教学设备与媒介教学，把一些具体的事件与白求恩精神相结合，增强教学的生动性与实效性，让学生在真实事件中认识白求恩精神、学习白求恩精神，最终接受白求恩精神并内化为自己的实践行动。第二，思政课教师与其他专业教师最大的区别在于教学中要注重引导学生正确的政治方向与政治觉悟，树立正确的人生观、世界观与价值观。以社会主义核心价值观为价值导向，注重把“立德树人”贯彻于教学的全过程，注重大学生的理想、信念教育。培养大学生把实现个人理想与祖国前途命运相结合，将个人的青春梦和中国梦相结合，将个人理想融入国家和民族事业，奋发图强，心怀国家。既具备远大理想抱负，又具备踏实肯干的优良作风。在实践中发现问题，解决问题，在实践中提升创新思维能力，提高自身综合素质。这就要求思想政治课的教师应该学习白求恩精神，如白求恩爱岗敬业的精神，思想政治课的教师也要做好自己岗位上的工作，认真学习专业领域的知识，提高自身修养，通过自身的魅力让学生喜欢上思想政治课程；又如白求恩认真负责的精神，思想政治课教师不能抱着只是为了上课而上课的态度，应该本着一颗对学生负责任的心，认真备课、上课，课下耐心回答学生的疑问。第三，思政课教师可以在自己所任班级做兼职班主任工作。这样做的目的是能够为学生提供更多的指导与帮助。让思想政治课的教师参与学生社团活动，指导学生第二课堂活动，走进学生宿舍，关注学生学习、生活与思想动态。思想政治课的老师可以在学生遇到问题的时候，或者与学生沟通的过程中，用白求恩的事迹教导他们。通过这样的方式，让高校思政课的教师走进学生、了解学生，并且与辅导员保持联系，形成共同合力培养大学生。

发挥辅导员在白求恩精神育人中的作用。由于辅导员对大学生更具亲和力，这样更有针对性与实效性，对于宣传白求恩精神更能立竿见影。习近平总书记在全国高校思想政治工作会议上的讲话中强调：“提升思想政治教育亲和力和针对性，满足学生成长发展需求和期待，是新形势下提高高校思想政治工作实效性的关键。”白求恩精神育人工作的道理亦是如此，在白求恩精神育人工作具体的实践中，提升教育者本身的亲和力，应该是宣扬白求恩育人精神工作的首要前提和关键环节。第一，辅导员作为高校学生的一线管理员，责任重大、肩负使命。辅导员是大学生思想的引路人与学生生活、学习的直接指导者。要想做好辅导员的工作，辅导员应有坚定的政治立场，引领学生树立坚定正确的政治方向。辅导员应该做好最基本的工作，如应认真研究教育发展规律，深入了解当代大学生的成长环境、思想、心理发展特点，因人而异地进行个性化的科学管理；加强工作研究，把握学生成长规律，关爱学生，保持良好的师生亲和力，增强教育的感染力与可信度。除此之外，辅导员还应该学习主流精神，尤其医学院的辅导员，应该首先了解白求恩精神。只有掌握其内涵以后，才能够以自身行动去践行，甚至是以自己的人格魅力影响自己的学生。第二，定期召开班会，宣讲白求恩精神。辅导员不止应关心学生的学习生活，还应当好他们的人生导师和知心朋友。比如，辅导员应对自己所管理的学生有充分的认识与了解，工作起来才能有的放矢；还要负责管理学生宿舍卫生检查与学生安全隐患教育；工作中要有提高风险防控意识，对学生当中出现经常旷课、性格极端内向与经常出差错的同学要重点关注与关心，确保学生身心健康、乐观向上，还应注重学生的思想政治教育工作。曾有医学学生在谈论自己大学所取得的各项荣誉时，谈到是因为大学刚入学的时候在入学教育上受到了白求恩精神的感染。这就给了我们一个很好的启示。医学院的辅导员可以在新生刚入学的时候对他们进行白求恩精神教育，可以通过分享以往优秀学生受到了白求恩精神的哪些影响，优秀医务工作者受到了白求恩精神的影响而取得成功的案例，或者白求恩希望小学的学生受到白求恩精神的影响生活发生的变化，让学生通过实例感受到白求恩精神的具体内涵，并愿意将其内化为自身的行动。

（二）与学校其他工作相结合起来

要以白求恩精神为指导，把握结合点、找准着力点，把加强白求恩精神育人的组织领导工作切实落实到学生学习生活中，与学校其他的各项工作相结合。

通过依托医学院党支部推进白求恩精神育人的组织领导工作。高校党支部是党在高校的基层组织，高校基层党组织特别是高校党支部的建设直接关系到社会主义的办学方向，直接关系到高校的稳定和谐，直接关系到党在广大青年学生中的影响力和向心力。如何把学生党员和教工党员有效地组织在一起，如何让党支部对师生党员起到“思想+专业”的双引导作用，是高校党支部构建模式探索中重要的价值目标。把党支部建立在专业上具有如下优势：第一，在全球一体化潮流和互联网的推动下，高校师生价值观念呈现多元化。但是很大一部分高校党支部的理论教育只看到了党员教育的共性，没有看到党员个体差异，忽视了性别、年龄、爱好、心理、动机上的不同，对支部党员的专业特点和个体发展需求没有充分考虑。将党支部建在专业上，在对教工党员和高年级学生党员进行理论教育和思想引领时，可有效利用学科专业话语体系实现专业认知能力到政治觉悟能力的迁移。共同的学科专业背景，易于营造青年大学生喜闻乐见的亲和环境，点燃其理论学习兴趣，激发青年师生的奋斗精神和家国情怀，从而增强理论教育的成效。第二，党员交流能让党支部的成员达成共识、凝心聚力，为党支部战斗堡垒作用的发挥提供坚强保证。党员交流还有助于发现问题、去除偏见、消除误会。将党支部建在专业上，支部成员覆盖同一专业老师和各年级学生，同一党支部的师生、各年级学生不仅一起过组织生活，还常因专业教学实践活动互相接触，师生之间、高低年级学生之间更易熟悉，党员交流也会更加顺畅。教师对学生，高年级学生对低年级学生，具有专业上的先期成长优势，在专业认同和崇敬的情感支配下，入党积极分子和预备党员更愿意融入这样一个集体。第三，科学公正的评价会有效地提高党支部成员的素质和积极性，使表现优秀者获得更多的发展机会，使表现一般的成员感受到压力，而成为他们努力进步的动力。在成员评价过程中，还可以不断发现问题、改进问题，最终促进支部成员和支部的共同发展。将党支部建在专业上，因支部成员具有相同专业背景，先锋模范作用的发挥能够体现在具体的专业话题上。在入党积极分子选拔、培养和发展及党员评优评先中，评选标准更可比，有利于同学们公平参与竞争，切实感受共同成长的快乐，真心认同先进典型的示范性。第四，部分高校党支部没有教工党员，部分党支部教工党员忙于教学科研，很少参与支部建设。参与高校党支部工作较多的高校辅导员，往往年纪轻、资历浅、威望低，而且日常工作繁重，没有太多精力进行党支部建设。将党支部建在专业上，将挂点校领导、二级学院党委班子成员、各专业教工党员与同专业学生党员一同编入相应党支部。上级组织更了解党支部实际情况，支部教师党员也更加充实，党支部也有条件选配思想政治素质高、专业能力强的同志任支部班子成员。有了坚强有力的支部班子，高校党支部工作就有了坚实的基础。第五，要切实加强和改进高校党建工作，就必须狠抓作风建设。这关系到社会主义办学方向，关系到能否为中华民族伟大复兴的事业打下坚实的基础。党政领导深入基层、深入师生，和一线师生直接对话，能让普通党员近距离感受优秀党员的优良作风，能经常性地沐浴在身边榜样的正能量之中。教工党员和学生党员课中课后全面接触，能在思想政治素养和专业涵养上互相促进。将高校党支部建在专业上，还构建了一个全方位的相互监督体系，党员中出现的不良作风可以及时地被发现和整改。第六，高校党支部建在专业上，保证了支部的长期延续性。尽管支部成员不断流动，但教工党员相对稳定，新老交替能够做到井然有序，支部工作不会中断，各项材料一直有人负责保管。支部成员间有一个稳定的联系和交流平台，支部精神能够不断传承。高校专业党支部能够对多年的工作经验进行总结和扬弃，推动高校支部向专业化、学习型、服务型基层组织转变。

医学院党支部的发展应该是思想+各医学专业的模式。第一，把党支部建在医学专业上可以将校领导、医学院党委领导班子成员、各医学专业教研室的教工党员与同专业学生党员、积极分子一同编入相应的党支部，从而建立了以高校党委监督—二级学院党委领导专业党支部—专业党支部领导培养入党积极分子—入党积极分子来源于班级团支部的管理模式，将党建活动和专业培养活动有机结合起来。第二，至少安排1名医学专业教师党员作为该专业积极分子的入党培养人。培养人不仅要具有政治觉悟的先进性，而且要具有医学专业素养的权威性。这样可以使得培养人的权威和指导作用更为凸显，专业的同一性也使培养人和被培养人之间不仅有共同的党建话题，还有共同的专业话题，有利于产生亲近感和认同感。同时，培养人对入党积极分子的考察也能更为全面和细致，不仅可以了解到入党积极分子的政治素质，同时也能够更深入地了解到入党积极分子的学习成绩和专业素质。第三，党员服务社会是共产党员发挥先锋模范作用的重要载体。将高校党支部建在专业上，党支部在党员设岗定责和树立党员模范时，可以将政治觉悟典型和医学专业学习典型结合起来，充分发挥先进党员在日常学习、工作和生活中的先锋模范作用，影响和带动身边的普通师生共同进步，营造积极向上的学风、师风和校风。[①]通过这种把思想和医学专业结合起来发展医学院党支部的方式，不仅可以对入党积极分子、预备党员、党员进行白求恩精神的支部教育，而且可以用这种方式影响其他普通老师和学生的思想和行为方式。这样的党支部组建方式，既有利于白求恩精神在新时代的背景下继续得以发扬，又有利于促进学院学风建设。

通过依托社团活动推进白求恩精神育人的组织领导工作。高校学生社团作为高校的群众性社团组织，在学生中有很强的影响力。高校可以依托学生社团开展白求恩精神学习主题活动，让医学生们在参与活动的同时感受白求恩事迹，在潜移默化中接受白求恩精神的熏陶。第一，采用“请进来、走出去”的方式，让医学生们零距离感受“白求恩精神”的影响。可以邀请优秀医务工作者、优秀医学教师、优秀医学生做专题讲座，交流白求恩精神对他们在求医以及成长中的重要影响。同时，也可以邀请白求恩研究会的人举办讲座，请他们讲述白求恩的事迹或者在白求恩精神影响下发生的故事。还可以组织医学生参观白求恩纪念馆，让学生亲身去了解白求恩事迹。也可以组织同学去白求恩希望小学，帮助希望小学的学生学习，向他们传递白求恩精神，让白求恩精神激励他们成长与成才。第二，开辟“白求恩精神”宣传专栏。在黑板报、校报、广播台、校园网站、社团微信公众号等宣传阵地设立“白求恩精神”专栏，大力宣传白求恩精神，为学生营造一种良好的精神氛围，使学生坚定学习志向，自觉将追求白求恩精神融入日常生活和学习中。第三，开展志愿服务活动。白求恩的一生都在服务和奉献。要培养学生服务和奉献的意识，可以组织医学生定期开展紧贴群众生活的志愿服务活动，如开展“送温暖、献爱心”活动，关注特殊儿童和留守儿童；组织医学生参加保护城市环境、维持交通秩序的义务道路值勤等工作；组织医学生走进社区，与孤寡老人、贫困家庭结对帮扶，尽自己所能帮助周围需要帮助的人。通过这些活动，引导医学生把服务、奉献作为自己的行动指南，不断提升自身的综合素质，真正在实践中践行白求恩精神。第四，开展系列社团活动。开展以“白求恩精神”为主题的演讲比赛、辩论赛、征文比赛等。一方面，通过活动让学生深入研究、了解白求恩精神的内涵；另一方面，通过活动也可以锻炼学生的表达、沟通能力，养成医学生有爱心、有耐心、讲奉献、乐服务的良好品格，为将来走向医院的工作岗位奠定坚实的基础。

---

① 黄志兴:《高校党支部“思想+专业”双引导模式研究》,《改革与开放》, 2018年第15期。

第二节 开展白求恩精神育人的理论研究

白求恩精神有着丰富的内涵，对于培养人、激励人具有重要的作用。开展白求恩精神育人的理论研究便成了一件长期工作，需要不断推进。

一、开展白求恩精神育人的理论研究具有重大意义

（一）对于大学生的成长具有现实意义

弘扬白求恩精神，加强其对大学生的影响，需要开展白求恩精神育人的理论研究。总的来说，以白求恩精神育人，推进大学生素质教育，在一定程度上可以回答"培养什么人，怎样培养人"的问题，实现服务学生成长成才与服务经济社会发展有机结合，可以把大学生培养为政治坚定、理想远大、道德高尚、业务精湛、甘于奉献、善于创造的、具有高度的社会责任感和使命感的社会主义建设者和接班人。具体来说，第一，学习和弘扬白求恩精神，有利于加强大学生的社会主义核心价值体系教育。社会主义核心价值体系是新时期的价值追求，是团结和凝聚全国各族人民艰苦奋斗的伟大精神力量，也是当代大学生锤炼高尚品格，为实现"中国梦"增添强大青春能量的需求。白求恩精神与社会主义核心价值体系的内涵是相通相融的，在某种意义上可以说是社会主义核心价值体系的思想文化传承和理论创新的基础。今天，在大学生中学习和弘扬白求恩精神，就是要使其深刻理解白求恩精神的科学内涵、核心、特征及现实意义，充分掌握其在当代的现实价值，使之成为推动社会主义核心价值体系建设的倡导者、宣传者、实践者。在践行社会主义核心价值体系的过程中，必须加强理想信念教育，用民族精神和时代精神凝聚力量、激发活力；必须坚持理论与实践、思想与行为的统一，大力加强社会主义荣辱观教育，在全社会形成知荣辱、讲正气、促和谐的文明道德风尚。坚持贴近实际、贴近生活、贴近群众的原则，不断创新白求恩精神宣传教育的内容和形式，加强大学生的社会主义核心价值体系教育，提升大学生的道德品质。第二，学习和弘扬白求恩精神，有利于培养大学生全心全意为人民服务的奉献精神。白求恩同志毫不利己专门利人的无私奉献精神在新世纪新形势下依然激励着每一位优秀的中华儿女，其精神无时不在闪烁着时代的光芒。我们要深刻领会学习白求恩精神的重要意义，在大学生中学习和弘扬白求恩精神。以白求恩同志为榜样，引导大学生牢固树立全心全意为人民服务的奉献精神，坚持个人利益服从国家利益，克服个人主义，多为他人着想，做一个有益于人民的人，做一个有益于社会的人，做一个高尚的人。学习和弘扬白求恩精神，把白求恩精神对待同志、对待人民极端热忱，对待工作精益求精的价值

取向植根于现实生活中，植根在大学生的思想教育中。这是时代的需要，也是建设中国特色社会主义的需要。第三，学习和弘扬白求恩精神，有利于培育大学生的责任意识和创新精神。白求恩同志对工作极端负责任。他在根据地不仅救治了很多伤病者，同时，对周边医护人员要求十分严格，特别注重医德医术，工作一丝不苟，而且在工作的实践中不断研究，致力于把对技术的精益求精延伸到跟踪医学前沿、攀登科技高峰上。同时，白求恩同志为了培养更多的医护人员，举办医疗骨干培训班。他白天做手术，晚上给白衣战士讲课，深夜编写授课教材。他这种对医术精益求精、对工作极端负责的精神，不仅使白衣战士学到了医疗技术，而且使他们学习了一丝不苟、求真务实的严谨科学态度。引导大学生学习和弘扬白求恩精神，就是要帮助大学生增强无私奉献、爱岗敬业、全心全意为人民服务的意识；增强国际主义志愿者的信念；增强对学习、对学问、对工作的精益求精和极端负责的热爱；形成不尚空谈、埋头苦干、苦练内功、大胆创新的良好品质。从而使白求恩精神不仅存在于过去，而且更应存在于当代，使其永葆强大的生命力，把大学生培养成为国家需要的创新型人才。第四，学习和弘扬白求恩精神，有利于大学生国际视野的树立。21世纪是知识经济时代，科学技术日新月异，世界多极化和经济全球化迅速发展，国际竞争日趋激烈，国家综合国力的竞争，实质上就是人才的竞争。高等学校是人才培养的重要阵地，在大学生中学习和弘扬白求恩精神，引导当代大学生树立正确的国际视野，使他们不仅具有正确的政治方向、扎实的专业能力和创新创造的素质，还应具有开放的意识和开阔的国际视野。这是适应时代、社会发展、人类进步的要求，也是我国高等教育改革、全面实施素质教育的需要。其目的就是要培养具有世界眼光、国际交流能力和国际竞争能力的高级人才。通过学习和弘扬白求恩精神，使大学生树立开放意识、竞争意识，不断提高在复杂环境中的应变能力，不断提升大学生的国际博爱精神和合作意识，不断培养大学生面向世界的综合素质能力，从而为大学生在未来的国际合作中赢得更大的进步。通过学习和弘扬白求恩精神，使大学生心系世界，胸怀祖国，关心国际、国内大事，让世界了解中国、理解中国，不断增强中国在国际上的地位和形象，从维护国家利益的大局出发，坚决反对霸权主义和恐怖主义，实现维护和促进世界和平与发展的远大抱负。①通过学习和弘扬白求恩精神，引导大学生善于学习世界各国的先进文化，理解人类的一切文明，成为社会主义先进文化的传播者、创造者，促进社会主义文化大发展大繁荣，向世界人民宣传、展示中华民族的优良文化传统。

（二）对于培养优秀医务工作者具有现实意义

弘扬白求恩精神，加强其对医务工作者的影响，需要开展白求恩精神理论育人研究。第一，以弘扬白求恩精神为导向，坚持不懈地开展理想和革命传统教育。白求恩医科大学是在抗日战争时期由白求恩同志亲自参加创建的一所老学校。为了让

① 陈新亮，王英：《论白求恩精神对当代大学生的育人价值》，《学周刊》，2014年第15期。

“老白校”的革命传统代代相传，该校每年新入学之际，学校都要对他们进行军训和革命传统教育。每年都要聘请与白求恩工作过的老校长康克志为大学生讲校史、讲传统、讲白求恩精神，组织学生参观校史展览馆，还组织学生去“老白”创建地河北省唐县进行社会调查和医疗服务，追寻白求恩的足迹。此外，还会组织学生开展青年志愿者实践活动。在“八五”期间，该校共组织200支小分队，近万人次，到省内外近50个地区进行社会实践活动，为群众服务近2万人次。该校先后被中宣部、国家教委、团中央和省市有关部门评为社会实践先进单位和模范单位。第二，以弘扬白求恩精神为导向，持之以恒地加强医德医风建设。医德医风建设，是衡量用白求恩精神育人的重要方面。该校重点抓了职业道德教育，树立典型，弘扬正气，以提高师生的思想道德素质。通过多渠道、全方位的职业道德教育，引导医务人员正确处理医患关系、按劳分配与无私奉献的关系、有偿服务与无偿服务的关系、经济效益和社会效益的关系、工作效率与服务质量的关系。几年来，该校通过组织医护人员学习社会主义医德知识和有关医德医风的材料，召开医风建设先进分子事迹演讲会，举办医风建设学习会等，教育医护人员树立救死扶伤、为人民服务的职业道德观；通过组织各临床学院参加省市举行的“高校文明杯竞赛”“白求恩杯赛”，培养了医护人员的集体主义情操和争创上游的向上意识；通过树立身边典型，开展“白求恩在我身边”活动，引导职工自我教育，向先进看齐。近年来，该校经常通过校报、画廊等形式表扬医德医风好的典型，涌现出刘树铮、王嘉桔、杨贵贞、许亚辉、王凡、曹树民等几十名“白求恩式工作者”。各临床学院连年被评为省市“白求恩杯赛”最佳单位或优胜单位。第三，以弘扬白求恩精神为导向，开展丰富多彩的校园文化建设。校园文化建设是坚持用白求恩精神育人的第二课堂。近几年来，该校先后举办了科技、文化、艺术活动节；在教工和学生中分别举办了各种演讲会、诗歌和征文大赛；主办了“雷锋精神”“白求恩精神”“医德医风”“奋斗与成才”等座谈会、讨论会、报告会、研讨会；开展了“让白求恩精神在这里延续”等主题团日活动，在职工中，开展了“四讲、两抓、一提高”“三讲、四美”竞赛活动。[①]一系列校园文化活动的开展，使学校形成了良好的育人环境。多年来，该校在白求恩育人方面取得了重大的成效，是白求恩精神育人的模范、典型学校。

二、开展白求恩精神育人理论研究的途径

（一）成立白求恩精神研究中心

成立白求恩精神研究中心，可以吸引更多想要研究白求恩精神的人才加入，也可以发挥集体智慧的力量，为白求恩精神研究呈现出新的成果。白求恩精神研究中心对于白求恩精神育人理论研究有着重要的推动作用。

吉林大学白求恩精神研究中心的成立对于白求恩育人理论的研究起到了重要的

① 尤红：《坚持用白求恩精神育人培养优秀的医务工作者》，《中国高等医学教育》，1997年第3期。

作用。2017年1月14日，为了贯彻落实习近平总书记在全国卫生与健康大会和全国高校思想政治工作会议上的讲话精神，吉林大学白求恩精神研究中心正式揭牌成立。吉林大学白求恩精神研究中心成立时，教育部、卫健委有关司局领导，中国白求恩精神研究会会长袁永林，吉林省卫健委副主任高占东，杨振斌、吴振武、李忠军等吉林大学校领导，吉林大学医学部部长、原副校级干部李凡，来自中国白求恩精神研究会、中央编译局、清华大学、中国人民大学、国防大学、东北师范大学、新华文摘、中国社会科学杂志社、医学与哲学杂志社、吉林大学等相关领域的专家学者参加了成立大会，并论证评审了《白求恩精神研究丛书》。吉林大学白求恩精神研究中心，宗旨是更好地传承和弘扬白求恩精神，挖掘和深化白求恩精神时代内涵；目标是“内塑形象，外亮品牌”；任务是研究白求恩生平、白求恩精神在吉大的实践经验与理论创新、白求恩志愿服务活动、白求恩精神与医德医风建设、白求恩精神与社会主义核心价值观、白求恩精神与医疗事业发展软实力、白求恩精神的医学伦理学价值、白求恩精神的教育与传播、白求恩精神与理想信念教育、白求恩精神与健康中国建设、白求恩精神与和谐世界构建等。吉林大学白求恩精神研究中心的成立，可以为白求恩精神育人等方面的相关研究带来丰硕的成果。全国有条件的其他地区，也可以成立白求恩精神研究中心，共同为白求恩精神研究做出贡献。

（二）组成白求恩精神育人理论研究团队

可以在医务工作者、医学教师、医学生、白求恩精神研究中心等相关部门选出为白求恩精神育人理论研究做出贡献的人才组成一支白求恩精神育人理论研究团队，开展研究工作。

理论来源于实际，想要开展理论研究，必须在实践中去获得理论知识。第一，坚持理论联系实际，加强团队的调查研究能力。团队负责人可以定时组织成员学习，每人尽量在每年写出一篇论文。在甄选课题、开展调研、撰写论文的每个环节都尽量做到三贴近：贴近医务工作实际，贴近白求恩精神发展实际，贴近生活实际。从有利于白求恩精神育人工作研究的实际出发，开展理论工作。第二，抓好重点。要清楚目前白求恩精神育人的研究现状，在掌握国内外研究现状的基础上，针对领域内的薄弱点、有待深挖和有重大研究意义的课题开展研究。第三，抓好提高。首先要提高学习的自觉性。现代社会是一个学习型的社会，生活节奏快，知识更新快，想要做好白求恩育人理论研究工作，必须要跟上时代的节奏。这就要求团队的成员加强学习，要求团队成员在自身能力的基础上多查资料、多搞科研。

（三）加强学术会议交流

不开会就不知道前沿的研究动态，国内国外会议可以推进研究工作的顺利进行。学术会议在学科或者理论、思想的研究中具有重要的意义：第一，了解领域前沿。参加学术会议，短时间连续倾听若干学术报告，最直接的受益是快速了解本领域及相近领域的学术前沿，了解行业动态，掌握大家都在做什么，做到什么程度，有什么意义和价值。第二，分享研究成果。参加学术交流会，将自己最新研究成果给同行进行简要的汇报。从选题、做PPT，到报告和会后讨论，是一个研究阶段工作的总结，可以让同行给自己提出建议，明确下一步做什么、怎么做。第三，启发科研思路。在听报告的过程中，各种思想碰撞，会开拓我们的科研思路，激发灵感，很多科研想法会灵光乍现，进而丰富、发展自己当前研究，优化自己学术体系。第四，重新评估自己。参加学术会议过程中，听别人报告、看别人成果，也是重新认识自己、评估自己的过程。看到好的科研成果，让自己羡慕，让自己意识到自身的不足；同时，也会让自己看到自信，给自己力量。第五，提高鉴赏能力。学术会议很短，大多两三天，但报告集中，是同行密集展示自己科研成果的时候。不怕不识货，就怕货比货。通过与同行横向比较，可以知道哪些单位、哪些学者的研究水平高，进而提高了科研鉴赏能力，提高了自己学术品位。在平常工作中，也可以对自己的工作有个较为系统的评价。第六，结实学术朋友。学术会议是个平台，让相同、相似研究领域的人走到一起，彼此认识、彼此交流，成为日常生活中的朋友、学术上的挚友，增进学术存在感，同时，也为平时学术思路交流提供了分享与讨论的人。学而无友，孤陋寡闻。有三五个学术好友，科研道路会有趣得多。第七，全面培养学生。让本科生、研究生参加学术会议，可以拓宽视野，增长见识，掌握研究动态，培养科研兴趣，领略领域内著名科学家的风采，给学生树立标杆，激励他们成长。参加学术会议通常会成为他们以后美好的回忆。第八，短暂放松自己。参加会议期间，可以让自己生活节奏慢下来，看看会议所在地风景，拍拍照片，品尝当地美食。老朋友，新朋友，三五好友，聚在一起，聊聊天、叙叙旧，还可以信马由缰地写一写自己喜欢的文字。学术交流会是一个平台，走上去就有受益；学术交流会，是学习平台、分享的平台，对自己学术是隐性的提高；学术交流会是一个阶段科研工作的总结，是下一段科研旅程的开端；学术交流会是一群志同道合朋友的聚会，是享受友谊的盛会。

加强白求恩精神育人理论研究不仅需要重视国内学术会议，同样也需要重视国外学术研究会议。有条件的单位或者学校可以通过资助参会者差旅费、住宿费、会务费的形式，鼓励医生、教师或者学生走出去，亲身在会议中感受白求恩精神的影响力，同时也有利于自身理论水平的提高。学术会议交流的方式定能够推进白求恩精神育人理论研究工作迈上一个新的台阶。

第三节　推动白求恩精神育人的“三进”工作

高校是社会主义意识形态建设的前沿阵地，承担着立德树人、培养社会主义建设者和接班人的重要任务。推进白求恩精神育人的“三进”工作：进教材、进课堂、进头脑，不仅对白求恩精神的弘扬具有重要意义，而且对高校思想政治教育具有重要的现实意义。

一、推动白求恩精神育人“三进”工作的现实意义

（一）有利于大学生坚定理想信念

中国共产党自诞生以来，其性质和指导思想决定了它的先进性、人民性、发展性。中国共产党是没有自身特殊利益的政党。青年大学生作为国家的栋梁之材，思想进步，积极向党组织靠拢的也有很多，从大学生中选拔和吸收先进的同志入党、不断为党注入新鲜血液也是我党自我发展的需要。“但是，作为互联网原住民的90后、00后大学生，其成长环境更为复杂，接受信息的渠道更为丰富，时常面对不同文化思潮交融交锋，思想单纯且世界观、人生观、价值观尚未形成的大学生在思想上受到前所未有的考验。”[①]但是，有些大学生的入党动机不纯，只是为了自身的某种利益需求，比如有的工作会要求政治面貌。这就需要用主流意识形态充实大学生的头脑，让他们形成正确的世界观、人生观、价值观。众所周知，白求恩有着坚定的理想信念。白求恩不远万里来到我党领导的解放区，与中国人民一起战斗，其根本动力来源于他对国际共产主义事业的坚定信念。学校应该组织学生学习白求恩这种对理想信念执着追求的精神，尤其要注重培育学生党员热爱党、听党话、跟党走的情感和忠诚。近年来，面对多元思想文化的冲击，各类学校始终坚持听党指挥的原则不动摇。“从学习白求恩精神入手，有利于做到无论形势和工作任务如何变化，都坚定不移地以党的方向为方向，以党的意志为意志，自觉在党的旗帜下行动；不断强化全体人员的军魂意识，旗帜鲜明地抵制‘军队非党化，非政治化’和‘军队国家化’等错误观点的影响，做到把听党指挥的要求不折不扣地贯彻到各项工作中，一点一滴落实到具体行动上；不断强化党员干部的党性意识，教育大家时刻牢记自己是党的一员，做到心中有党心中有组织，使党员的责任融入意识、信仰、事业之中。”[②]学习他的这种专注于为人民事业做出贡献的精神有利于对大学生进行良好的教育，有利于坚定大学生的理想信念。

---

① 王静，张宗兰：《十九大精神进教材、进课堂、进头脑的现实意义和路径》，《大众文艺》，2018年第13期。

② 彭涛：《今天我们怎样学习弘扬白求恩精神》，《华北国防医药》，2009年第6期。

（二）为大学生提供精神动力

随着经济发展步伐的加快，很多大学生也更加注重追求自身的切身利益，同时也引发了一系列的问题。比如，有的学生在学习、生活中表现出了浮躁的态度，不想付出过多的努力，只想获得结果；有些学生为了自己的利益损害他人的利益；有的学生总是抱着事不关己高高挂起的态度，对待同学冷漠；有的学生对自己、对他人缺乏责任感，不愿意担当。这也引发了一系列的问题和事件。有的学生在刚进入大学时，会积极竞选学生会干部，但是成功竞选以后，只是想着谋取自身利益，不愿意去做事情，这是对自己、对他人、对工作都不负责任的表现；有的学生甚至因为奖学金、保研、入党等与同学闹得不可开交。这些校园事件都值得我们去反思。究其原因，有一个共同点就是缺乏精神动力支撑，没有精神信仰指引前行之路。我们现在回首白求恩的一生时，可以看出他一直都是毫不利己专门利人，对工作极端负责任，对同志、对人民极端热忱。通过白求恩事迹的宣扬，可以促使一部分学生找到自己的精神动力、原则或者精神信仰。

对待学习不认真，不愿意苦学知识，缺乏“工匠精神”也是当今大学生中普遍存在的一个问题。“工匠精神”这一词语很多人都不陌生。“工匠精神”可以概括为持之以恒、爱岗敬业、精益求精、守正创新，而严谨踏实是工匠精神的根基。“工匠精神”的产生源于工匠自我对技艺的严谨求实，是对所从事职业的责任感和使命感所带来的激情和动力；“工匠精神”的秉持依赖于工匠对技艺实践的持之以恒，在对技艺的专注和揣摩中感受充实和快乐；“工匠精神”的内化需要在实践中爱岗敬业，是超越自觉的技艺精湛和道德完善；“工匠精神”的升华是在追求极致的过程中精益求精，是艺术创造自我实现的审美追求；“工匠精神”在守正创新的过程中实现自我的革新和蜕变，拥抱新的希望和未来。严谨求实、持之以恒、爱岗敬业、精益求精、守正创新既是“工匠精神”的生态成长脉络，也是其不断超越自我的发展历程。

白求恩正是“工匠精神”很好的践行者。白求恩是坚定的革命者，但首先是一位勇于进取、对技术精益求精的科学家。这是白求恩精神体系的基本方面，也是人民群众爱戴白求恩的原因所在。白求恩孜孜不倦地探索就是一切为了胜利。他认为，运用技术，培养领导人才，是达到胜利的道路。由此，白求恩做了大量培养人才的工作。为了提升战伤救治水平，他经过513天的深入研究探索，撰写出了我军首部抗战医学专著《游击战中师野战医院的组织和技术》，作为各级医务干部必读的教科书。同时，他还经过反复研究试验和摸索总结，研制了用于医治感染化脓的“毕普”药，亲自设计创制了便于医院流动展开的“拱桥式”运载工具，创造性地提出了可确保75%以上重伤员复原的“白求恩疗伤模型”。这些成果，既体现了白求恩刻苦钻研、开拓创新的进取精神，也是他将聪明才智倾注于战争实践的生动写照。新世纪新阶段，白求恩这种精神所具有的时代内涵，仍然是围绕服务人民这

一根本宗旨，不断创新技术。进一步讲，就是要正确处理政治与业务的关系，切实把心血和精力倾注到学习工作上来，努力掌握与现代科学发展相适应的真本领、硬功夫，跟踪世界医学技术前沿，在推进原始创新、自主创新上迈开新步伐。这些内容，全部写在白求恩的行医生涯中。他对政治有非常深入的研究和认识，但从未见异思迁放弃医疗工作，而是更加积极地致力于科学研究，努力运用技术去服务人民、争取革命胜利。“据统计，他一生有近百项发明创造，其中由他研发并以他的名字命名的十几件医疗器械，被欧美国家批量生产和广泛使用。”[①]今天的医学生也应该像他一样，认真学习自己的专业知识，掌握精湛的技术，将来在医学岗位上治病救人，为人类的健康事业做出自己的贡献。其他专业的同学也应该如此，学好专业知识，为将来走向工作岗位打下坚实的基础。

二、推进白求恩精神“三进”工作的运行机制

（一）“进教材”是“三进”的首要前提和“基础”

高校思想政治理论课是对大学生进行马克思主义理论教育和思想政治教育的主要渠道，现有一整套完整的课程体系。以本科生为例，思想政治理论课主要包括“马克思主义基本原理”“毛泽东思想与中国特色社会主义理论体系概论”“思想道德修养与法律基础”“中国近现代史纲要”等课程。作为思想政治教育的主要渠道、主要阵地，这些课程具有政治性、政策性、德育性、科学性、实践性的特点。当前如何利用思想政治理论课的这些特点，通过教学环节来提高学生的政治素养、人文素养、实践能力，既做到立德树人，又做到国家主流意识形态的灌输，还面临多方面的挑战。这些挑战中，很重要的一个方面就是教育内容本身。“只有增强思想政治教育内容的说服力、科学性，才能达到老师真信、真讲，学生真学、真信、真懂、真用的境界。”[②]比如，思修课程中涉及青春该如何度过、道德、人生等话题，可以在内容中加入白求恩的故事，这样老师在进行讲述的时候可以增加生动性，学生也会更愿意听。

（二）“进课堂”是“三进”的核心和重点

“进课堂”以“进教材”为基础。思想政治理论课有没有效果主要取决于是否找到了学生感兴趣的热点问题，是否贴近实际、贴近生活、贴近学生，是否从内心深处唤起学生共鸣。以思想政治理论课为载体，教师进行课堂讲授，让学生学习到知识是“进课堂”的最终目的。这就要求教师要提高备课质量，比如可以通过学院组织各教研室通过集体备课会、学院微信群、统一制作教学课件等方式开展集体备课；也可以在课堂上举办以“我眼中的白求恩”等为主题的活动，用手抄报、小视频等方式开展课堂教学。

① 刘广修：《论白求恩精神的时代内涵及其意义》，《华北国方医药》，2009年第6期。
② 陶有祥：《十九大精神在思政课教学中的“三进”机制研究》，《新课程研究》，2018年第3期。

（三）“进头脑”是“三进”的目标和最终要求

德怀特·艾伦指出：“教育有两个目的：一个是要使学生变得聪明；一个是要使学生做有道德的人。如果我们使学生变得聪明而未使他们具有道德，那么，我们就为社会创造了危害。”“进教材”和“进课堂”都是为最后的“进头脑”做准备的，只有让白求恩精神真正走进学生的心中，自觉在生活中践行，才是白求恩精神育人“三进”的最终目的。这需要教师不断地研究白求恩精神，自身明确其思想内涵，精心备课，把教材体系转化为课堂体系，通过授课、讲座、宣讲等方式将精神传达给学生；同时，教师也要用人格魅力感染学生。思想政治理论课教师不仅要传授学生知识，而且要培养学生道德情操，这就需要用人格魅力感染学生，自身践行好白求恩精神；此外，还需要学生自觉内化为行动，“纸上得来终觉浅，绝知此事要躬行”，学习白求恩精神，要在行动落实上下功夫。对于大学生，了解白求恩精神并非难事，难的是将其内化为自己的信念和指南。因此，不仅要多学习，更要结合自己的学习和生活落到行动践履上。

第四节　建设白求恩精神育人的校园文化

经济全球化浪潮席卷全球，市场经济迅猛发展，在给高校校园文化建设提供文化资源的同时，也带来了诸多风险与挑战：一是高等教育大众化，给校园文化建设带来一定的负面影响；二是经济全球化迅猛发展，市场经济大潮不断冲击，给高校校园文化建设带来挑战；三是网络信息技术的深入发展，深刻影响高校校园文化建设。关于现代大学的价值功能，学术界一般认为有教育价值、科研价值和社会价值三大功能，即人才培养、科学研究和服务社会。大学价值功能的发挥主要通过两种作用方式：一是教化育人；二是环境育人。无论通过哪种作用方式，都需要良好的校园文化环境，都需要通过加强校园文化建设来助推高校价值功能的充分发挥。“通过加强校园文化建设，使学校的课堂教学、学术活动、建筑风格、行为准则、教师的优良作风、学生的精神面貌、校训、校歌、校徽等共同凝结为一个文化大熔炉，形成催人奋进、笃学励志的精神力量，时时激励着学校师生奋勇向前，在社会主义现代化建设过程中奉献力量。”①校园文化建设在一所学校的发展过程中起着至关重要的作用。那么，如何推进白求恩精神的育人校园文化建设呢？这是我们在推进白求恩精神的过程中面临的一个现实问题。

（一）弘扬校园文化传统，融合白求恩精神

校园文化既不会凭空产生，也不会自行发展，它是在立足自身办学背景、历

① 侯典举，陈捷：《高校校园文化建设的价值取向与着力点研究》，《学校党建与思想教育》，2018年第18期。

史传统的基础上，不断适应时代发展要求，融合国内外先进文化而形成的，是一个长期积累发展的过程。因此，加强校园文化建设要依托历史、面向世界、面向未来，既要蕴含历史厚重感，又要体现时代特色，只有这样校园文化才能充满生机与活力，才能产生巨大的感召力、凝聚力、向心力。一所大学，办学历史越悠久，校园文化越丰厚，历史文化底蕴越厚重。一代代的校园建设者奉献着自己的青春、汗水，为后辈留下了值得永远铭记的事迹和精神，这些事迹和精神逐渐升华定格为大学的特色文化。“这种精神文化，依托于特定的校园发展历史，经历了时间的洗礼与检验，成为不可替代的宝贵文化财富，具有无限的激励作用，值得后辈学子代代相传、发扬光大。”①

人类文明的发展历程表明，文化只有在不断的交流、碰撞、融合中才能不断发展。学校在继承自己的校园文化传统时，也应该引进先进的文化。我们可以推动白求恩精神融入校园文化，尤其是医学院校，拥有自身个性和特点，学校发展才能够长远，如牛津大学注重学术，麻省理工学院倡导实践；自强不息、厚德载物是清华的特色；思想自由、兼容并包是北大的精神。那么，中国的医学院校或者医学院，可以选择在自身文化的基础上融入白求恩精神，形成自己的专业特色。

（二）宣传典型事迹，做好示范作用

宣传典型事迹往往会比只注重理论宣传起到更好的作用。高校文化建设的过程中，应该注重树典型，因为典型事迹具有以下作用：第一，具有示范作用。一个典型就是一面旗帜，通过各种形式宣传先进典型，就能在各条战线、各个领域、各个方面树立起一面面旗帜，使单位也好、个人也好，学有方向，干有目标。第二，具有带动作用。多数人都是能够见贤思齐的，一个典型可以带动一大片，产生“一花引来万花开”的效应。第三，具有导向作用。一个国家、一个单位提倡什么，弘扬什么，只要看宣传什么样的典型就一目了然。大力宣传先进典型，可以产生凝聚人心、弘扬正气、催人奋进的作用。宣传典型事迹可以帮助我们建设白求恩精神育人的校园文化。

宣传优秀的医务工作者。比如在吉林大学第二医院妇产科工作的崔满华教授，她说，自己从小就经常读白求恩的故事，“对工作极端负责、对病人极端热忱、对技术精益求精”的白求恩精神，深深地印在了脑海中。1977年恢复高考后，她有幸成为第一批以白求恩大夫命名的“白求恩医科大学”的医学生。1982年毕业后，又在白求恩医科大学附属二院（现更名为吉林大学第二医院）从事妇产科临床、科研、教学工作至今。从医37年中，尽管经历了从住院医生到教授，从学生（硕士、博士）到老师（硕士、博士导师），从科室普通一员到科主任的角色转化，但我们总能看到一个不变的她，那就是对医学事业执着的追求和热爱，默默工作、无私奉献、亲切和蔼、对生命充满敬畏的她。她高超的医术吸引了省内外无数慕名而来

① 侯典举，陈捷：《高校校园文化建设的价值取向与着力点研究》，《学校党建与思想教育》，2018年第18期。

的患者，她充满笑容的脸庞抚慰了无数病人的紧张与恐惧，她兢兢业业、勇于探索的精神赢得了众多患者的信赖。她没有惊天动地的壮举，但她却在平凡的岗位上，踏踏实实、一步一个脚印地学习、探索、前行，践行着白求恩精神。从她身上，我们看到了充满“医患理解”的和谐、“性命相托”的神圣、“济世救民”的医德。在她办公室的墙上有一块匾额，上面写着“大医精诚”，而她正是身体力行地把它作为一名医者的使命传承着、实践着。又如，吉林大学白求恩第二医院心血管内科主任刘斌，他说自己也同样受到了白求恩精神的影响。他1989年毕业于白求恩医科大学医学专业，目前兼任吉林省医学会心血管病学分会主任委员。他同时还担任着中国心血管医师协会常委、欧洲心脏病学会会员（FESC）、美国心脏病学会会员（FACC）等多个学术职务，曾作为国家公派访问学者留学加拿大，荣获“中国医师奖”“全国优秀科技工作者”等荣誉称号。多年来，刘斌教授以高度的责任感和事业心投入到教书育人的工作中。“对得起所教的学生，对得起所做的职业”是他工作的座右铭，所以他对教育工作上的每一件事都精益求精，从不敷衍塞责。他也坚信“德高为师，身正为范”，为此刘斌老师处处都做到为人师表，以身作则，一直用他自己的人格魅力和师德情操去感染、影响着他的每一位学生。到目前为止，刘斌老师亲自带的研究生已有四十余人，已经毕业的硕士生27人，博士生7人，在读硕士生7人，博士生11人。更值得我们敬仰的是，刘斌老师对学子不只是在学术上的教育，更加注重在育人方面的教诲，使学子们在人生路上受益匪浅。刘斌同志从事医务工作近三十年来，始终以“求实创新、励志图强”的精神努力攀登医学高峰和医德高峰。在专业领域，他是具有丰富的心血管内科临床经验、介入治疗知识和科研能力的复合型人才。他以深厚的临床基本功、严谨的临床思维、精湛的技术水平、卓越的科研能力和领导能力，赢得了国内乃至国际同行的普遍认可与尊重。在医德修养层面，他是具有“大医精诚”胸怀，“不辞万般辛苦，只念患者安危”的优秀医务工作者，他的“仁心仁术”受到广大患者的一致赞扬与欢迎。三十余年的工作实践，刘斌同志一以贯之的医术与医德，使他成为吉林省心血管领域当之无愧的学科带头人。仅仅通过这两位医务工作者的事例，我们便可以看出白求恩精神对他们所起到的重大影响，不仅在于激励他们努力获取专业知识，更对他们的世界观、人生观、价值观的形成产生了重要的影响，激励着他们决心并且已经成为了优秀的医务工作者。

宣传优秀医学生事迹。吉林大学口腔医学院学生李佳润一直把白求恩精神作为自己的践行准则。新生入学第一天，学院党委副书记的一番讲话，就让她更加明确了白求恩精神便是她追梦路上最耀眼的太阳这一信念。“毫不利己，专门为人”，“对工作极端热忱，精益求精”简简单单几个字，是她一路走来最坚定的信仰。参与白求恩医学部编排的话剧《离开白求恩的日子》，她在剧中甄纪念的身上看见了自己的影子。大一军训时获得了“军训标兵”称号；铭记“学而优则医”的信念，连续三年综测第一；摞起来92cm高的手写笔记，完美地阐释了学弟学妹口中“考试宝”的由来；在英属哥伦比亚大学暑期学校的结业考试中，她是唯一的两门课程均满分的学生，清华北大的同学向她竖起了大拇指；在做学生工作中，她说自己总是会铭记白求恩说过的“我唯一的希望就是多有贡献”；“院优秀学生干部”“优秀党务干部”的称号，记录了她从班长到学办助理，从学生会部长到党支部书记的点点滴滴；冬日雪后的寒风中，她总是出现在义务扫雪的最前线；她时常用白求恩精神提醒自己：“一个人的能力有大小，但只要有这点精神，就是一个高尚的人，一个纯粹的人，一个有道德的人。”团结乡幸福村村委会平房里的火炕，对于城里长大的她充满了新鲜感，而更让她感到温暖的是扶贫义诊过程中，村民们叫她“大夫”时，眼中的期许和信赖；敬老院老奶奶握着她的手问她什么时候再来……进入临床见习后，她脑海里时时不忘白求恩说过“每个患者都是你的兄弟，你的父亲”。又如，2017年度吉林大学优秀毕业生张宏旗，她说自己清楚地记得《纪念白求恩》里那“高尚的人、纯粹的人、有益于人民的人”对她的大学而言，是怎样的一种指路明灯的存在。大学五年来，国家奖学金、励志奖学金、曾宪梓优秀大学生奖学金等，无疑是对她严谨求学态度的认可和肯定，吉林大学校优秀学生、吉林大学校优秀学生干部、吉林大学十佳大学生入围奖更是对她莫大的鼓励。“对于医学知识，从来都没有学得多，只有学得还不够。”功夫不负有心人，五年成绩排名专业第二名，科研论文第一作者见于核心期刊，她顺利地获得了研究生推荐免试资格，经过层层选拔，最终保送至口腔医学专业全国排名第一的四川大学，为学院书写了新的篇章，更是实现了五年前在白求恩像下立下的诺言——我唯一的希望就是多有贡献。同时，她也用自身行动践行着诺尔曼·白求恩的这句话——大二的她家中遭遇变故，坚强乐观的她没有倒下，渡过难关之后，反而更加热心地投入到了公益活动，她成了长春市心语志愿者协会新民校区分会的副会长；平时也会走访留守儿童；帮助残疾人义卖中国结；去疗养院看望老人。她用自己的行动回报着社会给予的温暖，实现自己的人生价值。她说，白求恩精神是她最初选择医学的初心，也是她希望最终能够达到的仁医。医者仁心，相信她能一直带着白求恩精神，自信地走向更广阔的平台。再如，吉林大学临床医学院2012级临床医学五年制本科学生谢建连，她于2013年10月进入了细胞生物学实验室。她刻苦钻研，积极探索，在老师的指导下进行实验设计。她作为第一作者的英文文章*The Protected Mechanism of LMCTS on Anti-myocardial Ischemia Reperfusion Injury of Rat*已经发表，中文文章《黄芪注射液对肺纤维化大鼠TGF-β/Smads信号通路的影响》已被《吉林大学学报（医学版）》接收。在学习、科研之余，谢建连也积极投身于学生工作，曾任白求恩精神青年研究会副会长。在纪念抗战胜利七十周年期间，为积极响应杨振斌书记学习白求恩精神、成为白求恩式的优秀医务工作者的号召，白求恩医学部决定成立白求恩精神青年研究会，谢建连也积极参与其中，负责研究会的宣传工作。在她的努力之下，研究会的微信平台雏形初具，定期推送白求恩事迹以及研究会动态，使同学们能方便快捷地全面了解、学习白求恩。她主编的会刊《精·诚》已出版发行两期，每期发行量达1000册，会刊栏目丰富有特色，是学部同学们学习白求恩精神的重要读物。在身体力行地传承白求恩精神的同时，研究会也积极与北京白求恩精神研究总会联系，他们的工作获得了总会的高度肯定与一致赞扬。除此之外，谢建连还热心帮助白求恩希望小学里的孩子，经常为他们寄去书籍文具，帮助他们健康成长，鼓励他们努力实现自己的理想。通过三位学生的事例，我们可以看出白求恩精神在她们的求学、成长以及对未来从医的信念上都产生了深远的影响，同时，他们又通过自身的行动来让白求恩精神帮助了更多的人。

无论是医务工作者还是优秀医学生，他们都自觉地把白求恩精神作为了自己的内在动力，并在实践中主动践行，并最终促成了自己的成长。在校园文化建设中，多宣传优秀医务工作者或者优秀学生的事迹，相信会带动更多的学生自觉学习并践行白求恩精神。

（三）以白求恩精神为指引，加强医学生医德教育

坚持真理、忠诚信仰，是白求恩精神体系的制高点；无私奉献、服务人民，是白求恩精神体系的核心点；刻苦钻研、开拓创新，是白求恩精神体系的基本点；顽强奋斗、勇往直前，是白求恩精神体系的关键点。正确理解白求恩的精神内涵，把其融入校园文化建设，借此加强对于学生的医德教育是当下的重要任务。

高等学校的扩招，中专卫生学校的发展，都为大批的学生提供了接触医学知识的机会。毕业后他们将进入社会，进入各种医疗机构，承担起救死扶伤的责任，他们在学校里形成的价值观、人生观直接影响到他们踏上工作岗位以后能不能做一位称职的医务工作者，影响到各级医院医德医风建设情况。在医学生走向成熟的这段时期内，加强对他们的医德教育是刻不容缓的。当代医学生普遍存在欠缺人文素养，对待医务工作不够严肃认真，没有真正理解医务工作者的责任与使命，缺乏社会责任感和实现自我价值的期许等情况，如何在短时间内树立起他们的服务意识，建立起正确的人生观、价值观，让他们充满职业使命感与责任感，是各医学院应该思考的教育问题。

医学院不仅仅要培养出医术精湛的医学生，成功胜任未来的医疗工作，更要塑造他们的心灵，让他们有正确的主观意识，从内心意识到培养职业道德的必要性与重要性，坚守原则，让行为合乎规范，拥有自己的信仰，努力去实现个人理想与社会价值的统一。因此，对医学生进行职业道德的灌输与实践尤为重要。可以通过以下方法进行医德教育：第一，在基础课程中应贯穿对职业道德的解释与灌输。教师要发扬敬业精神，育人为主教书为辅，传授积累医德的经验，在对学生进行专业课的教授过程中，使之能够对医德有基本的认识，潜移默化地接受医德教育。第二，注重医学生的人文精神培养，提高医学生的道德修养。各医学院校应注重人文课程

的开展与实施学生人文素养的培养计划。让学生学会换位思考，早临床、早实践，让医学生了解病人的感受，培养医学生的换位思考能力，强调以人为本，强调医学生要具备基本的同情心，奉行人道主义，塑造高尚的人格，学会关爱他人，培养敬畏生命的情感，注意在医疗环境中的行为，养成时时刻刻用人本主义来规范自己行为的习惯。第三，要帮助学生理解慎独的含义：即使独处也能够无愧于心，将医德常识熟稔于心，始终作为个人的行为规范以及要求准则来指导自己的职业生涯。要真正地做到为人民服务，从作为医学生开始便要着眼于细微之处，凡是关系到民众切身利益的事情，关乎生命安全的事情都要打起精神，一丝不苟地处理妥当，认真负责，在无人监督的情况下，全部依赖于医德来规范思想，作为自身行为的戒尺。[①]“不积跬步，无以至千里；不积小流，无以成江海。”医德教育之路漫长而艰辛，学校要有循序渐进、持之以恒的态度，才能真正地将医德教育贯穿于医学生的教育成长过程当中。

第五节 建立白求恩精神育人的激励机制

激励是管理手段中的一种，是达成组织管理目的不可缺失的措施。激励是管理主体采取导向性措施激发个体的行为动机和内在动力，使之产生积极进取的心理效应，能够目标明确、充满激情和活力地践行管理主体赋予的责任和义务，能够立足本职岗位最大限度地发掘个人潜能和贡献力。建立白求恩精神与人的激励机制可以从教师、学生两方面入手。

（一）建立教师激励机制

高校教师激励机制“乏力”的问题是激励效应不足的表现，也即教师对激励机制的需求预期没有获得满足，对其吸引力不够强劲。高校教师激励机制“阻力”的问题是激励效应脱离教师的需求预期，难以激发教师进取的主观能动性，且容易令教师产生逆反心理。无论“乏力”还是“阻力”问题的存在，都说明了高校对教师管理所采取的激励机制尚存在教条主义，未能务实，未能追求教师管理机制的应有效能。

高校教师激励机制的问题主要表现为：第一，人才竞争的动力不足。高校教师是高知人才云集的队伍，高校教师激励机制应体现出对不同层级人才相互竞争和向高水平进取的激发作用。但是，现阶段我国高校教师间的人才竞争主要表现在职称评聘上，而职称评聘又过多地倚重科研成果的“坎值”。同时，我国高校尚未建立起一套对于教师上岗的健全、完善的聘任制度，因此对于教师的聘任仍存在着

① 李丽华:《高校医学生的医德教育简述》,《青春岁月》,2016年第22期。

"能上不能下、能高不能低"的弊病，这就导致了岗位管理职能的弱化、虚化，以及人浮于事等问题的出现。第二，绩效考核的阻力效应。目前我国很多高校缺乏科学有效的教师绩效考核机制。对于教师的绩效信息的评价大多以数据信息表格化和相应分数化的形式来评定，甚至把不同专业和不同院系的得分放到一起进行比较。这样不能够客观反映每一位教师的履职尽责状况，不能够为教师教学工作的奖惩提供有力依据。这使得教师对成就感、进取心和责任感的意识普遍较为淡薄，而且容易造成教师与领导人员之间的矛盾，无法起到有效的激励作用。另外，部分高校的绩效考核仅仅流于形式。只是对教师任务完成情况的单纯评价，完全无法和激励相联系。这违背了绩效考核所包含的激励原则，使绩效考核缺失了公正性与公平性，在教师中对绩效考核产生了反感的情绪和程式化作假应付绩效考核的做法。第三，培养体系的限定作用。我国高校教师培养体系所包括的教师来源、教师岗位培训、教师人才交流三个主要方面都限定了激励机制的应有作用。在教师的来源上存在着先天不足的"近亲繁殖"问题；教师岗位培训的计划性和目的性不强，还未形成完善的教师培养体系，不能够有效培养教师能力和激发教师积极性，不能得到较好的激励效果，培训机制过于形式化；高校教师在校际的横向人才交流不足，未能够形成良性的人才交流互动。第四，薪酬制度与职业规划的弱势。现阶段我国高校教师的薪酬通常由基本工资、月季奖励和社会保险三部分构成。随着高校的不断扩建扩招，教师薪酬得到了较大的改善。但由于我国高校教师薪酬制度尚不完善，教师收入水平较教育、医疗和消费水平还有相当大的差距，而且我国各地区间的教师薪酬差距较大，平均收入较标准水平还有一定差距。这使得教师普遍对薪酬水平不太满意，导致薪酬制度无法对教师产生有效的激励效果。教师职业规划是结合自身爱好、特长、经验和不足，并依据生活实际情况和职业性质倾向，对自身将来奋斗目标所做的规划，是教师自身价值的体现。合理的教师职业规划可以帮助教师展现自身优势与特长，并改善自身的不足与缺陷，从而实现人力资源效益的最大化。但目前我国高校有相当一部分教师缺乏自身规划，导致教师教学质量不高，而且学校对教师缺乏充分了解，使得研究方向不明确。医学院的教师激励评价机制同样存在着上述问题。

通过对当前教师激励机制分析，我们可以更好地制定出相应对策。第一，可以以白求恩精神作为人才招聘中一项考核标准。在人才招聘的时候，不应该只看重个人取得的成绩，更应该重视个人品格的考察，比如做公益活动、奉献社会的行为可以作为加分项。第二，完善医学院人才招聘机制。创建完善的人才进出渠道和人才晋升通道，使人才公平竞争、择优录取、能上能下，打造出一支德才兼备且结构合理的医学教师团队。比如，可采用"双向选择"聘任制选拔医学教师，在高校人力资源管理中引入竞争机制，激发出教师的积极进取的精神和奋进向上的斗志，从而提升工作质量、提高工作效率。另外，在对管理人员的招聘和选拔上，也应同医学专业教师的招聘选拔一样，对学历、专业和经验做出明确要求，并根据管理岗位的不同设置明确的岗位职责与任职资格。第三，规范绩效考核机制。教师绩效评价体系应可量化、易操作。而且，在确定教师考核目标时，应鼓励教师参与其中，使教师能够明晰自身的工作职责，了解自身所处状态与学校要求间存在的差距，从而能够进行合理调整改善，以能够达到既定目标。在最后的绩效考核中应本着公开、公平、公正的原则，在实施前充分宣传和培训，在实施过程中严规范操作，在考核结束时加强绩效反馈，这样才能发挥出岗位考核与评估的方向引领的导航灯作用。第四，优化薪酬福利机制。人力资源管理的核心是薪酬福利，它是激励员工的重要手段。在制定薪酬制度时，应能够做到科学、公平、合理，并应不断对其进行修改和完善。在设计薪酬体系时，要在保持基本薪酬和社会保险的相对稳定性的基础上，增加激励性薪酬和弹性福利计划等，从而使薪酬整体水平具有外部竞争性。可以以工作分析和薪酬调查作为基础，对激励性薪酬的力度进行调整，以使岗位、职称和业绩的薪酬拉开一定的差距，从而促进教师的良性有序流动。第五，健全教师培训机制。应完善教师培训体系，丰富教师培训内容，革新教师培训方式。一方面，应注重培训青年教师，培养和强化青年医学教师的主人翁精神，激发青年教师对工作的积极性，增强其敬业意识、成长意识和自主意识，具体可通过“以老带新、传帮带教”的激励模式来实现；另一方面，教师在培训期内，既要努力提升自身的专业和科研能力，还要探讨提高教学水平的具体措施，又要对教学活动进行深入思考，这可以有效提升教师的教学热情、教学经验和教学质量。第六，建立职业生涯规划。要培养和建立起一支过硬的医学师资队伍，就应帮助医学教师个体制定适合的职业生涯规划。职业生涯规划是一种有效的人力资源管理战略，它是引导医学教师实现个人发展和自我价值的有效途径。[①]可以通过采取接任计划、培养计划和退休管理等措施帮助每位医学教师设计并制定适合个人的职业生涯规划，从而，为教师个体学习医学知识提供机会，为医学教师的发展提供舞台。

（二）建立学生激励机制

在医学生的管理方面应该继续深入贯彻“以人为本” 的科学理念。与此同时，医学教育者们应该对激励理论有一个全面而深刻的理解，这样才能够正确地将激励理论用在实际的医学教学工作中，从而激发医学生的学习热情和积极性，能够更好地发挥医学生的自律、自觉作用，更有效地促进管理工作的进行和实施。

目前高校的学生管理面临着新情况。高校作为人才培养的基地，就是要把学生培养成才，培养成符合国家发展需要、社会责任感强的综合性人才。当前，大学生以90后为主，他们的个性表现在：对自己的价值认知更强烈；在日益竞争的市场环境下，他们的追求趋于多元化；有创新精神，视野更开阔，在物质追求上更现实。

① 刘颖：《高校教师激励机制现状与创新对策探析》，《吉林广播电视大学学报》，2018年第11期。

但是，集体利益观念在淡化，组织纪律性变差，喜欢自由独立、不受约束，忽视了全面素质的提高。我国高校的根本任务是培养德、智、体全面发展的社会主义接班人，因此在培养过程中我们不仅要传授给学生文化知识，对于其身心健康的状况也是不可忽略的，只有合理地兼顾各方，才能促进和谐发展。高校学生激励机制作为高校学生管理的重要手段之一，其理论和实践作用越来越突出。研究并完善高校学生激励机制，对于我国人才的培养意义重大。

高校学生管理中激励存在的问题：第一，物质激励与精神激励没有齐头并进。高校的物质奖励主要体现在各类奖学金上，包括地方企业的单项奖学金，基本上是一年收一次。这些奖学金的发放在提高大学生的学习积极性方面起到了很好的激励作用，奖项较多，在促进大学生专业能力及综合知识的提高，促进其学业成长方面带来了很好的效果，但在思想品质的教育方面有所欠缺，也没有形成有效的激励机制，没有形成多元化的思想教育氛围。例如，历史与当今国情教育，传统文化品德与当今民族精神凝聚力相关教育，职业道德与国家发展相结合教育，这些精神激励的方式和实际的具体物质奖励挂钩没有同步进行。第二，激励机制形式过于单一。高校大学生来自全国各个省市，其家庭背景、个性、知识等必然会存在一定的差异。高校管理层的激励往往过于注重对学生的学业进行激励，而忽视其特长的发展。

由于很多学生来自农村，家庭背景、经济条件不是很好，有些学生刚开始适应性还不好，如果对他们缺乏深层次的引导和鼓励，他们会在某些方面形成性格缺陷。激励机制的最大目的是促使群体发挥最大能力，而不是个别的提升。“高校的激励机制在一定程度上还缺乏公平和透明度，存在着全校一盘棋的管理思路，必然会对个性的发展带来阻碍，影响激励的公平性，这是与当今高校人才发展不适应的地方。”[①]医学院的学生激励机制无疑与当下高效激励机制中整体存在的问题具有不谋而合之处。完善医学生的激励机制还要重新梳理思路。

医学生激励机制应该不断完善。第一，完善榜样激励机制：以价值导向提升榜样激励机制对环境的适应性，构建教育起点。当前，医学生榜样激励机制面临着机制缺失、效能低下、传统教育模式转变滞后、创新教育模式发展迟缓等问题。因此，须把握医学生榜样激励机制的系统特性，结合医学生价值观形成和发展规律，以及其价值选择能力，在榜样激励教育中突破目标实施、内容确定以及机制结构优化的制约条件，实现榜样激励模式的根本转变，提升榜样激励机制对环境的适应性。必须充分认识目标、言行、活动、情境与环境等的教育引导作用及其对学生价值理解和选择的影响。以系统方法完善榜样激励机制结构，更好地满足医学生需求。榜样激励机制结构是其功能实现的根本。就社会环境条件而言，当今医学生所面临的社会及生活环境不是单一的，价值目标趋向多元化，榜样激励机制实现的结

① 张凯源：《浅议激励理论在高校学生管理工作中的运用》，《科学大众（科学教育）》，2018年第10期。

构相对复杂。因此，运用系统方法，“把对象放在系统形式中，始终从整体与部分之间、整体与外部之间相互作用、相互制约的关系中综合加以考察”。研究医学生榜样激励机制，使榜样激励机制向结构化、最优化、模型化转变，有利于实现榜样激励的最佳功能。以创新营造榜样激励教育新常态，增强榜样激励教育的实效性。当前，医学生思想教育的主要特征是主导性、交互式、网络化。从价值观层面看，价值观取向从单一转为多元，其内涵发生质的变化，形成了社会主义核心价值观主导下多元价值观并存共生的格局；从社会生活层面看，网络全面改变了医学生的校园生活，不仅对医学生的世界观、人生观、价值观形成产生了深远影响，削弱了榜样激励教育的引导力，也使信息传递从单向转向双向交互，颠覆了传统思想教育模式；从医学生思想层面看，功利意识不断增强，追求外在物质享受，漠视理想，主流思想意识面临挑战。因此，做好榜样激励教育工作要有新的认识、新的思路和新的方法。要突破传统教育模式限制，实现榜样激励教育内容、目标和手段的创新；要突破时空限制，实现榜样激励教育全方位的拓展，由以往的单向说教向双向互动转变，由一元化向突出主导性的多元化转变，营造有利于医学生成长的校园教育环境，增强榜样激励机制对教育环境的适应性，从而更好地提高机制的效能。以实践活动深化榜样激励机制，提高医学生的价值目标预期。榜样激励教育实践活动，是医学生建构自己价值观的活动。榜样激励实践活动能够较好发挥医学生在榜样激励活动中的主体性，深化价值认识，丰富情感体验。通过个人活动、小组活动、班级活动和全校活动等组织形式，从认知、践行、传播、引领等入手，开展主题鲜明、形式多样的榜样激励教育实践活动，深化榜样激励教育制度学习，深化榜样激励教育信息管理、反馈与强化，深化榜样激励教育评价，切实推动社会主义核心价值观融入榜样激励教育，使高校学生榜样激励机制与学校人才培养对接，满足学生需求。[①]第二，坚持以人为本的原则。必须把以人为本的原则贯彻到医学生管理激励机制上去，促进医学生德、智、体全面发展。以当今医学生人性化成长为重点，搞好规划，做好顶层设计，不要走过场。要发挥学生会的作用，时刻掌握学生动态，倾听学生心声，根据大学生的特点，帮助他们做好职业规划。面对竞争日益激烈的人才市场、就业难的形势，要积极做好医学生就业心理疏导，多方面对医学生施以精神和物质的激励，促其成才。第三，发挥激励机制作用的有效方式是以点带面，以激励群体、整体提高为实现目的。这就需要有一个公平、透明的激励环境来为大众认可其榜样的先进性。随着时代信息化的发展，人们要求公平、公开的理念在增强，医学生管理层必须建立科学的人才激励机制，抛弃旧的人情观点、各专业条块观念，真正达到医学生激励机制的最大效应。第四，要以挖掘医学生的潜力作为新时期激励机制的发展创新点。人才的潜力是未来社会竞争的最大动力，也是当今医

① 朱建国：《高校学生榜样激励机制效能提升的系统性及路径探究》，《常州工学院学报（社科版）》，2018年第1期。

学生区别于传统人才的特点之一。充分运用激励机制来挖掘不同医学生身上的闪光点，是医学生激励机制需要研究和重视的。

相信通过建立完善的教师和学生激励机制，可以激励医学教师和医学生更加热爱自己的专业和岗位；可以让医学生愿意以白求恩精神为激励，潜心学习医学知识，为自己、为病人负责任，为人类的健康事业做出更大的贡献。

第四章　白求恩精神育人的成就与贡献

第一节　学生主体成就与优秀个案

新时期，新时代，高等医学院校肩负着医学人才培养、科学研究、服务社会、文化传承创新的职能。怎样引导大学生学习和弘扬白求恩精神，“培养什么样的医学生、如何培养医学生”，是白求恩精神对当代大学生育人价值的具体体现。医学院校秉承着白求恩精神，在近一个世纪的光辉岁月里，培养出了一批又一批白求恩式的莘莘学子。

一、公共卫生学院

（一）最美女大学生——迪丽娜尔·艾尔肯

迪丽娜尔·艾尔肯，女，新疆维吾尔族人，公共卫生学院2014级本科生，中共党员，公共卫生学院第33届院学生会主席、2014级（03）班班长。

迪丽娜尔出生在新疆维吾尔自治区吐鲁番市的一个普通家庭。父亲是一名共产党员，母亲是一名普通工人。迪丽娜尔的父亲患有严重的腰椎间盘突出症，无法从事繁重的体力劳动，因而一直没有工作。她的母亲是吐鲁番市电视台的临时工，由于身体原因现已退休在家，连续三年内进行过4次大型手术，其中一次意外引发胸椎三四节粉碎性骨折，差点危及生命。妹妹于2018年考上新疆医科大学厚博学院护理系，每年学费高达15000元。姥姥85岁，体弱多病，无活动能力，在家由母亲照看。尽管她和妹妹都依靠勤工俭学自筹学费，帮助这个家庭解决适当的经济负担，但接二连三的重创，使这个本就经济拮据的家庭伤痕累累。

在学习方面，入学之初，她就清楚地意识到自己在学业上与其他同学之间存在着不小的差距。四年来，她始终将学习作为第一要务，从未松懈。凭借着坚韧不拔的学习毅力，她连续三年获得“国家励志奖学金”“校优秀学生干部”，并在2017年荣获白求恩医学部“十佳大学生”、吉林大学“最美女大学生”、吉林大学“自强自立大学生”，并多次获得“优秀团员”称号。她还一次性通过国家计算机二级、国家普通话水平测试（HSK）高级C等考试、普通话水平测试二级甲等，并荣获吉林大学“思池基金”贫困学生助学金、“喜来健”助学金等30余项荣誉。

她还积极参加大学生开放性创新实验，并顺利完成实验项目“靶向Nrf2的萝卜硫素预防慢性心衰及机制研究”的学习；参与的大学生创新创业训练项目“AIF在镉致细胞凋亡中的作用机制”被评为校级二等，目前已顺利结题。除此之外，她在第五届吉林大学生物技能大赛中荣获二等奖。

在思想方面，作为中共党员的她，从未松懈对时事政治的关注和对习近平系列讲话、党规党章的学习，时刻以一名共产党员的标准严格要求自己。结合“两学一做”学习教育活动，她撰写的学习心得还发表在了学院微信公众平台，在师生中引起强烈反响。在她的影响和带动下，学院2016级、2017级维吾尔族同学纷纷向党组织递交了入党申请书。2017年9月，迪丽娜尔成功入选吉林大学2017—2018年度“青年马克思主义者”培训班，并代表全校少数民族学生干部在学校团委组织的“吉林大学共青团学习党的十九大精神座谈会”上发言，还分别作为青马班代表、少数民族学生代表连续两次参加了“书记面对面”活动，与书记亲切交谈，并在座谈会中作为代表发言。

在工作方面，作为班长，她以大局为重，处处为同学着想，事事以同学利益为先，在同学中树立了很高的威信，使班级各项工作都走在了前列。在她的带领下，2014级（03）班同学连续三年资助贫困学生，连续两年获得学院“优秀班级”荣誉，受到了学院师生的一致好评。作为学院第33届学生会主席，她更是任劳任怨、尽心尽力，每月组织召开团学组织部长级例会，积极团结各个部门的组织力量，兢兢业业、统筹全局，由她组织策划的活动多达200余场，其中大型文艺晚会10余场，搭建起师生之间良好交流的桥梁。不仅如此，她还连续两年以学生干部的身份坚守在迎新现场，并有幸与学校党委书记杨振斌、校长李元元亲切交谈。老师们的亲切话语让她如沐春风、受益匪浅，使她更加坚定了自己未来要带动更多少数民族同学共同进步的责任和信念。为了不辜负领导、老师的殷切期望，她组织举办“少数民族文化大讲堂”“少数民族学习兴趣小组”等特色活动，带动全院少数民族同学共同进步。

在社会实践方面，四年中，迪丽娜尔参与的社会实践和志愿服务活动超过20次，累计服务时长超过600小时，为社会做出不小的贡献。她坚持利用寒暑假时间去医院实习，并自行组织10余名新疆维吾尔自治区返乡大学生于2016年组建起“太阳”爱心医疗服务队，为当地贫困村民解决医疗方面的困扰，活动得到吐鲁番市团委的大力支持，并在阿克苏诺贝尔中国大学生社会公益奖中荣获铜奖，并被当地主流媒体大力报道。

2017年7月，她参加吉林大学白求恩医学部组织的“贯彻落实全国思政会议精神，重走白求恩路”暑期“三下乡”社会实践活动，远赴河北唐县葛公村，组织同学们为当地希望小学的孩子们进行青少年体质检测，并协助吉大一院医疗队为当地100余名村民进行了义诊服务。作为一名少数民族学生，由于和汉族学生的饮食习惯不同，她提前为这次为期八天的社会实践准备好了足够8天食用的所有干粮。即便预知了未来行程中只能以方便面和面包果腹，她依然信念坚定、未曾迟疑。在2018年寒假，她带领学院8名维吾尔族学生组建“星火相传　相约吉大”招生宣传团队赴新疆7个市分别进行招生宣讲。

曾经的苦难，是生活的磨砺；今日的收获，是自身的进步。四年蜕变，她感受着吉大的发展，吉大见证着她的成长。无论经历多少曲折和艰辛，无论拥有多少星辉和花朵，昨日之路已经过去，未来之路仍在脚下。迪丽娜尔·艾尔肯，她会一直以“白求恩精神”鞭策自己，不忘初心，牢记使命，向着理想执着前行！

（二）吉林大学自强自立大学生标兵——李爽

李爽，女，出生于1989年9月，汉族，孤儿。2008年考入吉林大学公共卫生学院2008级医事法学专业（七年制），2015年硕士毕业，大学三年级成为一名中共党员，2013年获得“吉林大学自强自立大学生标兵”称号。

在这些荣誉与成绩背后，隐藏的是不为人知的艰难的家庭背景。在李爽刚出生时，父母离异，因为家族里重男轻女的思想，她只能与母亲相依为命。3岁时，父亲去世，她与母亲依靠低保金和母亲微薄的收入生活。在14岁时，母亲又意外去世，从此，她成了孤儿。但是不幸的家庭并没有摧垮这个乐观向上的女孩，此后她比常人更加努力学习。2008年夏天，不懈的奋斗终于结果了，李爽以优异的成绩考入吉林大学公共卫生学院医事法学专业。生活上她自立自强，在老师和同学的帮助下，她寻找兼职岗位，在自己的课余时间里无论严寒酷暑都会去发传单，甚至有时候整整一天站在超市里做促销，最忙碌的时候还同时给4个学生辅导功课。

在校期间，李爽积极参加学院及学校组织的各种活动。她曾经在长春市疾控中心举办的防艾宣传讲座中获得最佳宣讲人的称号，在院党委组织的喜迎十八大的党员储备知识竞赛中荣获一等奖。曾参加省公安厅举办的禁毒宣传活动，并且入围吉林大学第六届挑战杯形象大使。另外，她还积极参加校运动会的文艺表演、百科知识竞赛、演讲比赛等各种课外活动，更曾入围“校园十佳歌手”，还曾免费为社区低保家的小孩补课。

学习成绩优异的李爽，在本科期间曾获得过两次国家励志奖学金，还多次获得校级奖学金和优秀学生荣誉称号，并在2013年荣获“吉林大学自强自立大学生标兵”称号。

研究生期间，她在吉林大学第二医院临床技能操作大赛中获得第一名的成绩，并且以第一作者身份在核心期刊发表过论文2篇。

风雨之后总会见彩虹，坎坷的身世背景终于迎来了自强不息的铿锵玫瑰，在吉林大学，她尽情绽放自己不屈的品格，收获属于自己的硕果，在未来的追梦路途中，相信李爽一定会绽放出更加耀眼的光芒，展现出独属于她的自信自强。

（三）白求恩十佳大学生——石凡超

石凡超，女，1995年9月出生，汉族。2013年9月考入吉林大学公共卫生学院预防医学专业，大学四年级加入中国共产党。2017年获吉林大学医学部“白求恩十佳大学生”称号，同年获吉林大学“最美志愿者”称号。2018年初，收到剑桥大学、爱丁堡大学、香港大学等多所世界名校的录取通知。她曾任公共卫生学院团委学生会副主席、2015级新生辅导员助理、吉林大学学生红十字会副会长、吉林大学绿野环保协会公益部副部长、新民校区阳光志愿者协会秘书部副部长、班级文艺委员以及生活委员。入校以来，石凡超学业成绩优异，德智体得到了全面发展。刻苦努力，成绩优异，科研能力强，社会实践工作成绩斐然，综合素质突出，这些都是同学老师对她的评价。她先后被评为：2013年至2014年院优秀学生、2014年至2015年优秀团员、2014年至2015年社会实践“先进个人”、2015年至2016年院优秀学生、2015年至2016年优秀团干部、2016年至2017年院优秀学生、2016年公共卫生学院“十佳大学生”、2017年公共卫生学院“十佳大学生”、2017年至2018年院优秀学生。

在学习上，她刻苦钻研，成绩名列前茅，综合排名三次专业第一、两次第二，累计获得包括国家奖学金在内的8项奖学金，并获得世界顶尖学府剑桥大学的录取通知。在本科学习同时，她不断提高自己的科学素质和创新能力，累计参与6项科研项目，参与撰写论文5篇。其中，作为项目负责人完成了国家级大学生创新项目“医学生功能性消化不良患病现状及影响因素研究”，并且以第一作者撰写的题为“2015年长春市某高校医学生功能性消化不良现况调查及影响因素分析”的文章已被核心期刊录用。

作为学生干部，石凡超为人正直，做事踏实，思想积极要求进步，政治觉悟高，在学生中起到表率作用。她积极参与并组织学院工作，在大学期间曾组织迎新晚会、公卫好声音、合唱比赛、运动会大舞等几十项活动。此外她认真进行政治学习，于2014—2016年度，被评为“优秀团员”“优秀团干部”。入校后石凡超就向党组织递交了入党申请书，定期向党组织汇报思想，处处以党员的标准来严格要求自己，现已成为一名正式党员。

日常生活中，她乐于助人，全面发展，积极参与社会实践活动，取得了骄人的成绩，先后获得社会实践“先进个人”、吉林大学2017“最美志愿者”。作为返乡大学生，主动联系家乡志愿者团队，参与多项志愿活动，照片3次登上国家级报刊头版、2次登上省级报刊头版。主要获奖情况如下：

成绩获奖：

（1）2013年至2014年度国家奖学金；

（2）2013年至2014年度东荣奖学金；

（3）2014年至2015年度吉林大学一等奖学金；

（4）2015年至2016年度吉林大学一等奖学金；

（5）2015年至2016年度天府汽车励志奖学金；

（6）2016年至2017年度吉林大学一等奖学金；

（7）2016年至2017年度明德奖学金；

（8）2017年至2018年度吉林大学一等奖学金。

科研获奖：

（1）2015.04 吉林大学大学生创新性实验计划　国家级项目（第一负责人）；

（2）2016.04 吉林大学大学生创新性实验计划　校一级项目（第二负责人）；

（3）核心期刊论文《中国部分大学生网络欺凌行为发生现状调查分析》，《吉林大学学报（医学版）》，共同作者。

（4）SCI论文 *"Associations of Fasting Blood Glucose with Influencing Factors in Northeast China: A Quantile Regression Analysis", International Journal of Environmental Research & Public Health*，共同作者，IF：2.101。

（5）核心期刊论文《2015年长春市某高校医学生功能性消化不良现况调查及影响因素分析》，《实用预防医学杂志》（已被录用，待刊），第一作者。

（6）论文 *"Evaluation of lipid accumulation product and its influencing factors in northeast China"*，审稿中，共同作者。

（7）论文 *" Factors influencing skin-related quality of life among university students by gender: applying adaptation OSSIQ with different types of subjective skin"*，投稿中，第一作者。

比赛获奖：

（1）2015年白求恩医学部配音大赛一等奖；

（2）2016年第五届医学基础知识技能竞赛优秀奖；

（3）2017年全国大学生英语竞赛三等奖。

如此华丽的成绩单，必定能够谱写出绚烂的华章，定能弘扬白求恩医学院的精神，为吉大增光添彩，为祖国建设添砖加瓦。

二、口腔卫生学院

（一）白求恩十佳大学生——李佳润

李佳润，女，中共党员，2013级本科生，白求恩十佳大学生，白求恩奖学金获得者。看似娇小的身躯，却丝毫掩盖不了她心中大大的能量。回头看看四年来坚毅的步伐，正是她的初心不忘，让她方得始终。

新生入学第一天，学院党委副书记的一番讲话，让李佳润更加明确了白求恩精神便是她追梦路上最耀眼的太阳这一信念。“毫不利己，专门为人”，“对工作极端热忱，精益求精”，简简单单几个字，是她一路走来最坚定的信仰。参与白求恩医学部编排的话剧《离开白求恩的日子》时，她在剧中甄纪念的身上仿佛看见了自己的影子。从小怀着一个白衣梦，有幸来到了吉林大学白求恩医学部读书，感受着老白医大浓浓的历史底蕴，接起了传承的火炬，她告诉自己：“一定要不负青春，不忘初心！”

大一军训时检阅方阵选拔，她因为身高的原因，只能作为替补；然而她从未放弃，哪怕训练中扭伤了脚，最终还是用决心和努力争取到了参加检阅的名额。“军训标兵”称号，是对她最好的肯定。

铭记“学而优则医”的信念，高超的医术源自扎实的理论基础。一张薄薄的成绩单，连续三年综测第一的排名，记录了在1000多个清晨里，她第一个走进自习室的身影。摞起来有92cm高的手写笔记，完美地阐释了学弟学妹口中“考试宝”的由来。她说：“独享，永远不会突破自己，而分享，可以激励我前行。”多少个深夜，面对着厚厚的教材时的困意，期末复习分秒必争的焦躁，都因为那一句“精益求精”而消散。在英属哥伦比亚大学暑期学校的结业考试中，作为唯一的两门课程均满分的学生，清华北大的同学向她竖起了大拇指。她还会记得，多少个凌晨，因为做实验忘了时间，而被锁在实验楼里……

牢记责任，兢兢业业。“院优秀学生干部”“优秀党务干部”的称号，记录了她从班长到学办助理，从学生会部长到党支部书记的点点滴滴。宿舍走廊的长明灯，记录了多少个半夜她跪在地面上绘制海报的剪影。她又怎会忘记，电子邮箱里800多封学院学生工作文件背后隐藏着的深夜咖啡香气，以及作为编委，她将吉林大学口腔医院的新闻向《中国口腔医学信息》杂志投稿时一次又一次的校对。在学生工作中，她耳边总会响起白求恩说过的“我唯一的希望就是多有贡献”。有人问她，为什么这些琐事不交给低年级同学去做，她说：“只要伤员送来，不管白天黑夜，白求恩医生一定亲自检查，亲自登记，手术后一定亲自换药。这告诉我们，承担一个身份就要尽到一份责任。”“以身作则，勇于担当，乐于奉献。”她不会忘记2015年5月30日，在党旗下庄严宣誓时内心的澎湃。冬日雪后的寒风，记录了作为党员的她，多次出现在义务扫雪的最前线，没戴手套，握着铁锹，额头却慢慢渗出了细密的汗珠，她用奉献凝聚了冬日里的一缕暖阳。团结乡幸福村村委会平房里的火炕，对于城里长大的她充满了新鲜感，而更让她感到温暖的是扶贫义诊过程中，村民们叫她“大夫”时，眼中的期许和信赖。还有敬老院老奶奶握着她的手问她什么时候再来……她时常提醒自己：一个人的能力有大小，但只要有这点精神，就是一个高尚的人、一个纯粹的人、一个有道德的人。

进入临床见习后，她的带教老师更是用一言一行传承发扬着白求恩精神。消化内科王哲老师强调，给患者腹部检查前一定要把自己手心搓热；口腔颌面外科韩成敏老师，用手按住刚刚阑尾炎术后伤口，一路小跑着去抢救患者……临床见习期间，哪怕面对着患者的不理解与抱怨，她脑海里时时不忘白求恩说过的“每个患者都是你的兄弟，你的父亲”。“白求恩十佳大学生”称号、一次国家奖学金、两次校一等奖学金、白求恩医学奖学金、“刘佳”奖学金，是对她的肯定，更是对她的激励与鞭策。自大二以来，她学费生活费完全自理，做兼职健身教练，并且每年5月份到10月份周日早上在南湖公园组织户外瑜伽公益课，这都是一张营养师资格证、中英普拉提培训认证、沈阳国际马拉松半程比赛的成绩单所不足以涵盖的。这些活动和公益经历，要比那25张院级以上荣誉证书，更加珍贵！

面对这些荣誉，她没有骄傲，而是时刻提醒自己，不忘初心，方得始终。她牢记白求恩说过的，“你要时时不满意自己和自己的工作能力”。她所收获的一点一滴，都是真真切切用汗水换来的。她很平凡，但是一直没停止过努力。白求恩精神是她追梦路上最璀璨的太阳！

（二）吉林大学优秀毕业生——张宏旗

张宏旗，女，汉族，中共党员，1993年6月生，吉林大学口腔医学院2012级五年制本科生，吉林大学优秀毕业生，现已保送至四川大学华西口腔医学院。

刚步入大学的她，在面对别人质疑一个女孩学医的不容易时，她这样回答：“才不近仙者不可为医，德不近仙者不可为医。我从来都不后悔自己选择了医学的道路，苦吗？哪一行想要干得出色都必须吃苦。”新生的她参加医学生宣誓，她比谁都知道一声“医生”的意义和分量；她更是清楚地记得《纪念白求恩》里那一句“高尚的人、纯粹的人、有益于人民的人”，她为成为这样的人努力奋斗着。

在坚毅的性格以及白求恩精神的指引下，学习上，她勤奋刻苦，扎实努力，在临床课程的学习中更是丝毫没有马虎。她深知，将来要成为一名医生的她，现在学的每一点每一滴，都会是以后帮助病人摆脱病痛的良药。大学五年来，国家奖学金、励志奖学金、曾宪梓优秀大学生奖学金等，无疑是对她严谨求学态度的认可和肯定。吉林大学校优秀学生、吉林大学校优秀学生干部、吉林大学十佳大学生入围奖更是对她莫大的鼓励。“对于医学知识，从来都没有学得多，只有学得还不够”，是她经常挂在嘴边的话。功夫不负有心人，五年成绩排名专业第二名，科研论文第一作者见于核心期刊，她顺利地获得了研究生推荐免试资格，经过层层选拔，最终保送至口腔医学专业全国排名第一的四川大学，为学院书写了新的篇章，更是实现了五年前在白求恩像下许下的诺言。

她不仅在学习上是一名名副其实的“学霸”，在学院工作上更是一名工作一丝不苟的“女强人”。作为口腔医学院学生党总支副书记，她负责着整个学院本科生的党务工作。传递学校党委、学院党委的通知和精神是她的工作，开展形式多样的党员先锋工程活动是她的重点。从仅仅5名党员到现在17名正式党员、18名预备党员，党支部见证着她为壮大党员队伍而奉献的每一分辛苦。每一份资料的填写、每一次会议的召开、每一次义务扫雪的开展……她始终记得，正是这种“毫无自私自利的精神”，鼓舞着她继续前进。

“大五的我，即将和母校告别。但是我知道，不管我走到哪里，白医精神都是我身上的烙印，大学这五年教给我的，不仅是如何做一名医生，更是如何做一名好医生。”谈起毕业，她比其他人有更多的不舍。白求恩精神是她最初选择医学的初心，也是她希望最终能够成为仁医的动力。医者仁心，相信她能一直带着白医人的精神，自信地走向更广阔的平台。

三、临床医学院

（一）吉林大学十佳大学生——谢建连

谢建连，女，汉族，江西省赣州市人，中共党员，生于1994年10月，吉林大学临床医学院2012级临床医学五年制本科学生，2015年白求恩医学部十佳大学生以及临床医学院十佳大学生，2016年吉林大学十佳大学生。

2012年，怀揣着悬壶济世的梦想，谢建连踏进了吉林大学白求恩医学部这座神圣的医学殿堂。在校期间，在学院老师的悉心教导和自己的不懈努力下，她在思想政治素质、专业基础知识、科研综合素质、社会工作能力等方面都取得了长足的进步与可喜的成绩。

作为一名医学生，谢建连深知夯实医学基础知识的重要性。在学习中，她勤奋刻苦，脚踏实地，孜孜以求，不曾有丝毫的懈怠。五年如一日，她课上认真听讲，紧跟老师思路，课后及时复习，当天的功课当天消化。一分耕耘，一分收获，在期末考试中她取得了优异的成绩，连续三年平均分均为90分以上，在年级中名列前茅，获得了国家奖学金、国家励志奖学金、校一等奖学金、白求恩医学奖学金、曾宪梓优秀大学生奖学金等9项奖学金。在以科研促临床的思维引导下，谢建连于2013年10月进入了细胞生物学实验室，她刻苦钻研，积极探索，在老师的指导下进行实验设计。她作为第一作者的英文文章*The Protected Mechanism of LMCTS on Anti-myocardial Ischemia Reperfusion Injury of Rat*已经发表，中文文章《黄芪注射液对肺纤维化大鼠TGF-β/Smads信号通路的影响》也已被《吉林大学学报（医学版）》接收。两年多的科研经历，不但培养了她全面严谨的科研思维，更锻炼了她分析问题、处理问题的能力，为她以后的临床科研奠定了坚实的基础。

在学习、科研之余，谢建连也积极投身于学生工作中，曾任白求恩精神青年研究会副会长。在纪念抗战胜利七十周年期间，为积极响应杨振斌书记学习白求恩精神、成为白求恩式的优秀医务工作者的号召，白求恩医学部决定成立白求恩精神青年研究会，谢建连也积极参与其中，负责研究会的宣传工作。在她的努力之下，研究会的微信平台雏形初具，定期推送白求恩事迹以及研究会动态，使同学们能方便快捷地全面了解、学习白求恩精神。她主编的会刊《精·诚》已出版发行两期，每期发行量达1000册，会刊栏目丰富有特色，是学部同学们学习白求恩精神的重要读物。在身体力行传承白求恩精神的同时，研究会也积极与北京白求恩精神研究总会联系，他们的工作获得了总会的高度肯定与一致赞扬。

谢建连在努力学习的同时也不忘承担自己肩上的社会责任。在2015年暑假，她跟随学院暑期社会实践小分队一起来到河北唐县牛眼沟村开展“筑梦白医　寻根之旅”的社会实践活动。在唐县，他们参观白求恩纪念馆，祭扫白求恩之墓，深切感悟白求恩精神；他们走访调研，义诊送药，为村民们的健康尽己所能；他们还为白求恩希望小学的孩子们准备了丰富多彩的支教课程，为孩子们讲述外面绚丽多姿的世界，激励孩子们认真学习，走出大山。这期间，吉林大学杨振斌党委书记和李凡学部长亲自莅临唐县，杨书记对该活动给予了高度的赞扬和充分的肯定，他鼓励大家以白求恩精神为准则争做优秀白医人。她积极参加学院组织的各项活动，在服务社会、奉献自己的同时，也实现着自己的人生价值，收获着欣喜与欢乐，她多次被评为校、院社会实践优秀个人，并荣获“吉林省优秀志愿者”称号。

2016年8月，作为学校“蒲公英”计划的首批受益者，谢建连前往越南参加了世界大学生领袖研讨会。大会主办方邀请了许多国际知名嘉宾，聆听他们的精彩演讲，让她看到了世界上还有很多人道主义问题亟待解决，也意识到自己作为一名大学生的社会责任感，开始思考自己能为他们做些什么。作为吉林大学学生代表，她友好自信，大方得体，与世界各国学子相互交流，促进友谊，展现了中国吉大学子的风采。

成绩已经过去，未来仍需开拓。志存高远，极目海天而任长风浩荡；胸怀天下，登高望远而临群山巍峨。人生就像是一路盘旋的阶梯，握紧双拳，迎战艰难困苦，只为能达到它的顶峰。作为一名被社会和学校关怀、帮助和培养的大学生，她将会继续严格要求自己，积极创新，勇于探索，为祖国、为社会、为人民做出更多的贡献，为母校争取更多的荣誉，用努力描绘精彩的青春篇章，用拼搏追求华彩的医学梦想！

（二）社会实践优秀个人——纪伟

纪伟，女，1995年出生，黑龙江省牡丹江市人，中共党员，现为吉林大学临床医学院2013级临床医学七年制本科学生。

怀揣着对神圣医学的热爱和治病救人的梦想，纪伟同学以优异的成绩考取了吉林大学临床医学院。大学的几年时间里，她在学业上认真笃实，在科研方面刻苦探索，在学生工作上踏实肯干，在社会实践方面也是积极奉献。时光荏苒，初心不忘。“健康所系，性命相托”是她的信条，那种“一个有益于人民”的白求恩式医者是她的目标。

作为一名白求恩精神的传承者，她深知奉献和敬业的可贵；作为一名优秀的医学生，她也深知专业知识的重要性。她在学习之余积极投身于各项志愿者服务活动中，用所学的知识来回馈社会，用自己的热情和爱心来温暖他人，展现了当代大学生的精神风貌，也彰显了白医传人的风采。

在2015年“筑梦白医　寻根之旅”河北省唐县牛眼沟村送医送药、白求恩希望小学支教服务活动中，她用自己所得的奖助学金为小学里的孩子们送去了衣物和文具，并为孩子们辅导功课，鼓励他们努力学习来探索外面的世界。此外，她还用所学的医学知识举办了健康知识和医疗常识讲座，提高了村民们对健康的重视程度。她说，这是白求恩同志心心念念的地方，也是每一名白医人的精神故乡，我们要学习“毫不利己，专门利人”的白求恩精神，去奉献爱心，去播撒希望。

在白求恩青年志愿者协会组织开展的志愿服务中，她积极参加了“蓝马甲”吉大一院分导诊志愿服务，“红马甲”吉大二院普通病房、ICU病房志愿服务等，累计志愿服务时长达230余小时。在导诊服务台处，耐心地为患者解答疑问；在ICU病房里，贴心地陪患者聊天，舒缓他们的情绪；在走廊里，有她帮助患者打印诊断书的身影。在这里，她不是那个荣获多项奖学金的学霸，她只是一个普通的志愿者。她默默无闻，却尽自己努力把一切做到完美。她在服务社会的过程中收获了感动，受到了激励，得到了锻炼，同时也向社会传递着“大医精诚，大爱无疆”的情怀。。

少年强则中国强，两岸的文化互动与学术交流需要的就是优秀学子思想的碰撞。2016年暑期，纪伟参加吉林大学第二届台湾学生“北国风情”暑期研习营。她通过深入的科研活动和大量的社会实践对医学有了更为深入的理解，对就医现状也有了自己的见解。凭借缜密的思维、善辩的能力和满腔的热情，顺利成了暑期研习营的一名志愿者，带着自己的思考与台湾同学共同学习，并就两岸医学生志愿服务、学业设置和科研就业方向等进行深入交流。在这段经历中，她收获了友谊，也收获了一些新思想和新理念，并获得2016年吉林大学第二届“北国风情”暑期研习营优秀营员荣誉称号、临床医学院“社会实践优秀个人”称号。

2016年正值吉林大学七十周年校庆，她作为吉林大学的学生代表接待了台湾高校的来访人员，讲解长春的历史文化，讲解吉林的风光，讲解白求恩的事迹，她的热情和朴实给大家留下了深刻的印象。

每一份经历都是一枚独特的勋章。优异的成绩是一枚勤奋的勋章，严谨的科研工作是一枚钻研的勋章，出色的学生工作是一枚尽职的勋章，而社会实践则是一枚奉献助人的勋章。

她曾作为领诵带领2016级全体医学部新生背诵《纪念白求恩》，其中说道：“一个人能力有大小，但只要有这点精神，就是一个高尚的人，一个纯粹的人，一个有道德的人，一个脱离了低级趣味的人，一个有益于人民的人。”这句话道出了她的心声与追求。传承和弘扬白求恩精神，做一名白求恩式的医者，她在路上，从未停止脚步。

四、药学院

（一）梦起航立志者——窦贺男

窦贺男，黑龙江省鹤岗市人，2004年进入吉林大学读书，2009年毕业于吉林大学药学院。2006年创办梦起航立志者协会，同年开始创业。现任杭萧钢构集团副总裁、吉林省梦起航科技有限公司董事长、杭州简简科技有限公司董事长。

窦贺男的父亲在政府机关任职，母亲在地方企业工作。小时候，在父母的庇护下，窦贺男的生活可谓衣食无忧。但年少的窦贺男并没有安于现状，很小就展现出了过人的经济头脑，他没有走父亲设计的科学家之路，而是选择了经商。回忆起少年时的生活，窦贺男更多的是感恩，感恩父母的养育之恩，感恩父母的言传身教，感恩父母的支持鼓励，使他树立了正确的人生观、价值观。在十二岁那年，母亲突然被查出患有重病，所以窦贺男很早便树立了独立自主的意识，无论生活还是学习，尽量不给父母添麻烦，因为父亲要全心地陪同母亲治病，之后母亲坚强地与病魔斗争了十年。这十年，每天早上上学出门，窦贺男都担心晚上放学见不到母亲，所以，后来读大学期间，坚持每天给母亲打电话问候……正是因为有这样坎坷的成长经历，才有他今日的独立自主，才有他今日的感恩之心，才有他今日的远大梦想。

2004年窦贺男以优异的成绩考入吉林大学，报考药学专业的最初动力是帮助生病的母亲治病，同时也希望日后能创办自己的制药企业，为更多像母亲这样患病的人减轻病痛、恢复健康。2006年开始，与两位学长共同创办了“梦起航立志者协会”，同年开始尝试创业，主营新生开学的日用品，带着寝室的兄弟跑新生宿舍送货。当时最经典的案例是自己手里没有进货钱，他用价值20元的学生证说服了厂家，抵押出5000元的货物，先销售，后结账。2008年开始筹备创立“梦起航科技有限责任公司”，之后就一直走在创业这条路上，尝试过多个项目，如预防近视、房产中介、教育培训、卖人参和茶叶枕、外卖送餐等。他在创业过程中，不断跌倒、不断爬起来，再跌倒、再爬起来，从中也发现了自己的不足。他读书期间就开始创业，没有在大企业历练过，缺少经营管理经验，所以到南方企业边工作、边学习。一晃10多年过去了，他再一次回归科技行业，只为了实现曾经的梦想。

2013年，他参观了杭萧钢构，之后以一个“陌生人”的身份，写下了几千字的观后感给杭萧钢构集团董事长，提出了内涵管理整改方案和新的盈利模式提案，其想法与杭萧钢构董事长不谋而合，在采纳谏言后，他被委以重任。历时四年，杭萧钢构通过商业模式创新，成绩斐然。他在杭萧钢构历任招商主管、战略发展中心副总经理、区域总监、总裁助理、战略发展中心总经理、副总裁 。

学医出身，却酷爱经商，为了创业，历经磨难，在创业过程中，也不断成长；为了创业，四处拜师学艺，仅给杭萧钢构提案的战略转型建议，就为该企业带来了30多亿元的利润，股票市值增长上百亿元，如果在传统的钢结构行业，要创造30多亿元的利润，需要大约2000亿元～3000亿元的营业额。

用坚持不懈、执迷不悟来形容窦贺男最为贴切，在当初创业受阻以后，四处求学如何创业，在经过两家国内知名企业历练后，心中始终没有放弃二次创业的梦想。2018年，他的杭州简简科技有限公司横空出世，目前，该企业在筹备期，运营理念就如同企业名称一样，简简单单，卓尔不凡，其成立的目的是为了让世界的沟通变得更简单。

（二）吉林大学优秀毕业生——李涛

李涛，男，中国共产党党员，吉林大学药学院2010级生物工程（医学）（五年制）学生，2015年保送至中国科学院攻读博士学位，现就读于中国科学院生物物理研究所，王志珍院士课题组。曾获得2013年吉林大学白求恩十佳大学生、2015年优秀毕业生荣誉称号。

在学习中，他认真学习专业知识，稳扎稳打，不仅自己成绩优异，还主动帮助在学习上有困难的同学。在读期间，获得两次国家奖学金、一次白求恩医学奖学金、一次二等奖学金。为了能够更扎实深入地掌握专业知识，他经常利用课余时间，先后在药学院生物化学与分子生物学教研室、基因工程教研室下科实习。在校期间，主持并完成了2011—2013年吉林大学“大学生创新性实验计划”国家级项目“一种新型长循环靶向米托蒽醌脂质体的制备及其在白血病和乳腺癌治疗中的应用研究”；以共同作者的身份，参与发表了多篇研究论文，其中包括两篇SCI。书本知识和实践的结合，让他在研究的道路上一步一个脚印地前行，研究生期间，他以优异的成绩，获得了中国科学院2017年度研究生国家奖学金。

他不光成绩优秀，学生工作也同样出色。作为班委的他，在学习之余积极组织班级活动，激励同学互帮互助，共同进步。在他和同学们的一起努力下，所在班级获得了2013年白求恩十佳班级称号。在学院里，他从一个小小的学生会干事，到院团委学生会副主席，这一路，无不见证着他出色的才华，每次的任务他都能出色地完成。在任职期间，他为学院开展了一系列具有学院特色的活动。他作为主要的创刊人，创办了药学院对外的宣传纸媒《药苑学声》杂志。他还积极参与学生社团活动，是《吉林大学报》通讯社的一名学生记者，承担了多次重要的采访任务，并参与举办了新民记者节晚会。

生活中的他，性格开朗，朴素节俭，品德端正，注重自己的全面发展。利用课余时间，通过了计算机二级考试，获得了公共营养师三级证书，参加了2013年吉林大学数学建模大赛，并获得了校三等奖。他爱好摄影，摄影作品曾获得第五届“中国青少年书法美术大赛”非专业组纪实类一等奖。他热心公益，自初中时成为一名中国青年志愿者以来，一直热心公益事业，经常利用节假日自愿服务于敬老院、图书馆、周边社区等。

相信在白求恩精神的灌溉下，在自己坚韧不拔的精神的支撑下，伟大的梦想定能开花，平凡的人生道路定会花团锦簇，为母校、为社会和国家的发展注入自己的涓涓细流。

（三）吉林大学十佳大学生——房靖淇

房靖淇，男，中共党员，吉林大学药学院2007级生物工程专业学生，吉林大学第十三届党代会党代表。历任07、08、09届学生党支部书记、学院团委副书记、班级班长。

进入吉林大学伊始，房靖淇就严格要求自己，在学习和工作方面都表现优异，取得了可喜的成绩。曾荣获2011年吉林大学十佳大学生；2010年，成为全院唯一的学生党员，当选吉林大学第十三届党代会党代表。连续三年获全系综合素质测评第一，两年获国家奖学金荣誉。2010年分别作为负责人和主要参与者所申请的两项全国“大学生创新性实验计划”均荣获国家级课题资助；在校期间多次荣获吉林大学优秀学生、优秀学生干部、吉林大学社会实践先进个人、优秀党员等荣誉称号；2010年暑期受到全球最大的医药集团——美国辉瑞药业的邀请亲身实践学习。

先锋论坛辩论赛上，他滔滔不绝的言语、灵活跳跃的思维、磅礴大气的风范，征服着现场的观众和评委，有他的药学院辩论队成功跻身吉大十强；闪烁的镁光灯下，作为学院各大晚会策划人、主持人的他用温文尔雅的举止、掷地有声的言辞，一次又一次给大家带来精彩和喜悦；精密的实验室里，有他从清晨到黄昏孜孜不倦地在科学海洋里探寻的身影，由他负责的实验项目正在一步一步地向前进行；2010年作为主要参与者创作的论文“*Active site investigation for the abzyme Se-scFv-D8 with high GPX activity and discussion on its biosynthesis in auxotrophic expression system*”投往国际SCI检索期刊——*The Journal of Biological Chemistry*（IF=5.328）……他就这样踏着坚实的脚印，一步一步地向成功迈进。

高中时期就已成为一名中共正式党员的房靖淇，是学院07、08、09届学生党支部书记兼学院团委副书记，在工作上他不畏辛苦，亲力亲为；积极引导优秀学生向党组织靠拢，推荐、发展优秀学生成为共产党员。多次组织篮球赛、足球赛、拔河赛等比赛，由他策划的班级团日活动更被院里评选为最佳团日活动。2009年、2010年，他带领的班级连续两次荣获吉林大学“创先争优”最佳团支部。

献血时，他总是主动向同学们宣传科学的献血知识，并走到队伍的最前面，为大家起带头作用。扫雪时，他又是抢在最苦最累的地方，来得最早，干得最多。他曾连续两年亲自带领药学院的学生团体参与暑期“三下乡”活动，为当地的百姓送医送药，更送上一份融融的温情！他曾带领同学走进孤儿院，走近那些弱势群体的身边，给那些成长中孤独的心灵带去温暖。他自己更是长期到长春市儿童福利院看望孩子，并给孩子带去物资。每年清明，房靖淇都会组织全院学生到烈士陵园去扫墓，寄托哀思，缅怀那些为我们的幸福生活而英勇牺牲的烈士们。2008年地震来袭，举国震惊，此时的房靖淇首先想到了自己作为一名大学生的社会责任，与灾区同胞们感同身受，在第一时间组织向灾区人民捐款捐物，累计捐款达3000余元。同时，作为一名思想进步的党员，他又主动上交特殊党费，以期用自己的绵薄之力带给灾区人民一些慰藉。房靖淇的爱心还深入到了更远的地方——铁岭市柴河社区。他用假期休息的时间积极进行社会实践活动，社区义务讲解，宣传医学科普，免费为贫困生辅导功课……房靖淇用自己的方式回馈着社会。

本科毕业之后，他选择继续从事科研学习，被免试推荐到中国科学院生物物理研究所攻读博士学位，师从于十一届全国政协副主席、中国科学院王志珍院士。在中科院，房靖淇依然踏实学习，努力工作，参加多次国际学术会议，交流学术思想，参与编写了多篇国际高水平SCI论文，荣获国家奖学金和一等奖学金，并于2017年获得理学博士学位。

追逐梦想，成就卓越。白求恩精神永远照耀在前行的路上，加之房靖淇严以律己的人格特点，人生道路必将熠熠生辉。

五、护理学院

（一）吉林大学优秀毕业生——王聪

王聪，女，中共党员，2014届01班团支部书记，护理学院2014级本科生，吉林大学自强自立大学生标兵，2019届吉林大学优秀毕业生，现已成功保送至吉林大学护理学院继续攻读硕士研究生。

王聪出生在河北省的一个国家级贫困县城，家中人口众多，清贫如洗。父亲弟兄七个，爷爷奶奶为抚养他们长大成人，砸锅卖铁仍留下大量债务。父亲患有高血压，靠着打些零工赚钱过日子。此外，尚有一个弟弟正在读初中。

家庭的压力，让她从小就懂得：只有比别人更加自律和勤奋，才能改变命运！她将对于父母的感激之情全部深埋在心，报之以实际行动。她没有享用过同龄人的热菜热饭、碎花裙或者美丽的洋娃娃，却包揽起所有家务活，洗衣、做饭、打扫卫生都是她的业余生活。她没像同龄人那样游走于休闲餐厅、兴趣班或者开心的游乐场，却做过各种兼职，包括打字员、收银员、传单员、服务员等，只为减轻学费给家里带来的负担。从小学一年级起就开始的独立，的确有些辛苦，但也是日后慎独敦行、坚强乐观的坚实基础。

从入大学之初，王聪就深知：学生最要紧的任务就是学习。因此，大学五年始终勤奋刻苦，使学习形成一种习惯，用知识充实自己的大脑，至今平均绩点为3.63，47门课程绩点为4，获国家奖学金1次、国家励志奖学金3次、冀商商会奖学金1次，获吉林大学“自强自立大学生标兵”、吉林大学“优秀毕业生”、吉林大学“校优秀学生”称号等共30余项奖项。

此外，身为一名白求恩精神和南丁格尔精神传承人的她，始终将专业实践与理论相结合。在学院领导和老师的重视下，在吉大一、二、三院专业老师的帮助下，历经45天的高强度练习与模拟，她与小伙伴力排万难，奋勇争先，将北京大学、上海交通大学等甩在身后，获得2019年护理本科生临床综合技能大赛全国一等奖。

同时，她大胆创新，注重科研。作为“大学生创新创业训练计划”项目负责人，她所负责的《新媒体健康信息的传播对长春市中老年人健康素养的影响》项目顺利结题；还曾两次参与“互联网+”大赛，分别获得首届“互联网+”大学生创新创业大赛省赛金奖、吉林省第三届“互联网+”大学生创新创业大赛铜奖。

她的父亲总是教导她“大学才是真正学习的地方”。因此，她为了锻炼自己、提升能力，曾经担任护理学院社团联合会副主席，踏实肯干，组织“女生文化节”“社团大联欢”等经典院校活动达50余次，深受师生好评，获院团委工作“先进管理个人”、吉林大学“创先争优”活动“优秀团干部”、吉林大学“校优秀学生干部”等称号。

与此同时，王聪还担任学院天使志愿者协会会长，完善协会制度，积极改革创新，所负责的星光志愿服务项目获得吉林大学“优秀志愿服务项目”称号，带领协会获得吉林大学“十佳志愿服务组织”和长春市“十佳最美巾帼志愿服务队”称号。该生还积极为各种组织创先争优，开展学习经验交流会，同时协助其他学部开展各种活动。

“不忘初心”一直是她坚持公益的信念。她深知有更多人比自己更需要帮助，有更多人比自己更值得关爱。因此，她义无反顾地加入各种志愿者组织，包括天使志愿者协会、新民心语志愿者协会、白求恩医学部阳光志愿者协会以及吉大一院宁养院；积极参加各种社会实践活动，参加义务献血，去敬老院看望老人，去特教中心关爱孤独症儿童，为偏远山区孩子募捐衣物，还曾参加长春市志愿者启动仪式等大型活动，累计志愿服务时长达320小时，更获院5·12学风建设表彰答辩“公益之星”称号。

在公益实践活动中，最令她动容的还是那些来自“星星的孩子”。她宁愿将其称为孤独症儿童，也不愿称其为自闭症儿童，因为她希望有更多的人走进孩子们的世界。孤独症儿童被上帝关上了一扇窗，也开了另一扇门。他们往往活泼好动，嘴里振振有词，甚至有着特殊癖好，但他们往往有着不同常人的特长与天赋，她始终用爱心温暖着他们。去星光特教中心有着一个半小时的车程，但她从没放弃，直到常常看望的孩子认识了她、拥抱了她，她终感到前所未有的幸福感与成就感。

命途多舛多有志，她比别人更加成熟和刻苦。在这条前进与奔跑的路上，她始终以白求恩精神和南丁格尔精神为崇高信仰，将他们“毫不利己，专门利人”和“牺牲自己，照亮别人”的精神内化于心，脚踏实地，勇于探索，为自己、为家庭、为学院及学校增光添彩。

在即将到来的硕士生涯里，她会更加严格要求自己，脚踏实地，用实际行动践行内心的精神理想，用无悔青春报答吉大的辛勤培育！追梦，追随白求恩，她从不止步。

（二）吉林大学自强自立大学生——谢亭亭

谢亭亭，女，1995年9月出生，汉族。2015年9月考入吉林大学护理学专业（五年制），大三时成为一名中共党员。2019年获吉林大学“自强自立大学生”称号，同年获吉林大学“最美志愿者”称号。

谢亭亭，一个新疆维吾尔自治区普通家庭的孩子，却有着超越同龄人的成熟。她家中有六口人，姐弟四人有三个还在上学，只有爸妈两个劳动力。她五岁时便开始做饭，跟着父母干农活。深知生活不易的她下定决心：一定要好好学习，用知识改变命运。但不幸的是，在她刚考上大学，正是全家都为之高兴的时候，她的父亲诊断出脑梗塞，而她的母亲诊断出脑动脉硬化，晕倒过四五次。患病的父母不能过度劳累，并且需要长期服药，再加之她和弟弟妹妹的学费与生活费，使得这个本不富裕的家庭雪上加霜。为了减轻家里负担，她一直用课余时间做兼职，校内勤工助学、校外家教、服务员、发传单都有她的身影。四年来，她基本不向家里要钱，还将自己得到的奖学金寄回家里补贴家用。艰苦的条件并没有击垮她，而是让她更加努力坚强。2017年10月，她突感身体不适，去医院检查被诊断为乳腺腺瘤，需要尽快手术。但当时正处于大三学年，课业繁重，她担心手术住院会落下课程，在与父母和老师商量之后，她最终选择了手术。手术后她待在寝室休养，在休养期间自主完成课业的学习。疾病并不能阻挡她对知识的渴望，这份坚强和执着，使她在大三学年荣获了“国家奖学金”，这正是她力求完美、精益求精、自强自立的最好诠释。

学习上，她刻苦努力，成绩名列前茅，专业排名5/121，曾获国家奖学金、国家励志奖学金、校长奖学金等33项荣誉奖项。在本科学习期间，她不断提高自己的科学素质和创新能力，大二时作为项目负责人完成了国家级大学生创新项目“基于整合模式的乳腺癌筛查意愿及其影响因素探究”，并作为第一作者发表题为“*Self-Efficacy and Its Influencing Factors of Breast Cancer Screening for Female College Students in China*”的SCI论文一篇；作为第三作者撰写题为“*Predicting Women's Intentions to Screen for Breast Cancer based on the Health Belief Model and the Theory of Planned Behavior*”的SCI论文一篇（已接收，修改中）；在学风建设评审答辩中，荣获护理学院“科研立项奖”“优秀科研论文奖”。

学生工作上，她认真负责，精益求精。作为第一批学生党员，她开展“一对一帮扶”活动10余次，被评为护理学院“优秀共产党员”；作为创E英语协会副会长，她组织“听力特训”等活动20余场，协助社团荣获新民校区“标兵社团”称号；作为创新创业部部长，她举办双创讲座16场，极大地推动了学生与导师的交流与互动，连续三年被评为“院优秀学生干部”；作为学习委员，她搭建起师生沟通的桥梁，被评为医学本科教学管理工作协理先进个人，并协助班级荣获白求恩医学部“十佳班级”称号。

公益上，她甘于奉献，回报社会，积极参加河北暑期社会实践、广西桂林支教、河南乡村医疗知识宣传、走进长春福利院等活动，关注老人健康与孩子的成长。河北社会实践活动被“新华网”“新浪新闻”等多家媒体报道，并获吉林大学“不忘初心，牢记使命”暑期社会实践“优秀宣传报道奖”。大学以来，她累计组织参加各项志愿服务活动30余次，志愿服务时长700余小时，被评为吉林大学“最美志愿者”。

主要获奖情况如下：

成绩获奖：

（1）2015年至2016年度国家励志奖学金；

（2）2016年至2017年度国家励志奖学金；

（3）2017年至2018年度国家奖学金；

（4）2018年至2019年度校长奖学金。

科研获奖：

（1）2017.03 吉林大学大学生创新性实验计划　国家级项目（第一负责人）。

（2）SCI论文“ *Self-Efficacy and Its Influencing Factors of Breast Cancer Screening for Female College Students in China*”，*The Journal of Obstetrics and Gynaecology Research*杂志，第一作者，IF：1.019。

（3）SCI论文*“Predicting Women's Intentions to Screen for Breast Cancer based on the Health Belief Model and the Theory of Planned Behavior”*，*The Journal of Obstetrics and Gynaecology Research*杂志，第三作者，IF：1.019（大修后在审）。

比赛获奖：

（1）2017年至2018年度医学部学生会第九届“影随你声”配音大赛一等奖；

（2）2017年至2018年度护理学院护理操作大赛肌注操作一等奖；

（3）2016年至2017年度吉林大学第十三届“纪念红军长征80周年”党史校情知识竞赛优秀组织奖；

（4）2016年至2017年度吉林大学“纪念一二·九运动81周年”党史校情知识竞赛季军；

（5）2016年至2017年度护理学院“朗读者”大赛三等奖；

（6）2015年至2016年度护理学院社会实践报告一等奖；

（7）2015年至2016年度护理学院护理礼仪大赛三等奖；

（8）2015年至2016年度护理学院书法比赛优秀奖。

荣誉只代表过去，未来她必将始终践行“慎独敦行，仁爱奉献”的南丁格尔精神，秉承“人比山高，脚比路长”的坚定信念，以振兴医护行业发展为己任，继续刻苦努力，不忘初心，不负韶华。

第二节 教师与医务工作者主体成就与优秀个案

半个多世纪以来，白求恩精神像一面旗帜，激励着一代又一代“政治坚定，技术优良”的医务工作者。他们以实际行动纪念白求恩，学习白求恩，弘扬白求恩精神。他们工作在医务工作战线上，爱岗敬业，钻研技术，争当新时代健康中国的主力军。他们对于弘扬白求恩精神、激励广大医务工作者全心全意为人民健康服务具有重要意义。

一、吉林大学第一医院

（一）一世医者心——邵德华

在我们身边，有一种人，叫蜡烛人。他们甘于奉献，安心平凡，无私忘我，听从党和国家召唤。

这就是值得我们世代弘扬的白求恩毫不利己、专门利人、无私奉献的精神，对工作极端热忱、精益求精的精神。

2019年3月5日上午9时，吉林大学第一医院传染科退休专家、原传染科副主任邵德华教授因病去世，享年97岁，其遗体捐献告别仪式在吉林大学基础医学院庄严举行。根据邵德华教授的生前遗愿，她的遗体将捐献给吉林大学基础医学院用于医学研究和教学。从事医学工作几十年、走完从医的人生道路后，邵德华教授用这种形式继续延续了自己对医学的贡献。

翻开吉林大学传染病学家邵德华教授事先签好的遗嘱，你会受到震撼并对她肃然起敬。

“我去世后，自愿捐献遗体。目的是为吉林医大学学生做实习用。为各年龄段老年病理做诊断研究，眼角膜捐献给需要的盲人。我热爱临床医师工作，希望在生命终了时，做最后一次贡献，这是我最大的欣慰。经过多次说服解释，子女们终于理解了我从医40年来遇到疑难诊断的困惑，认可我逝世后捐献遗体的心愿。”

邵德华教授（1921年4月18日—2019年3月3日），中国共产党党员，吉林大学第一医院传染科退休专家，原传染科副主任，原《临床肝胆病杂志》编辑（第一代编辑部），著名的传染病学家。

邵德华教授出身于医学世家，1953年毕业于上海同济大学医学院，此后就职于长春军医大学（现吉林大学白求恩第一医院）内科。她曾参与抗美援朝的后方支援医疗保障工作，并且参加过历时5年的蒙古国医疗队，在极其艰苦的条件下，出色地完成了国际主义救助任务。

邵德华教授工作认真负责，在临床一线不遗余力，救死扶伤；在教学工作中诲人不倦，积极培养青年医师。在领导、同事、患者、学生眼中，她是一名好党员、好医生、好老师。

据悉，吉林省自2011年7月开展人体器官捐献工作以来，至今完成遗体捐献74例，登记器官捐献的志愿者已达5409名，成功实现441例器官捐献，所捐器官成功挽救了1145个垂危的生命，使629名眼病患者重见光明。对社会来说，遗体捐献对社会医疗卫生事业有极大的贡献，人体解剖、人体器官移植等都需要大量的遗体来源。对个人来说，遗体捐献是一种高尚人格的体现，是一种科学的态度和价值观。

（二）仁心雅毓，静水流深——梁英杰

在吉林大学第一医院的小儿消化科，有这样一位古稀老人，被科室的人亲切地称为“身边的白求恩”，他来自温暖的香港，却扎根寒冷的东北，把长春视为自己的第二家乡，无私地奉献毕生所学，他就是梁英杰。

梁英杰，1947年出生于香港的一个书香世家，是香港小儿消化科的领军人物，国内小儿肠内镜手术的先驱者，在内镜操作及治疗方面有着近30年的丰富经验，在儿童双气囊小肠镜、结肠镜的应用及儿童胃肠病、肝病的诊治方面造诣颇深，曾在国内首次开展PEG（经皮内镜下胃造瘘术）技术，现任吉林大学第一医院小儿消化内科客座教授。

1971年，梁英杰从香港大学医学系毕业，成为一名内科医生。当时香港地区儿科刚刚起步，内科医生需要在儿科轮转学习，缓解儿科就医压力，当同事都认为这是一件浪费时间的事，梁英杰却甘之如饴，这也为他日后成为一名儿科医生奠定了基础。有了一定临床工作的积累和打磨，梁英杰离开医院开了私人诊所。凭借他精湛的临床技能和先进的管理服务，他的诊所短短时间内就在业内有了一定的地位。立足杏林，放眼世界，为了学习国外的先进技术，不久后他来到位于美国纽约州布法罗的州立大学深造儿童消化病学，后受邀留校任教。

在美国任教期间，梁英杰从未间断临床工作，但他的心里无时无刻不记挂着祖国儿科医学发展。1986年，时任中山医科大学附属医院院长的黄洁夫邀请他前去讲课。当时，位于珠三角的广州市在改革开放政策下，经济发展已有较大的起色，但是医疗的发展仍然较落后，医院的设施、仪器设备和医生的技术参差不齐。梁英杰看到国内医疗条件的落后，毅然将母亲所留遗产300万元捐赠给广州中山医科大学附属医院，直至今日，受捐赠的护理学院依然以梁英杰母亲名字命名。他坚信“我的国家会慢慢变好的”。就这样，带着对祖国的一份赤诚与热爱，不顾导师和同事的劝阻，1989年，他回到了香港。

儿童，是国家的未来，是民族的希望，亿万儿童能否健康成长，关系到国家和民族的前途命运。“儿科强，儿童强，国家才会强。没有健康的儿童就没有健康的成年人”，这是梁英杰献身儿科的理由。

促成梁英杰回国的原因，还有1986年的回国考察。那年，梁英杰受广西医学院的姚龙教授邀请前往南宁考察，落后的医疗环境使他看在眼里，痛在心里。祖国医疗环境的局促限制了外出留学的医生回国大施拳脚，梁英杰了解了留洋医生不回国的无奈。但祖国儿童的健康不能没有保障，所以他毅然决然选择了回国。

回到香港的梁英杰填补了当时香港地区小儿消化专科技术的空白，极大地提高了儿科消化专业的诊疗水平。但他感觉到中国国内的小儿消化科的发展尚显稚嫩，还有更广阔的发展潜力及空间。“消化科的发展需要专业技术的引导，需要老师一代一代地教授，薪火相传”，而梁英杰愿意做一团传承的“火”。他的到来，使很多新的疾病，如小儿克罗恩病、溃疡性结肠炎、囊性纤维化等逐渐进入人们的视线，大大提高了国内小儿消化专业的技术水平。“这些疾病并不是新出现的，而是因为我们没有先进的诊疗技术，没有办法认识这些疾病。”梁英杰如是说。

自1989年回国后，梁英杰受邀前往全国各地讲授先进的小儿消化科诊疗技术，与东北结缘是在复旦大学附属儿童医院的一场学术会议上。会议结束后，时任吉林大学第一医院小儿消化科主任的王朝霞，极力邀请梁英杰前往吉大一院，正是这次相邀促成了梁英杰与吉大的不解之缘。

当时，东北地区的儿科消化领域尚未发展成熟，患者在求医未果后只好向北京上海地区转诊。“东北的孩子也要有人看，所有人都跑到北上广，那东北的孩子怎么办呢？”为了让这一方黑土地的孩子受益，减少患儿痛苦和四处求医的舟车劳顿，梁英杰说了一句“我选择了这里”。吉林大学第一医院小儿消化科的副主任医师刘羽飞回忆说，在他看来这是一件功德无量的事。

梁英杰的选择意味着他每年要花大把的时间留在长春指导教学。当他在自己的诊所和患者告别说“我要去东北了，可能以后不会经常见面了”，大家纷纷表示不解，甚至很多人认为梁英杰“很笨”。

2015年8月，梁英杰应邀踏上了前往长春的航班。同年11月30日，是梁英杰正式加入吉林大学第一医院的日子。

梁英杰的到来，给科室带来了一股春风，也给吉大一院儿科的发展打了一针强心剂。在院期间，梁英杰对小儿消化科疑难杂病的诊治及科研方面提出了宝贵意见，同时在华树成院长的大力支持下顺利开展了小儿胃镜、结肠镜的临床应用，指导消化科成功完成了胃镜下止血、异物取出及结肠息肉切除等手术。实现多人可以独立完成儿童消化内窥镜的检查，并且完成了吉林省首例儿童双气囊小肠镜监测技术，完成了吉大一院首例17月龄儿童的小肠镜检查，填补了吉林省乃至东北地区低龄儿童小肠镜检查的空白，真正实现了患儿足不出省便得到全国顶尖的治疗。

梁英杰一直致力于把吉大一院建设成为东三省儿科消化疾病的基地。除此之外，他努力改变着国内其他医院对东北地区的偏见，梁英杰牵头举办了第二届东三省儿童消化系统疾病高峰论坛暨两岸三地儿童消化系统疾病研讨会，这次全国性会议的举办，使全国各地的专家学者对东北大为改观，同时推动了吉大一院小儿消化科走向全国的步伐。

梁英杰十分注重对医院的宣传，每每出去开会、讲课，最后一张幻灯片一定是吉大一院的冬日美景。而不久前在北京的一场学术会议的结尾，梁英杰骄傲地说："我现在是吉大一院的客座教授，我一直在吉大一院工作，过两天我就回家了。"这令参会的吉大一院小儿消化科副主任医师张春艳心头一暖。

长春到香港，相距三千一百公里，即使选择最快的出行方式——飞机，也要经过四五个小时的路途奔波。

2015年11月30日，是梁英杰正式前往吉大一院作为客座教授的日子，因为暴风雪，梁英杰和夫人的航班延误，在沈阳迫降，万般无奈下，二人只好在沈阳临时安顿住宿。而那天，正好是梁夫人的六十五周岁生日，"我们在机场买了一碗泡面，花了六块钱，作为她的生日面"。第二天恢复交通后，二人匆匆赶赴长春。而在吉大一院仅仅待了十几天后，二人又马不停蹄地踏上前往广州开会的旅程。

数月如一日，梁英杰和夫人就这么往返于香港与长春，是一对十足的"空中飞人"。除此之外，为了帮助更多地区小儿消化科的发展，多年来，梁英杰的行医之路遍布祖国大江南北，旁人眼中的舟车劳顿他却甘之如饴，他把这看成一场场特殊的旅行。

古稀之年的梁英杰有着比年轻人规律的作息，但是为了工作需要，连轴转也是常事。"每次来长春，他总是选择搭乘早班机，没有延误的情况下，下午三点多到机场，回到医院也要五点多，一到医院就直接赶到病房召集大家讨论病例，忙起来饭都顾不上。"张春艳说，眼里满含钦佩和心疼。

在院期间，他每天九点钟到科室，会诊疑难病例，简单地用过午饭后，回到办公室开始阅读文献和业界国际前沿报道，备课，等到晚上科里的医生结束工作之后，梁英杰又开始了他长达两个多小时的连续授课，甚至在用晚餐的间隙也要讨论病例，加班做镜下治疗也是常事。只要是为了更好地治病救人，这位总是神采奕奕的老人仿佛有着使不完的劲儿。

2015年12月，长期疲劳过度的梁英杰突发眼底疾病，视物模糊、重影使他不得不暂时搁置了手中的工作，接受手术。经过四个月的漫长修养，尚未完全恢复的他便又踏上了前往全国各地的脚步，直到2016年9月份，视物重影才完全消失。

吉林大学第一医院小儿消化科的急速成长，梁英杰功不可没，然而他却是"义务劳动"，没有一分钱工资。"我如果要钱就不来了，在香港当医生可以赚很多钱，赚钱不是我们的目的，我只是想尽自己的力量想对国家和孩子做一些有益的事。"梁英杰的身上保留了老一辈香港人身上勤俭节约的优良品质，对自己和夫人力求节俭，面对冬日的严寒，他不曾添置一双厚实的棉鞋，却总在特价鞋里挑挑拣拣，而梁夫人一条打折牛仔裤穿了五六年了。

科室的人看不下去了，给梁英杰买了九百多元一双的鞋，梁英杰一拿到后就把鞋子退了，退回来的钱又原封不动地还了回来。全科室的人都被老爷子的“抠门”所打动。

梁英杰说：“穿的衣服舒服就够了，一些东西没有必要追求名牌，几十万的手表和二十块的手表一样用，名牌只不过是一些人彰显身份的方式，他们需要用名牌来赢得别人的尊重，但是你多读书，知识能力、专业技能提升上去了，大家也一样会尊重你。”但梁英杰对科室出手毫不含糊，有求必应。每次从香港回来，都要带来礼物，大到先进的仪器设备，如便携式彩色多普勒超声仪、双气囊小肠镜外套管、异物取出网篮等，小到专业书籍、办公用品，一应俱全。2018年，他还托人在网上为科室购置了一台最新配置的笔记本电脑，他说：“科室里的电脑都老旧了，我想先买个给大家用用看看。”

对于一些家庭困难的患者，梁英杰毫不吝啬地出手相助，并且要求科室减少患者家庭额外的负担，他说：“如果只是因为缺钱而使一个孩子放弃治疗，实在太可怜了。”除此之外，值得一提的是，梁英杰和他的夫人捐献十万元，在吉大一院设立了白求恩小儿消化发展基金，用于进修医生的日常开支、家庭困难儿童的治疗以及肝移植患儿的诊疗。毫不利己、专门利人的白求恩精神在他身上体现得淋漓尽致。

20世纪中叶的香港，金庸掀起了一股武侠热。当时十几岁的梁英杰也被武侠小说中的侠义江湖所吸引，每月都要买《明报》的合订本，一字不落地读完了大热的《神雕侠侣》《射雕英雄传》等书，而金庸构建的武侠世界对当时十几岁的少年价值观有着潜移默化的影响。香港传统的道德观念——谦谨、仁义、忠诚、好学，在梁英杰的心中根深蒂固。

“一个人如果还有机会贡献一下社会，就要将自己的所学传递给下一代，发挥余热。医学世界日新月异，我这是和年轻人共同学习。”即使是面对青年医生，梁老也总是谦逊和善，虚心好学。

在长春的日子，除了繁忙的工作，梁英杰用镜头和脚步记录下了长春独有的魅力。他爱看长春德苑的传统美德故事，并常常用赵氏孤儿的故事告诉科室的医务人员做人要讲忠义。南湖的潋滟湖光、新民大街的车水马龙、伪满洲国的历史建筑都定格在他的记忆之中。他是先进医学技术的传播者，也是独一无二的长春名片。

干一行，爱一行。从中学毕业毅然决然选择医学系，到赴美深造，再到回国建设新学科，他在医学这条路上马不停蹄。本可以选择退休后游山玩水的安逸自在，却毫不犹豫地跨越整个中国来到长春，助力东三省小儿消化学科的发展，梁英杰的医学人生像一卷绵长的画轴，写满仁义大爱。

“除了临床经验丰富，梁老师治学还很严谨，不仅有扎实的病理病生理论基础，还永远跟随国际最新诊疗理念。”刘羽飞说，“医生的治疗要以患者为主，脱离患者的医生就不是好医生。”梁英杰对于患者的治疗，十分较真，对于科室医生诊疗方案的不周全，梁英杰毫不保留地提出批评。他严谨的治学态度深深感染着科室的每个人，也在无形中形成了一股动力，推动着小儿消化科的每个人精益求精。

小儿消化科肝病相关的遗传代谢疾病高发，疑难病例家族性选择性维生素B12吸收不良综合征，IPEX综合征等疾病的诊断、治疗与生理生化的机制息息相关。“梁教授的生理生化基础十分扎实，和我们探讨病例时，他能很清晰地讲解出每个疾病的发病机制，每个生化反应的环节，连每个酶的作用原理他都了如指掌。”张春艳说。而梁英杰如此扎实的功力并不是凭空而来，若没有几十年如一日的大量学习和阅读，潜心学习借鉴国内外先进的经验和技术，及时发现问题、总结问题，也不能成就这一双回春妙手。

梁英杰一直坚信开卷即有益，对医学生而言，要重视基础医学课程的学习，打下扎实的医学基础，除此之外，临床技能也是不可或缺的。“不能否认科技的进步使疾病的诊断更加准确、便捷，但独立查体的能力也很重要。”只有扎实的基础与娴熟的临床技能有机结合，才能成为一名好医生。梁英杰始终以身作则、身体力行地践行着他的信念。

除了临床技能和医学基础两手抓，梁英杰还致力于年轻医生的英语培训。他认为英语是一门工具，要多听、多看、多练、多用，一有空暇，他就组织年轻医生和留学生进行英语讲座，讲授前沿知识和从医心得，科室也因此掀起一股“英语热”。同时梁英杰也关注吉林大学的留学生教育，经常组织留学生进行双语教学，受到学生们的热烈欢迎，学生们说在吉林大学可以得到国外的先进教学理念及知识。

身为一名医生，梁英杰希望越来越多的人喜欢做医生，让医术代代相传。面对当前我国儿科医生队伍的巨大缺口，梁英杰的内心十分着急和担心。一直以来，如何有效破解儿科医护人才紧缺、儿童医疗卫生服务资源布局不合理，进而带动全国儿科整体水平提升，推进儿科分级诊疗体系建设是一个亟待解决的难题，也是他一直身体力行去推动的工作。

梁英杰认为，大学聚集了良好的教育教学资源，医学人才培养离不开大学，医学院校及其附属医院作为医学人才的培养基地，二者结合越紧密，则越有利于在人才培养、学科建设等方面实现合作共赢。同时，提升儿科医护人员的整体待遇，落实医护人员的福利政策，保障良好的行医就医环境，也有助于留住人才，推动儿科医学的发展。

“吉林大学就是一所很好的学校，东北是个好地方，希望有本领的年轻人不要离开。年轻的一代，要爱中国，要让中国变成更好的地方。年轻人不要有这个思想：月亮只有外国的圆。”

“选择学医，我不后悔，如果再让我选一次，我还要当一名医生。”这位经常称自己是退休人员的老人却成了他身边的人心中的一道风景和一股力量！

漫长而寒冷的冬天来了，可小儿消化科的人心中依然温暖如春。因为这里就有一个如太阳一般的人，融化了疾病的坚冰，驱逐病痛的黑暗，将爱与温暖传递到医护和患者身边，默默陪伴……

二、吉林大学第二医院

（一）白求恩式好医生——崔满华

崔满华，女，1959年10月出生，中共党员，主任医师，教授，医学博士，博士研究生导师。现任吉林大学第二医院妇产科主任、吉林大学医学部妇产科学系主任、吉林省妇产科质控中心主任，同时担任吉林省妇产科学会主任委员、中国医师协会妇产科分会常务委员、中华医学会妇产科分会及妇科肿瘤分会委员、中华医学科技奖及国家自然科学基金评审专家等学术兼职。

崔满华从小就经常读白求恩的故事，其中“对工作极端负责、对病人极端热忱、对技术精益求精”的白求恩精神，深深地印在了她的脑海中。1977年恢复高考后，她有幸成为第一批以白求恩大夫命名的“白求恩医科大学”的医学生，1982年毕业后，又在白求恩医科大学附属二院（现更名为吉林大学第二医院）从事妇产科临床、科研、教学工作至今。

从医三十多年来，尽管经历了从住院医生到教授，从学生（硕士、博士）到老师（硕士、博士导师），从科室普通一员到科主任的角色转化，但我们总能看到一个不忘初心的她，对医学事业执着的追求和热爱，默默工作、无私奉献、亲切和蔼、对生命充满敬畏的崔满华。在她办公室的墙上有一块匾额，上面写着“大医精诚”，而她正是身体力行地把它作为一名医者的使命传承着、实践着。吸引无数患者慕名而来的不仅仅是她精湛的医术，更是她那给病患带来希望的充满笑容的脸庞以及对待工作兢兢业业的精神。她没有惊天动地的壮举，但她却在平凡的岗位上，踏踏实实、一步一个脚印地学习、探索、前行，践行着白求恩精神。从她身上，我们看到了充满“医患理解”的和谐、“性命相托”的神圣、“济世救民”的医德。

作为一名医生，爱岗敬业、恪尽职守是她的标识。每天一大早她就来到医院，办公室门口排满了前来看病和会诊的病人，在一一看完病人和解答病情后，便进入了一天紧张而又繁重的工作中（早交班、查病人、病历讨论、疑难病历会诊、为患者制定治疗方案、进手术室或出门诊等），一干就是十几个小时。夜间，只要接到会诊电话，她会毫不迟疑地顶着漆黑或严寒，迅速地赶往医院；抢救病人，她总是要冲在前面，有条不紊地指挥抢救；手术台上，面对无菌单下鲜活的生命，她常常忘记了疲劳，忘记了自己身体的不适，全神贯注，恪守着医生的职业道德，这样的工作状态已经持续十几年了，对她来说是再平常不过了。每天十几个小时的高强度工作，让原本身体就弱小的她看起来更加清瘦，但她从无怨言，在她心里，能为病人解除痛苦，就是她最大的快乐。她始终以白求恩为榜样，技术上追求精益求精，大胆探索新技术新疗法，白衣天使的形象体现在她平凡工作中的一点一滴、一举一动，不只是在手术台上，而是在一切医疗活动中。出门诊时，面对排着长长队伍的病人，她总是耐心、细致地为病人做检查，解释病情，制定治疗方案，特别是在炎热的夏天，有时甚至汗流浃背却顾不得擦汗，口干舌燥却顾不上喝一口水。下班时段，当人们都在享受8小时以外与家人团聚、享用美餐、看电视、会朋友、享受天伦之乐的时候，她的身影却依然忙碌在医院、病房、手术室。每年她对病人的诊疗近万例，为病人实施手术1000余例，其中相当一部分是恶性肿瘤和疑难病症。她忘我的工作精神被同事们笑称为“钢铁战士”，她精湛的医术、刻苦的钻研精神、严谨的科学态度、吃苦耐劳的奉献精神和她几十年来对医学事业的执着追求，赢得了患者的信赖和同行以及学生们的尊重。

作为科主任，她站在学科发展的高度，带领科室300多名医护人员不断学习、探索，汲取国内外最新的诊治理念，实施与国际接轨的新技术、新疗法，使科室医生对疾病的诊治水平不断提高，更加规范化、个体化和人性化。近年来，科室每年门诊接诊病人20余万人次，妇科住院治疗病人万余例，同时承担着吉林省产科急危重症病人的救治任务，已经成为集临床、科研、教学为一体，师资力量雄厚的和谐团队，成为吉林省妇产科界的领军团队、吉林省优秀教学团队。目前科室作为吉林省优生与生殖医学重点实验室、卫生部四级妇科内镜手术培训基地、吉林省继续医学教育基地、吉林省高危妊娠诊疗中心、吉林省危重孕产妇救治中心、吉林省产前诊断中心、长春市“十二五” 医学重点专科，先后荣获全国三八红旗先进集体、全省卫生系统巾帼文明示范岗、吉林省妇幼保健工作先进集体、长春市“十一五”期间妇幼卫生工作先进单位等荣誉称号。

她不但是一位令病人赞扬的好医生，也是学生们尊敬和爱戴的好老师。她每年都承担医学生的课堂教学和临床带教任务，带硕士和博士研究生，无论是课堂上、病床旁、诊室里或是手术台上，她严谨的科学态度和一丝不苟的工作作风，为学生做出了榜样，她用自己的一言一行，潜移默化地影响着她的学生对医术的追求和对医德的理解。学生们说，我们从崔老师身上学到的不仅仅是知识和技术，更可贵的是一种高贵的品德和做医生的态度，一种严谨求实、对事业执着追求、对病人满腔热情和负责任的态度。几十年里，她培养毕业的硕士研究生、博士研究生、博士后80余名，工作在国内各个城市、各级医院和国外，其中的许多人已成为学术骨干，真可谓“桃李满天下”。在肩负繁重的医疗和教学工作的同时，她始终坚持以临床需要为目标的科研工作，近年来，在妇科恶性肿瘤的早期诊断和治疗，尤其是卵巢恶性肿瘤的靶向治疗方面的系列研究成果，得到了国内同行专家的认可，发表学术论文100多篇，获得国家自然科学基金和省部级基金资助及省科技成果奖多项。

尊重病人，敬重生命。妇产科医生与其他科室医生有所不同，她所面对的对象全部是女性。除了生殖系统疾病的诊治、预防外，还要面对妊娠、分娩等生育问题。除了要具有精湛的技术外，更需要高度的责任感和勇于担当的精神。面对年轻、有生育需求的年轻人，在制定治疗方案时，她尊重病人的意愿，在不影响治疗效果的前提下，最大可能地保留生殖和内分泌功能，尽可能减少病人因失去性器官造成的心理障碍和对日后生活质量、生育功能、家庭和谐等方面的影响。

曾有一位年轻的多发性子宫肌瘤患者，未曾生育，去了多家医院求治，得到的回答都是：只能切除子宫，永久地丧失生育功能。她抱着最后的希望找到崔教授，崔教授考虑到病人的特殊情况，选择了保留子宫的肌瘤剔除术，最终剔除了53个肌瘤，保住了子宫。3年后，病人终于如愿以偿地成了母亲，病人眼含泪水、万分感激地说："是您给了我做母亲的义务！"

面对危重病人，在医患关系紧张、医疗纠纷随处可见的情形下，她没有选择退缩，而是恪守着一个医生救死扶伤、人道主义的尊严。

几年前，一位30多岁、妊娠4个月的准妈妈发现盆腔有15cm大小的肿瘤，各项检查提示均为卵巢恶性肿瘤。而对卵巢恶性肿瘤，选择终止妊娠，切除子宫和卵巢是合理的，但崔教授考虑到病人特殊情况，初孕，渴望保留胎儿，在全面评估、权衡利弊、充分沟通后，最终为病人选择了保留子宫和胎儿的肿瘤细胞减灭术，在术后进行6个疗程化疗后，于妊娠36周，行择期剖宫产手术的同时进行了卵巢癌根治性手术，病人如愿以偿地得到了健康的孩子。类似的故事讲不完……

她几十年来无私的付出和奉献受到了社会各界的广泛赞誉，先后荣获全国首届"白求恩式好医生"、全国三八红旗手、吉林省第四批高级专家、吉林省第十三批有突出贡献中青年专业技术人才、吉林省第五批拔尖创新人才、吉林省三八红旗手（两次）、吉林省医学会优秀主任委员、吉林省"巾帼建功"标兵、吉林省"医德标兵·最美医生"、全国卫生医药系统创先争优活动先进个人、全省卫生系统行业作风建设工作医德医风先进个人、长春市第五批有突出贡献专家、吉林大学师德标兵、吉林大学医学教育贡献奖等荣誉称号，以及吉林省"五一劳动奖章"。

作为医生，她传承着白求恩的治病救人、尽职尽责的精神，不忘初心，践行着一名医者的医德与医术以及师者的言传身教与无私奉献的精神。

（二）全国卫生计生系统先进工作者——王金成

王金成，教授，主任医师，博士生导师，著名关节外科专家，吉林大学第二医院骨科医学中心主任；中华医学会灾难医学分会委员，中华医学会骨科分会青年委员，中国医师协会骨科医师分会常务委员，中国膝关节专业委员会创始委员，华裔骨科学会（CSOS）关节外科分会理事，瑞士（AO）国际内固定协会高级学者，吉林省医学会数字医学分会主任委员，吉林省医师协会骨科医师分会主任委员，吉林省医学会骨科学分会副主任委员兼关节学组组长；《中华骨科杂志》通讯编委，《中国矫形外科杂志》《中国骨与关节损伤杂志》《生物骨科材料与临床研究》编委。

王金成教授从事骨科工作30年，他是患者心中的好医生、同事心中的好领导、学生心中的好老师。他长期战斗在医疗第一线，实践摸索，刻苦钻研，践行着“医者仁心，救死扶伤，开拓创新”的大医精神。王金成教授被评为卫生部有突出贡献中青年专家、吉林省医学会优秀中青年专家、吉林省卫生厅有突出贡献专业技术人才、吉林大学白求恩名医，2016年吉林卫视跨年人物中唯一一位医疗界专家，2017年8月荣获“全国卫生计生系统先进工作者”荣誉称号。

出诊看病，医者天职。每周二王金成教授出诊日，慕名前来就诊看病的患者络绎不绝。细心的诊疗、和蔼的态度、淡淡的微笑、精细的讲解，如滴滴细雨滋润着一颗颗焦急、脆弱的心。他上台手术，是医生与患者携手、共同战胜疾病的手段之一。患者因自身疾病在承担手术风险的同时，一位与你生活、工作、学习等并不交集的陌生人，正充满勇气、担起责任，承担着比你还多的风险救治你，这就是医生。王金成教授平均每天五六台手术，每一台都是一次挑战，都是尽心尽力的、全力以赴的、要求完美的。他比患者、比家属更加希望患者平安、康复。手术站肿了腿，劳损了腰，累坏了腕，劳心劳神，他无怨无悔。他感到能治病救人是他最大的骄傲!

医道精湛，救治生命。王金成教授自从医以来，本着救死扶伤、全心全意为人民服务的宗旨，在临床实践中，践行党的医疗卫生政策，对工作认真负责，热心为病人服务。在专业领域内锐意进取，在技术上精益求精，跟踪本专业最新信息，理论联系实际，致力于现代骨科的新理念。临床工作中，严格按照诊疗规范进行医疗工作，每年诊疗患者约1500人，为800余人进行手术治疗，指导病人进行康复治疗，以获得最大的功能恢复。由于服务态度好，医疗技术水平高，得到患者一致好评。

医者仁心。曾有一位29岁的女患者，一次车祸后右腿得了骨髓炎，在当地久治不愈，做了6次手术，来到骨科医学中心目的就是来截肢。在早交班提手术时，王金成教授在看到这名患者的片子、外相，了解了病史后，当听到提手术的医生说明天做截肢手术时，当即就喊停；医生说这是患者和家属的要求，他当即表示反对。他说，患者才29岁，截肢后就残疾了，骨科医学中心现在的水平和能力是可以尝试治疗的。可要知道，截肢手术是最没有技术含量和风险极低的手术，但要治疗，花钱不说，治好了皆大欢喜，治不好回头告状的患者也不占少数。接着王教授和患者母女真诚地讲述了治疗的艰辛和痛苦，在她们对这次治疗成功坚定了信心后，娘俩的眼泪止不住地流下来，答应不截肢，接受医生的治疗。骨科医学中心没有让她们失望，出院时，娘俩流出了感激且幸福的泪水。

这样的案例还有很多，每每提及这些事情，王金成教授都会如是说：手术病例、疑难病例会诊讨论制度，是骨科中心加强医疗质量和医疗安全管理，降低手术风险，保障患者健康权益的一把利剑，是一代代优秀骨科专家、教授科学管理经验与智慧的结晶，而这项制度的生命力就在于我们身为医者的诚信，在于我们对执业操守的坚持，在于我们对患者生命健康的尊重！诚实守信，善莫大焉！

医者善心。在和患者沟通方面，王金成教授常说得最多的就是“医者不是常常去治愈，是常常去安慰”。要做一次手术出一次精品，治一个患者交一个朋友。在手术苏醒室里，一位刚刚接受双侧髋关节置换手术的女性患者正从麻醉中苏醒过来。见到这位患者慢慢地睁开了眼睛，早已等待在其身边的术者王金成教授向她高高地竖起了大拇指，用亲人般的眼神示意她：手术很成功，你很勇敢，你很棒！瞬间，一串充满幸福和感恩的泪花，从她的眼角闪过……

教学科研，齐头并进。在教学方面，王金成教授言传身教，呕心沥血培育英才。王金成教授长期担任七年制、大学本科“骨折总论”课程的主讲，深入浅出，讲解详尽。在临床教学中，他认真示教，科学讲授，耐心回答学生提出的问题，受到同学们的好评；亲自培养研究生20余人，其中获得硕士学位的有12人，协助指导博士研究生18人，获得博士学位的有10人。王金成教授亲手组建并带领的研究生团队，每周一早7:30进行科研文献早读，每周二上午进行科研研讨，雷打不动。他要培养的是青出于蓝而胜于蓝的学生；他要传承的是他作为医者的心路历程、坎坷经历、宝贵经验；他要练就的是一支精益求精的队伍；他要引领的是一批勇于探险、不断总结、锐意进取的医疗团队，最终为的都是患者。他擅长骨科疾病的诊治，尤其在人工关节、关节骨折、髋臼骨折方面有较深造诣。在科研上，他笔耕不辍，始终站在理论的最前沿。多年来先后撰写临床论著六十余篇，其中有日文论著3篇，国内核心期刊多篇，参编著作多部，主编《实用带锁髓内针技术》《中日联谊医院骨科教程》《骨移植》3部著作。连续三年，在中国骨科年会上有发言交流文章发布，得到全国同行的关注，引发广泛讨论。此外，王金成教授还积极申报并主持完成多项科研课题。仅近三年申请的科研课题就有6项之多，都得到大额基金支持。其中“高危骨肉瘤诊断标准的探讨和临床研究”为卫生部主管课题。自2004年至今，获得科研奖项有10项，其中有4项是以第一负责人身份获得的，“系列组织工程骨移植新材料的应用和研究”获得吉林省科技进步三等奖，“人工髋关节置换优化技术的研究与临床应用”获得吉林省科技进步二等奖，“双髋、双膝四关节同期人工关节置换术”获得吉林大学医疗成果奖一等奖。充分发挥创新思维，改革临床工作中用到的器械，以解决实际问题，这包括以第一责任人身份拥有国家专利3项，分别为别加压带锁髓内针、双排钉孔重建板、骨折固定瞄准器。这些新发明解决了实际工作中的难题，提高了手术效果，降低了术后并发症，收到了良好的临床效果。

这样的医者、师者、学者乐于奉献，敢于担当，让人敬佩和感动！王金成教授的梦想是骨科医学中心每一个人的梦想。骨科医学中心的每一个人都愿意在王金成教授的带领下不断前行，努力攀登医学一座又一座高峰！

他创新超越，救治生命，心系患者。获得了吉林省科技进步一等奖、中国医药教育协会科技一等奖、中华医学会科技三等奖。他对这些奖项的获得自然很高兴，更令他欣慰的是这些技术得到认可、推广，会救治更多的患者。他建设梯队，培养人才。王金成教授要求吉大二院骨科医学中心的每位年轻医生都要出国，找经验，补不足，内外兼修，对比借鉴，发扬我们的优势，优化我们的思路和流程，培养一批批优秀的医学人才。对于年轻的科室、年轻的主任，他甘当人梯，在左右辅佐。他们的成长，他看在眼里，记在脑里，甜在心里。

王金成教授是吉林大学第二医院骨科诊疗中心的负责人。骨科中心由骨科医院、骨科数字医学平台、骨科研究所、骨科党支部、骨科学术团体五大部分组成。骨科医院包含11个科室、1个国家级住院医师规范化培训基地、1个骨科专科医师培训基地；数字骨科平台包括5个临床工作站、3个中心、1个东北亚骨与关节外科杂志编辑部；骨科研究所包括2个省级中心和1个重点实验室、1个临床支持平台、2个科研管理站；骨科党支部包括三种形式的骨科咨询平台；学术团体包括省级一级学会1个、一级学会分会4个、一级协会分会2个。这样一个庞大的医、教、研团队，最终一个目的就是更好地服务于患者。患者的安全，团队的构建，科室的发展，未来的愿景都是王金成教授要思考的。这个大家庭以他为核心，自然他所付出的是最多的，是最辛苦的。

甘愿奉献，助力吉林省骨科医疗事业的发展。王金成教授是吉林省医师协会骨科医师分会主任委员，在管小家的同时，他带动吉林省整体骨科事业向前发展。自担任吉林省医学会骨科分会的副主任委员以及吉林大学第二医院骨科诊疗中心主任以来，他积极开展工作，多次组织召开学术会议，为全省的骨科同仁提供交流平台；开展各种骨科学术活动，并邀请国内外知名的骨科专家出席，为我省骨科学界的发展起了大大的推动作用；自己不辞辛苦到各地会诊疑难病历，术后随访；带领骨科中心团队在吉林省内免费巡回演讲，促进技术交流 ；鉴于我省下级医院的医疗力量不足，鼓励接纳下级医师来吉大二院骨科进修，以培养下级医院的技术骨干为己任，为下级基层医院培养输送了数十名技术骨干，提高了当地的骨科技术力量。在心系骨科发展的同时，在2016年12月4日成立了吉林省数字医学分会 ，作为学会的发起人与创建者，他为吉林省各医学专科搭建的数字医学平台，将会为吉林省医学界的发展做出更大贡献。

（三）全国优秀科技工作者——刘斌

刘斌，男，1964年12月出生，汉族，中共党员，博士，教授，1989年毕业于白求恩医科大学医学系（现吉林大学白求恩医学部），现任吉林大学白求恩第二医院心血管内科主任，目前兼任吉林省医学会心血管病学分会主任委员、中国心血管医师协会常委、欧洲心脏病学会会员（FESC）、美国心脏病学会会员（FACC）等多个学术职务。曾作为国家公派访问学者留学加拿大，荣获“中国医师奖”“全国优秀科技工作者”等荣誉称号。

刘斌精通临床心血管病常见病、多发病的诊治，对临床急危重症的救治具有独到见解；同时精通超声心电图、心脏CT及核磁等影像学知识，尤其对于介入心脏病学有深入的研究和丰富的临床经验。十几年来，独立完成及参与完成的心脏病介入手术达万余例，多项技术填补了省内空白，使过去心内科的难治之症、不治之症变为可治之症。2015年被选为全国冠状动脉介入治疗（PCI）手术大师。多次受邀在长城国际心脏病学大会等学术会议上进行现场手术演示转播，应北京安贞医院、北京阜外医院等中心邀请，进行手术演示。多次应邀赴美国、欧洲、日本、韩国、俄罗斯等地进行学术交流，担任大会主席并做学术报告。多次应邀赴马来西亚进行手术指导，同时与美国、加拿大、德国、日本、韩国、俄罗斯等多家国际知名大学建立了长期友好的合作关系，受到国内外同行的高度评价。

心血管疾病属高危病种，严重威胁着人们的健康与生命。作为业内著名专家和吉林大学白求恩第二医院心血管内科主任，刘斌同志一向以普及心血管疾病防治知识，提高吉林省心血管疾病诊疗水平为己任。多年来，他带领团队开展了一系列扎实有效的工作，开拓进取，攻坚克难，不断创造心血管领域新局面，始终走在领域诊疗及科研水平的最前沿。

作为主要发起者与参与者，刘斌同志率先在吉林省内开展心脏病介入治疗工作，并于1999年参与创建了吉林省心脏病介入治疗中心，在介入性心脏病学、心脏起搏与电生理领域进行了卓有成效的研究，积累了十分丰富的临床经验。

作为吉林省心血管领域主任委员及冠心病介入质量控制中心主任，刘斌同志为了使吉林省心血管领域的诊疗水平与国内外先进水平保持同步，率先开展药物球囊、OCT、血管内超声及FFR等技术，从而攻克了慢性闭塞病变（CTO）、复杂的分叉病变、左主干病变等难关，为广大患者带来了福音，使他们不用走出吉林省就能享受到国内、国际的一流诊疗技术。

为了保持与国际先进技术和先进理念同步，刘斌同志每年都要组织多个学术会议，邀请国内外知名专家前来交流、讲座，极大地提升了吉大二院心血管内科的技术水平。

心血管疾病患者的“生”与“死”往往发生在转瞬之间，刘斌同志想患者之所想，急患者之所急，在中心建立了一支24小时全天候急性心肌梗死抢救队伍，充分保证了急性心肌梗死患者能在最短的时间内得到最快速和最有效的救治。

多年来，刘斌教授以高度的责任感和事业心投入到教书育人的工作中。“对得起所教的学生，对得起所做的职业”是他工作的座右铭，所以他对教育工作上的每一件事都精益求精，从不敷衍塞责。他也坚信“德高为师，身正为范”，为此刘斌老师处处都做到为人师表，以身作则，一直用他自己的人格魅力和师德情操去感染、影响着他的每一位学生。到目前为止，刘斌老师亲自带的研究生已有四十余人，已经毕业的硕士生27人、博士生7人，在读硕士生7人、博士生11人。更值得我们敬仰的是，刘斌老师对学子不只是在学术上进行教育，更加注重在育人方面的教诲，使学子们在人生路上受益匪浅。

刘斌同志从事医务工作近三十年来，始终以“求实创新、励志图强”的精神努力攀登医学高峰和医德高峰。在专业领域，他是具有丰富的心血管内科临床经验、介入治疗知识和科研能力的复合型人才。他以深厚的临床基本功、严谨的临床思维、精湛的技术水平、卓越的科研能力和领导能力，赢得了国内乃至国际同行的普遍认可与尊重。在医德修养层面，他是具有“大医精诚”胸怀，“不辞万般辛苦，只念患者安危”的优秀医务工作者，他的“仁心仁术”受到广大患者的一致赞扬与欢迎。二十余年的工作实践，刘斌同志一以贯之的医术与医德，使他成为吉林省心血管领域当之无愧的学科带头人。

二、公共卫生学院

（一）吉林英才——范洪学

范洪学，男，1940年生，教授，博士生导师。1963年毕业于白求恩医科大学（现吉林大学白求恩医学部），其后一直从事教学与科研工作。

1986年3月到1987年3月到日本关西医科大学研修，1989年被破格晋升为教授。毕业后留任吉林大学，从事“放射病理学”“卫生毒理学”“药物毒理学”“食品毒理学”等课程的教学与“辐射血液学”和“辐射致癌机理与防治”研究工作四十余年。参编高等学校教材、研究生试用教材及主编校内教材等7部，其中《医学放射生物学》获核工业部优秀教材奖。一直从事干细胞的性质与应用研究，先后在国内外发表论文近100篇。“急性放射病早期诊断与治疗研究”获卫生部科技进步奖，“造血基质祖细胞的研究”获国家教委科技进步三等奖。主要学术兼职有：中国预防医学科学院吉林分院院长，中国人民解放军白求恩医学院名誉院长，第四届卫生标准技术委员会放射卫生防护标准分委会委员，中核工业部教材编写委员会委员，吉林省核学会董事长，吉林省抗癌协会副会长，吉林省预防医学学会副会长。受聘教授职务21年，在教学、科研及党务与行政工作中成绩显著。已经培养13名硕士研究生、26名博士研究生，学生遍布国内外，如美国西奈山医学院、北京协和医院、北京博爱医院、吉林省卫生厅、辽宁省疾病预防控制中心职业卫生所、吉林大学第一医院、吉林大学第二医院、吉林大学中日联谊医院、吉林大学公共卫生学院、吉林大学农学部、吉林省人民医院、哈尔滨医科大学附属肿瘤医院、吉林省疾病预防控制中心、长春中医药大学护理学院、广东医学院、山东省泰安市泰山医学院、吉林北华大学公共卫生学院等。

1990年范洪学开始从事行政管理和党务工作，1990年被任命为白求恩医科大学预防医学院院长。1996年任白求恩医科大学党委书记，合校后被任命为校务委员会副主任委员。曾获“校白求恩式工作者”“省直先进工作者”称号，是“吉林英才”奖章获得者及国务院政府特殊津贴获得者。

（二）“育人白求恩”的楷模——刘树铮

刘树铮（1925.11—2012.05），教授，我国放射生物学科的创始人之一，也是国内外著名放射生物学家。1951年毕业于湘雅医学院，历任中国人民解放军第一军医大学医师、助教和讲师，吉林医科大学放射生物学教研室主任、副教授，白求恩医科大学教授、室主任、系主任，1982—1983年作为高访学者在美国罗切斯特大学放射生物系进行研究工作，1983—1991年任白求恩医科大学校长。他创建了我国高校第一个放射生物学教研室（1960）、国内第一个放射医学博士学位授权点（1983）和卫计委放射生物学重点实验室（1990）。为了我国核科技的发展，他对放射生物效应进行了深入的研究，获得了创造性成果，并培养了一支有较深造诣的学术梯队。

半个世纪以来，刘树铮坚持以电离辐射影响机体防卫、适应功能的规律和机制为研究方向，获得了系统的科学资料，充实和发展了低水平辐射兴奋效应学说，共发表论文300余篇，论著12部，被国内外学术界广为引用。获国家级和省部级科技成果奖17项，其中获得国家科技进步二等奖1项。由于在国际学术界的影响，曾40多次应邀赴亚、欧、美十余个国家讲学或在国际学术会议上做学术报告。他提出并经实验论证的低剂量辐射兴奋效应多层次机制的论点，受到国内外同行的高度重视。刘树铮先后承担国家自然科学基金、国家“九五”攻关和部委科研项目以及国际合作项目10余项。他治学严谨，作风正派，团结同志，扶植中青年人。不顾八旬高龄，他仍始终孜孜不倦地工作在教学科研第一线，不断跟踪世界科学的发展，将学科不断推向前沿，团结和引导其研究团队在探索未知的道路上攻克一个又一个的难题，步步深入问题的本质。在科学研究中，他一丝不苟，引导学生以实验交叉验证自己的理论观点，力戒偏颇，务求全面；对科学现象，他反对浅尝辄止，力主穷追不放。他重视人才培养，诲人不倦，特别强调德才兼备的成长方向。他善于及时抓住实例，寓思想教育于业务实践之中，引导青年学子健康、全面成长。

刘树铮一生共培养了硕士、博士研究生及博士后共59名，毕业的研究生已成为国内外有关实验室的骨干或领导成员。刘树铮曾担任国务院学位委员会学科评议组成员、国家自然科学基金委员会学科评审组成员、国家核事故医学应急救援专家组成员、中国核学会理事和荣誉理事、中华放射医学与防护学会常委和顾问、中国辐射防护学会理事、吉林省科协副主席、吉林省核学会理事长及低水平照射生物效应顾问委员会国际委员等，还担任中华放射医学与防护杂志副总编辑、中国辐射卫生杂志顾问、中国病理生理杂志常务编委和中华医学杂志英文版编委、国外医学放射医学与核医学分册顾问以及国际非线性杂志副主编等职，兢兢业业，终年为科技事业的发展贡献力量。

刘树铮是一位高瞻远瞩、襟怀坦荡的优秀高校领导者。他坚持马克思主义崇高信仰，对党高度忠诚，对党的教育事业恪尽职守；他坚持原则，顾全大局，作风民主，公道正派，爱戴师生，清正廉洁；他为人朴实，平易近人，生活简朴，淡泊名利，对本科生和研究生言传身教，是当之无愧的“育人白求恩”楷模。

（三）践行使命的大学教师——于双成

于双成，男，1961年5月生人，中共党员，医学博士，吉林大学公共卫生学院三级教授。现为教育部医学人文素养和全科医学教学指导委员会委员、中国自然辩证法研究会医学哲学专业委员会常务理事、全国医学院校文献检索教学研究会副理事长、吉林省精品课负责人、吉林省优秀教学团队负责人。担任人民卫生出版社的国家“十二五”规划教材（八年制临床医学）《医学文献信息检索》（第三版）主编和《医学科研导论》编委、高等教育出版社的全国高等学校医学规划教材《医学信息检索》（第三版）主编、《医学与哲学》《医学与社会》和《临床肝胆病杂志》编委。获吉林省教学名师、长春市师德标兵、吉林大学教学示范教师、吉林大学“教书育人”先进个人、吉林大学优秀共产党员等荣誉。

自1984年9月参加工作至今的35年间，在历任领导和同事们的指导和帮助下，于双成始终秉承坦诚做人、真诚做事的基本理念，勤勉务实，敬业奉献，刻苦钻研，诲人不倦，做到了“五个一”。

1. 一名合格的图书馆员

1984年9月在白求恩医科大学图书馆参加工作，从事期刊管理、查新检索等信息服务工作，同时承担医学研究生和医药信息学系本科生的文献检索课教学工作。在恩师刘德功教授的悉心指导和引领下，全身心投入到“为人找书、为书找人”的情报服务工作中，认真、踏实、严谨、主动地做好每一项工作，赢得了广大读者的认可和赞誉。除了工作，他几乎将全部的空闲时间都投入到读书和学习当中，在他的日程表里，似乎从没有周末，更没有假期，潜心静气地在工作中学习，带着问题学习，在学习与工作中研究，在日复一日的平凡而琐碎的日常工作中丰富学识、增长才干。1985年，他受聘为《国外科技资料目录》医学分册的组织编辑，成为当时全国最年轻的组织编辑，同年被评为吉林省高校图书馆系统先进工作者。1988年，其撰写的一篇题为“科研成果鉴定查新工作的若干问题探讨”的文章奠定了医学科技查新的理论基础。1989年，28岁的于双成应邀以专家身份审定《卫生部医药卫生科技查新咨询规定》（草案）。1995年被卫生部科教司评为全国医学情报系统先进工作者。1996年被长春市团委、市青联授予“长春市精神文明建设优秀十佳青年”。1997年被白求恩医科大学聘为兼职德育教师。分别在1994和1999年，均以全票通过学校组织的答辩，破格晋升为副高和正高。

在图书馆工作期间最具情趣的一件事，就是医学图书馆正厅的巨幅壁画的主题创意是于双成老师提出来的。那是1984年的秋天，原白求恩医科大学的新图书馆落成，时任馆长的傅方浩与年轻同志交谈时提出，想在一楼大厅的正面画一幅体现医学内涵的壁画，希望年轻人多提建议。瞬间，一幅富有画面感的构想浮现在这个刚刚步入工作岗位的年轻人的脑海中，他随即向傅馆长提议能否画这样一幅画——从左侧向中心展现中国医学的发展历程，从右侧向中心呈现西方医学的历史成就，中间是中西合璧托起我国的新医学。傅馆长非常高兴，责成他具体推进。他从当时预防医学院医学史教研室邢德刚教授那借来医学史教学幻灯片和教材，用投影仪为壁画的绘制者——吉林艺术学院绘画专业的应届毕业生做了两次讲座，为壁画创作提供感性素材和灵感。这幅壁画，已成为白求恩医科大学的一个标志性景观，一届届医学学子站在这巨幅壁画前，看到的不仅是东西方医学的辉煌成就，更思量着“古为今用，洋为中用，中西结合以铸就中国新医学”的历史使命。

从熟练掌握医学文献检索工具和熟悉医学文献信息资源做起，从尽心尽力为每一位读者提供情报服务做起，从用心用脑去挖掘文献信息资源以实现其应有的学术价值做起……在图书馆做了一名合格的图书馆员，做了一名好读书的图书馆员，由此而奠定了于双成学术生涯之基础。

2. 一名勤奋刻苦的读书人

没有理论的自觉，难有实践的积极主动。这里所说的理论，不是一般意义上的理论知识，而是通过勤奋的学习和刻苦的钻研，在获取理论知识基础之上，围绕工作范畴，针对相关问题，在脑海里形成的带有个性化风格与色彩的理性认知。

参加工作至今，无论工作岗位变动或研究领域变迁，读书、学习、研究和写作，一直是于双成最为基本的常态。最初从事期刊管理和信息服务时，他探讨了医学查新检索的核心问题，为制定全国医学查新规范提供了理论支撑；他系统研究了日本医学期刊并揭示其特色，为我国医学工作者向国外投稿提供了参考；他提出“信息优势含义的变迁及其意义”这一学术命题，揭示了信息时代和知识经济时代的本质特征。20世纪90年代，伴随医学教育改革的浪潮，他系统研究了国外医学人文教育教学的发展历程及现状，围绕西方发达国家医学生文化素质教育的特点、医学人文教育的发展与特征和中西方医学教育之比较等方面发表系列论文，为我国医学人文教育教学的改革提供了有益的借鉴。21世纪初，在以提高培养质量为目标的高教改革第三次浪潮中，学界深切意识到不能停留于枝节或表层的探索，需从更深层次去探讨根源性的命题，他撰写了《临床医生医学素养结构的哲学解析》，为进一步推进医学教育改革奠定了理论基础。

近几十年来，中外医学界、医学教育学界面临一个亟待破解的命题——医学生创新能力的培养如何才能实现真正的突破。于双成经过10多年的潜心研究，在解析医学创新能力的形成机制、医学科学发展模式的演化及其意义基础上，尤其是系统研究了医学信息检索、医学统计学、医学科研导论等学科课程的本质，在学界提出医学方法学和医学方法学课程的概念，进而提出“强化医学方法学课程群建设及教学模式更新以促进医学创新能力培养”这一崭新的学术命题，为医学生创新能力的培养，乃至医学教育教学的改革提供了新的思路。国际上著名的医学教育专著*Medical Education: Past, Present and Future*中明确阐明：“医学具有双重目的，一是将已有知识运用于实践，惠及患者的医疗和公众的健康；二是发现新知识并将其转化，进一步服务于社会。”鉴于运用医学知识服务于社会大众和创新医学知识以推进医学发展，是密切相连却有着本质区别的两种能力——前者是实践能力，后者是创新能力，于双成提出：医学专业知识结构唯有与医学方法学知识相融合方能形成医学认知能力，尤其是医学创新能力。为此，医学方法学课程的教学，不以医学专业知识结构的构建为目标，而在于以其为基础的医学认知能力的形成，尤其是促进医学创新能力的形成。

从1986年发表第一篇论文至今，于双成已在医学信息检索、医学方法学、医学教育等领域发表论文150余篇，主编、参编教科书、专著30余部。这些学术成果呈现着一位读书人的学术心路——因应工作之需和现实之求的学术担当——不断地读书学习，不断地钻研探讨，不断地丰富思想内涵，不断地提升学术境界，真切地印证了歌德所说的：“其实一切才能都要靠知识来营养……”

3. 一名不忘初心的大学教师

从教以来，于双成先后承担本科生和研究生的“医学信息检索”和“医学科研导论”课程教学。这两门课程均属于如何获取、利用与产出医学知识的医学方法学课程范畴。

多年来，他一直秉承这样的为师理念——用心灵和情感去爱学生，用大脑和智慧去教学生。以吴阶平教授对医学教学提出的“科学的内容、逻辑的展现、艺术的表达”为准绳，他致力于将知识与能力、思维与表达、学术与品德、情感与理性、医学与人文等融会贯通于自己的课堂。以专业知识的讲授为载体，在一届届学生的脑海里播撒“对自然科学工作者而言，所谓的哲学智慧，一是前提的追问，二是反思的意识，三是理性的升华”“从事科学研究，不仅仅需要专业知识和技能，更需要文化底蕴和哲学智慧”“科学研究与论文写作，既有科学的理性之光，又有科学的艺术之美，更有科学的人文情怀”“科学的极致在艺术，艺术的真谛在科学”“艺术强调个性，科学重视第一”“用相同、相似的方法研究不同的问题，用不同的方法研究相同、相似的问题”“周密而严谨的思维，精准而贴切的表达”等意识和理念的种子，用爱、用心、用智慧助推医学生成才的学子之梦。

于双成的课以严格、严谨和极富哲思而广受学生喜爱。一届届学生饱含深情地自发整理、完善、转发课堂上记录下来的“于双成教授语录”。曾有一位毕业多年的学生在看到学弟学妹们发布的“微信版语录”时感慨道：“您的思想和风格影响了一届又一届的学生，这该是当老师的快乐之所在吧！”就是这样，于双成幸福而快乐地践行着一位大学教师的学术使命，几十年痴心不改，一路走来，走向未来……

于双成常常带着笑容对学生说：“我是一位幸福的父亲，更是一位快乐的老师。我见证了你们在大学课堂上的努力，我分享了你们父母没有机缘享受到的这份欣慰。”他幸福而快乐地践行着一位大学教师的学术使命——作为父亲，他有着一份深情的父爱，把这份父爱献给学生；作为教师，他有着一份神圣的责任，把这份责任融入教书育人之中。他沉浸、陶醉于教学之中，学生那专注而热情的目光赋予他澎湃的激情与不尽的灵动。在付出心血和智慧的教学生涯中，于双成悄然间收获了一个教师的丰满人生，不是那一系列闪耀的殊荣，而是他最珍视的永不褪色的师生情谊。

2005年至今，于双成多次应协和医科大学、中山大学等14所大学邀请，做专题报告，分享学术收获。“做学问，做到极致，做到纯粹，做到精美。养得胸中一种怡然的恬静，品味人生一种超然的潇洒。”这是他多年来在课堂上与学生共勉的语句，更是他甘为一名勤奋刻苦读书人的内在源泉。

4. 一名学术实践中的积极思考者

孔子曰：“学而不思则罔，思而不学则殆。”读书与学习、研究与著述、教书与育人，构成了大学教师学术生涯的基本内涵，而贯穿此中或隐含其中的一条主线就是思考——学术思考，就是思想——学术思想。于双成几十年来勤于读书，乐于思考，经常与同行，尤其是与学生分享收获。他在课堂上最常讲的是学术情怀、学术自信和学术思想。

学术情怀，这是成为学人之首要条件，犹如医学人文情怀之于医者。苏联著名教育学家苏霍姆林斯基在做帕甫雷什中学校长时，每年开学，总要在校门口挂上一条横幅：“爱你的母亲吧！”从钱学森为代表的老一代两弹一星元勋的家国情怀和白求恩式医务工作者的奉献精神中，可以深刻地认识到：爱，是一切学术成就的最深层次的根源。科学家与诗人的区别在于科学家将澎湃的激情付诸沉静的理性，诗人是将深邃的思想表达为灿烂的文采。怀着对家人、对学生、对事业、对祖国的爱，去学习，去研究，去教学，学术人生之路自会充满阳光雨露。职业与事业的区别，虽然仅差一个字，前者以自身在社会上的生存为前提，后者凸显的是大爱情怀的贡献和奉献。于双成在与学生分享上述感悟时，常常引用恩格斯盛赞文艺复兴的一段表述：“这是一次人类从来没有经历过的最伟大的、进步的变革，是一个需要巨人而且产生了巨人——在思维能力、热情和性格方面，在多才多艺和学识渊博方面的巨人的时代。”

学术自信，这是于双成在多年教学中逐渐形成的一个概念，更是在教学中突显与强化的一个理念。他强调：所谓的学术自信，是一个学者可以胜任、能够胜任那极富挑战性和探索意味的科学研究工作的一个最基本的前提，是一个学者应具有的最基本的科学人格品质。在此所说的学术自信，不是盲目的固执己见，不是漫无边际的猜想，而是在科学理念之下的大胆前行，是对所探索问题永无止境的不断追问，是对问题应答域的创建性的猜测，是对研究结果之意义的深度挖掘。没有优秀的精神品质，知识和技能就没有了魂魄。因此，培养和塑造学生的学术自信，自信而不自负、自信而不自傲、自信而不自恃，不仅是医学方法学课程教学的目标之一，更是医学教育教学的宗旨之一。

学术思想。于双成20世纪80年代中期从事医学文献检索课教学，在教学中明确提出的理念是："训练今天的学生，就是培养明天的导师。" 90年代中期开始讲授"医学科研导论"，提出的理念是："大学课堂要致力于培养科学大家。"他在一届一届的学生中强调，世界进入知识经济时代，我国高等教育进入大众化阶段，社会最为需要的是能够引领发展的、有思想的科学大家——真正的学者，这亦是钱学森之问的真正意蕴，什么是学者，如何予以界定。恩格斯在《自然辩证法》一书中强调："每一个时代的理论思维，从而我们时代的理论思维，都是一种历史的产物，它在不同的时代具有完全不同的形式，同时具有完全不同的内容。" 于双成明确提出学者的5个基本特征："丰富的阅历、充沛的情感、鲜明的个性、靓丽的学术、深邃的思想。"那么，什么是思想？"思想，是在一个个追问中前行；思想，是在不断地对那一个个疑问的解析中得以凝练而形成；思想，是在提出一个个追问和解析一个个疑惑中放射出智慧的光芒。这就是学术之美、学术之魅、学术之魂魄。"

静思生智，灵动出慧——这是于双成学术之思的感悟。

5. 一名助力青年教师成长的陪伴者

于双成常说："助力青年教师成长，是每一位高年资教师义不容辞的学术使命。"他自己首先做了一位践行者。

自2000年合校之后，于双成老师随医药信息学系归入公共卫生学院，在课程建设、教学改革、教学团队建设和教学研究等方面做了更为深入细致的工作，尤其在指导、激励和陪伴青年教师的成长中投入大量的心血。他带领青年教师积极尝试包括PBL、医学方法学课程有机融合、医学方法学课程与医学专业知识的有机融合等医学方法学教学改革；他带领多学科优秀青年教师指导医学生编写出版了《农村家庭健康信息手册》；他言传身教，让路助推，不断地鼓励、指导并积极争取，使教研室的其他青年教师能够成为相应学科国家规划教材的编委、副主编，参加了临床医学和医药信息等不同专业，五年制、八年制和研究生等不同层次，医学信息检索、医学科研导论、医学主题标引等不同课程的国家级规划教材的编写。他带领的团队连续3届获吉林大学教学成果一等奖，并荣获吉林省教学成果二等奖。

教学是一门科学，更是一种艺术。多年来，于双成深入思考医学教育教学的本质与规律、医学教师的成长与发展路径、医学教学的科学内涵与艺术意蕴，不断地将心得与感悟凝练升华，用以指导青年教师。他以"如何使您的教学更精彩""教学设计的理论与实践""以引领学生思维发展为核心的课程设计与有效实施""如何开启您的医学教学生涯""如何提升教学能力与水平——教学的科学之本与艺术之美""从教学的本质看师德的意蕴"等为题，在校内外做多场学术讲座。

自2004年吉林大学首届青年教师教学比赛、2011年全国医学院校首届青年教师教学比赛和2016年全国医学院校首届英语教学比赛以来，于双成指导了一批又一批的选手，连年斩获一等奖，其中包括全国医学院校教学比赛一等奖的第一名和教案评分第一名的双项第一、全国医学院校教学比赛一等奖和全国医学院校首届英语教学比赛一等奖的双料一等奖等。在用心、用爱、用智慧指导和陪伴青年教师成长和实现自我超越的过程中，于双成老师同样在不断学习、不断研讨、不断应对新的挑战，悄然间实现了他自己与时代同行的、不断的自我进取和自我超越，真切地践行了他的人生格言——帮助他人实现理想是自己人生中最大的成就。

三、护理学院

（一）吉林大学护理学院优秀教师——单志军

单志军，男，中共党员，1984年毕业于原白求恩医科大学附设卫生学校，留校任教至今，一直从事实验教学及管理工作，现任吉林大学护理学实验中心主任，曾任教工党支部书记。曾先后荣获白求恩医科大学附设卫生学校1985年先进工作者，白求恩医科大学1987年、1989年、1990年优秀教师，2006年吉林大学护理学院优秀教师，2007年吉林大学“三育人”先进个人，2010年护理学院优秀个人，2017年吉林大学学生社会实践优秀指导教师。

长期以来，在做好本职工作基础上，单志军还担任过三届医学实验技术班的班主任，二届全科医士班的班主任，1990年被评为优秀班主任。作为一名教师，他具有强烈的事业心、责任感，诚实守信，虚心踏实，性格开朗，乐于助人，具有积极的世界观、人生观、价值观，热爱教育事业，能紧紧围绕教育、教学这个中心；为履行好教书育人、管理育人、服务育人的职责，努力加强政治理论学习，不断提高思想政治素质和业务水平；无论在教学岗位还是学生管理的岗位上，都能积极贯彻院领导要求与指示，依法执教，爱岗敬业，兢兢业业地进行教学和管理工作。

坚定的政治信念，良好的思想素质。作为一名党员教师，他在思想上严格要求自己，在工作中爱岗敬业、为人师表，自觉遵守职业道德规范，认真履行教书育人职责。在政治方面始终保持良好的思想政治素质，理想信念坚定，能够正确地贯彻执行党的教育方针和各项方针政策，在大是大非面前立场坚定，旗帜鲜明，始终同党中央保持一致。为人正直，有高度的政治责任感和全局观念。无论是自己分内还是分外的工作，都能积极参与，乐于为教师和学生服务，兢兢业业，毫无怨言，及时认真完成工作任务。同时，始终保持扎实的工作作风、无私奉献的敬业精神，以身作则，做学生心中的好老师，做教师心中的好同事。

爱岗敬业，争当师生表率。作为一名党员教师，他首先把“三育人”指导思想当作是教育教学工作的一个基础。善于与学生沟通、交流，理解学生的意见和心声，针对学生在思想、学习和生活上的困难，通过个别谈心、集中学习研讨等方式加以教育和引导，鼓励学生珍惜求学时光、掌握正确学习方法，培养良好的心理素质，并通过学习白求恩同志的国际共产主义精神鼓励学生刻苦学习，全心全意地为人民服务。这些都对学生成长成才起到了举足轻重的作用。教学上，能够本着为人师表、严于律己的精神，让学生了解护理专业发展的前沿与动态，还能结合教学内容，对学生进行情感态度价值观方面的教育，做到教书与育人紧密结合。

以身作则，勇于挑重担。他从1984年参加工作以来，一直以一名党员教师的要求严格要求自己，生活上严谨朴素，学习上刻苦努力，工作上以身作则、勇挑重担。作为学生的良师益友，始终将自己定位在一切服务于教育事业、一切服务于学生的全面发展，甘当学生的知心朋友。通过与学生的交流、谈心，了解了学生的心态、内在思想，帮助学生分析问题、解决问题。同时，甘当家庭和学校联系的桥梁，及时了解学生在学校的生活、学习和思想变化情况，让学生在一个良好的大环境中接受教育，健康成长。多年来，他扎实的工作作风和出色的工作成绩，得到了师生的共同好评。与此同时，以德育人的教育理念、执着无悔的敬业精神和开拓创新的工作作风得到了领导及同志们的赏识。

奉献教育，发扬团队精神。作为党员教师就要发挥先锋模范作用，同时用自身的思想、行动影响一些人，带动一些人。在工作中牢固树立合作意识、整体意识，识大体，顾大局，讲协作，注意同教师的合作与交流。他对工作的热爱，对事业的追求，也培养了他能在工作中不计劳苦，一步一个脚印地去做好的工作风格。想集体所想，急集体所急，对学校讲奉献，对学生讲爱心，甘做大厦的奠基石。尽职尽责，无怨无悔，在教育事业中去不断实现自我的人生价值。

不断进取，勇于创新。多年的教学及管理工作经验，使他更加深知，只有不断地学习、工作，才不辜负学校及同志们对他的信任、培养。无论在成功或挫折面前，都会怀着对工作的挚爱，对教育事业的虔诚，用实际行动展现党员教师的风采。在这个光荣而神圣的岗位上，坚定的信念和对教育事业的热爱会让他平凡的人生精彩不断，他也将在这平凡的岗位上谱写着自己人生中更多的精彩篇章。

（二）吉林大学本科教学审核评估评建工作先进个人——李昆

李昆，女，汉族，1977年12月生，博士，现任吉林大学护理学院教授，副院长，担任吉林省护理学会康复分会副主任委员、吉林省护理学会教育分会副主任委员、中华护理学会康复护理分会青年委员。2002年12月起任职于吉林大学护理学院，被先后聘任为助教、讲师、副教授和教授，并先后担任基础护理教研室副主任、主任、教学副院长，主要负责本科生教学、研究生教学、实验室管理和外事工作。

李昆凭着对教育事业的强烈责任感，将自己的愿望和抱负全部都倾注在所热爱的护理教育事业上。2003年以来一直工作在教学一线，她讲授多门护理学本科、硕士研究生及博士研究生主干专业课。教学工作中不断反思教学环节，积极开展教学改革有效提升教学效果。她参编“十二五”“十三五”国家规划教材《护理学导论》，参编实验教材《护理学基础》及专著《实用妇产科护理学》，获得吉林省教育成果奖3项。教学过程中，李昆以身作则，为人师表，以良好的师德赢得了学生的尊重和信赖，以自己高尚的人格和品德教育和影响着学生。

2015年李昆开始担任教学副院长，此时正值吉林大学全面实施教学改革，护理专业面临国际化接轨和提升品质的关键时期。通过积极征求意见、开展教学改革，结合广泛调研，学院先后获得吉林省人才培养模式创新实验区、吉林大学“专业综合改革试点”、医学部“开放式卓越护理人才培养”改革试点三个高水平教改项目，以及20余项教改项目。她积极开展PBL教学改革，在内科、外科、妇科、儿科四门课中开展PBL教学改革，2016年带领全院教师顺利通过教育部本科教学审核评估，并获得吉林大学本科教学审核评估评建工作先进个人荣誉称号。

组织研究生专业课主讲教师对教学方法进行改革，2015年李昆申请获得吉林大学研究生核心课程体系建设项目和核心课程建设项目各一项，在2016年增设研究生创新课程——护理科研论坛，大大提高了学生阅读文献的能力，扩展了科研思路，学生发表SCI论文和创新研究项目数量显著增加。同时她注重加强研究生教学管理，从开题报告、中期检查及毕业论文答辩工作完善人才培养各个环节，实现导师信息化管理。2015年协调各临床医院顺利完成教育部护理专业学位授权点专项评估工作，获得评审专家的认可与好评。在此基础上组织修订研究生培养方案。2016年申请获批吉林大学本硕博连读研究生培养项目，开始招收护理学本硕博研究生。

科学研究方面，李昆通过护理学本科专业、基础医学硕士及博士研究生的教育经历，较大程度提高了临床护理和基础医学科研水平，逐步凝练出以护理学为中心，与临床医学、基础医学以及信息学等学科领域进行广泛交叉融合的研究方向。她应用量性研究与质性研究相结合的方法，从慢性疾病的症状及症状群的评估、管理及干预等角度探讨改善患者生活质量的有效途径；同时紧紧抓住国内外对老龄化社会的研究热点，以老年人长期照顾需求为导向，探讨居家养老、机构养老等多种养老服务模式，逐步构建老年人长期护理服务体系。其发表科研论文40余篇，其中担任第一责任作者的SCI论文10余篇，累计争取科研经费80余万元。

四、基础医学院

（一）白求恩十大教学名师——李凡

李凡，女，中共党员，吉林大学白求恩医学部学部长，吉林大学基础医学教授，博士生导师，国家级实验教学示范中心负责人，兼任中国微生物学会与免疫学专业委员会副主任委员、教育部基础医学教学指导委员会副主任委员、中华医学会微生物与免疫学会常务理事。她曾先后被评为教育部对口支援西部有突出贡献个人、新疆维吾尔自治区优秀共产党员和优秀援疆干部、吉林省有突出贡献中青年专业技术人才、吉林省教学名师、吉林大学教学名师、白求恩十大教学名师、长春市优秀教育工作者和长春市劳动模范，国务院政府特殊津贴获得者。

李凡，兼师者、学者、管理者三个完美的角色于一身。

教学方面，潜心医学教育，授人以渔的师者。李凡从1985年来校任教以来，一直忙碌于教学工作的第一线，对学生言传身教，孜孜教诲。她主管基础医学教学工作多年，带领着各学科的教师不断地对医学教育进行经验总结，学习先进的教学方法，吸取国内外先进的教学理念，对综合性大学中的医学教育进行了教学内容和方法的全方位改革，构建综合性大学医学本科创新教育模式，进行多元化医学创新人才培养的实践，在医学教育与国际接轨、加强学生科研能力训练等方面取得了显著成效。由她主持完成的“长学制医学人才培养体系的改革与实践”获吉林省教学成果奖一等奖、“东北地区综合性大学医学专业多元化创新人才培养体系的构建”获吉林省高等教育教学成果二等奖、“以病原生物学为载体的基础医学综合改革研究与实践”和“深化医学专业英语教学改革，优化教学模式”获吉林省高等教育教学成果三等奖。她作为负责人所带领的“基础医学实验教学团队”被评为2009年度省级优秀教学团队，基础医学实验教学中心被评为国家级实验教学示范中心。她开创和建立了一整套病毒学博、硕士课程和教学体系，为我国培养医学高级人才（博士、硕士研究生）100余名，这些人才大多数已成为各单位生物医学的骨干。她主持开发了“医学微生物学”网络课程，主编《医学微生物学》等“十一五”和“十二五”国家级规化教材4部，其他专著10余部，为我国各高校广泛使用。其中，由人民卫生出版社和高等教育出版社出版的《医学微生物学》两次获得吉林省普通高等学校优秀教材一等奖；“医学微生物学”网络课程同时荣获第六届全国多媒体教育大奖赛三等奖、中国电化教育协会全国教学设计方案评比优秀奖和吉林省多媒体教育软件大赛一等奖。她还利用业余时间指导本科生从事科学研究，她指导的学生多次在“全国大学生基础医学创新论坛暨实验设计大赛”上获奖。她在科学研究上一丝不苟，获得了一系列研究成果，作为第一完成人在抗生素使用状况、细菌耐药性监测和耐药机制方面的研究，获得吉林省科技进步一等奖；基于基因组条形码的重大疾病诊断靶标泛基因组偶联的系统研究，获得吉林省自然科学一等奖；基于计算生物学的重大疾病体液诊断及防控的新技术及其应用，获得中华医学科技奖二等奖。

科学研究方面，执着医学研究，精益求精的学者。实验室里精益求精，实验室外仔细研读各种文献资料，撰写了多篇论著。作为病原生物学的学科带头人，她具有良好的科研素质和实事求是的科学精神，科研思维活跃，作风严谨。1995年，她获欧共体博士后奖学金访学于西班牙马德里自治大学，2001年赴美国纽约大学西奈山医学院做高级访问学者。回国后，她组建了吉林大学第一个病毒学实验室。多年来，主要围绕重大疾病早期诊断与预警、病原体新型检测技术、细菌耐药性、病毒学、生物信息学等领域开展研究工作，先后主持承担国家自然科学基金重大国际合作项目、面上项目、973专项、国家科技攻关等各类国家级和省部科研项目30余项，累计科研经费1000余万元。目前，她作为负责人承担的国家自然科学基金重大国际合作项目“基于代谢通路分子网络调控的体液循环中消化道癌症早期诊断复合标志物的系统性挖掘”、国家自然科学基金面上项目“结核分枝杆菌应答基因调控网络构建及其在活动性肺结核体液早期诊断中的关键技术研究”，以及吉林大学高层次科技创新团队建设项目“重大疾病结构生物学及整合组学”等科研项目正在进行中。她主持完成的科研成果 “基于计算生物学的重大疾病体液诊断及防控的新技术及其应用”获中华医学科技奖二等奖，“基于基因组条形码的重大疾病诊断靶标泛基因组偶联的系统研究”获吉林省自然科学奖一等奖，“抗生素使用状况、细菌耐药性监测和耐药机制的研究”获吉林省科技进步奖一等奖。不仅如此，她还在各类国内外有影响力的学术期刊上发表科研论文100余篇。

“援疆”工作，致力医学发展开拓进取的管理者。作为第六批“援疆”干部，她在“援疆”期间情系边疆，以“稳疆兴疆，富民固边”为己任，兢兢业业，艰苦实践。她凭借着坚定的政治信念、过硬的专业水平和高超的管理能力，助力新疆医科大学学科建设和科研建设的快速发展。针对新疆医科大学教师科研意识相对薄弱的现状，她积极给各学院、附属医院做讲座，传授学科建设和科学研究的先进理念、经验和做法，讲授科研课题申请书的申报技巧，极大地提高了各单位申报科研项目的积极性和规范性。针对学校部分研究平台小而散的状况，她及时进行了科研资源的优化整合，创建了按需求与专业统筹划分的新研究平台。“援疆”期间，学校立项项目和科研经费逐年递增，2008年立项281项，其中国家自然科学基金35项，获得各类各级科研经费资助3489万元。2010年立项352项，其中国家自然科学基金65项，获得各类各级科研经费资助5566万元。她还注重强化科学研究的成果转化，提升成果奖励层次。根据学校学科建设发展的总体布局和任务，她初步设立了中医理论、临床与基础研究平台、新药民族医药研发基地等五个特色鲜明、对自治区经济社会发展有较大影响的科研平台和基地；完成了重点特色学科、重点学科、支撑学科三层学科的遴选工作，组织专家论证和遴选出6个重点特色学科、14个重点学科和14个支撑学科；成功立项了11个“自治区普通高校重点（培育）学科”；成功申报了2个国家中医药管理局重点学科，实现了学校国家级重点学科零的突破；新增补2个自治区重点实验室，圆满完成了教育部省部共建实验室教育部的验收。在她的积极努力下，新疆医科大学成为中国残疾人康复人才培养基地，使有些专业成为国家规划教材长学制编写参与者，填补了学校在长学制教材编写方面的空白，极大地提升了新疆医科大学在全国医学类高校的综合实力与知名度。李凡为“援疆”事业贡献出了自己的力量，为新疆医科大学带去了比资金、设备更宝贵的思想、理念。在其分管科研工作期间，学校实现了自治区医疗卫生获一等奖和国家科技进步奖的重大突破，并获中华医学科技奖二等奖1项、自治区科技进步奖10项，获奖率占全疆高校的81.8%，获奖总数居全疆高校之首，SCI论文与专利申请授权数量持续增长。

虽已花甲之年，但她仍然以满腔热忱倾注自己所热爱的医学事业，践行着严于律己、无私奉献、锲而不舍、勇往直前的白求恩精神，带领着白求恩医学部的教职工在教学、科研和医疗岗位上默默耕耘，努力为医学事业的发展、为实现新时代的中国梦贡献着自己的力量。

（二）吉林大学基础医学院病理生理学系资深教授——赵雪俭

赵雪俭，女，病理生理学教授，博士生导师，博士后合作教师，吉林大学基础医学院病理生理学系资深教授，原吉林大学前列腺疾病防治研究中心主任。曾任中国病理生理学会理事，现任中国病理生理杂志名誉编委。1992年获得国务院特殊贡献津贴，1998年被评为长春市劳动模范，2003年被评为吉林省省管优秀专家。无论教学还是科研中，赵雪俭都秉承着白求恩精神对于工作极端负责、对同志对人民极端热忱、对技术精益求精的要求，历尽艰辛，奋力拼搏，掌握高端的科学技术，为强国、建设国家做出了巨大贡献。

在教学中重视学生能力的培养，重视学科建设。1986年赵雪俭用世界银行贷款提供的四导生理记录仪和血气分析仪等，在本科教学中开展实验课教学改革，把简单地验证理论的实验课改为科研实践课，为医科本科生提供了参加科学实践与撰写科研论文的机会，得到卫生部科教司的科研经费资助与好评，作为副主编发表了《医学学习导论》一书，病理生理的科研实践课一直延续至今。1993年以她的科研成果为牵头，原白求恩医科大学病理生理学科获得博士授权点，她本人被评为博士生指导教师。她主持的国家“八五”重大科技攻关课题的专项项目等系列成果，在七所大学的激烈竞争中，为原白求恩医科大学赢得了病理生理学博士点的授予权。在其一生的教学生涯中，共培养研究生69名，其中硕士研究生30名，博士研究生39名；博士后出站12名。为提高研究生培养水平，她通过多种渠道加强科研平台建设，不断引进跨学科技术。特别是2002年起开展与国外知名专家共同培养博士研究生以来，不仅使科研水平明显提高，而且，使研究生的科研能力显著提高。她指导的博士研究生——张灵，2008年获国家百名优秀博士论文入围奖并列第一名，吉林省优秀博士学位论文证书；潘玉琢博士已经成为美国食品药品管理局（FDA）的技术官员。

在科研上自强奋斗走上成功路，在探索与合作中稳健前行。科研起步举步维艰，坚强与奋斗使她走上成功路。1978年后，从内科调到病理生理教研室，曾为参加学术会议无钱印刷一篇论文而奔波。她下定决心走自强奋斗的路，她的勤奋与执着感动了著名的病理学家——王泰龄教授。在王教授的启蒙、指导与合作下，1983年她获得了吉林省计划生育委员会科研课题2万元的科研经费资助，通过精打细算，努力拼搏和刻苦钻研，获得了创新性成果，1988年获得国家计划生育委员会的科技进步二等奖。1991年成为国家“八五”科技攻关课题的专题主持人。她科研思维活跃，科研积累雄厚，赢得了日本专家的信任，吸引了国外优秀华人科学家的科技合作。

1989年赵雪俭赴日本东京大学进行合作研究，她用坚强的毅力顶住压力，全身心投入实验研究，系列的研究结果使日本专家感到震惊，改变了对中国学者的看法，赢得了尊重与信任，这成为回国后与日本专家合作，并获得“中日政府间专项技术合作项目”（JICA项目）无偿援助的基础。JICA项目协议规定日方代表团只提供3000万日元的设备援助和每年接收研修人员4人。在她的团队的积极努力下. 总有显示项目重大社会效益的成果出现，使日本政府增加了投资，建立起“前列腺癌早期诊断与防治基础研究平台”。赴日研修人员也从12人增至22人次。在中日专家的共同努力下，通过对2万名男性的筛查，并通过病例对照研究揭示了我国前列腺癌“极低发”的原因，为在我国实现前列腺癌早期诊治，迈出了可喜的一步。与美国FDA徐德启资深研究员合作，应用基因沉默技术开展前列腺癌等肿瘤的专科治疗获得了成功，减毒沙门氏菌做运载体已引起国内外学者高度重视，赢得国际肿瘤基因治疗领域的认可，不仅在SCI收录杂志上发表论文10余篇，还获得三项授权专利。与美国加州大学杨宝学教授合作进行尿素通道研究。在美国加州大学杨宝学教授建议下，孟艳博士选用2M尿素溶血实验，从2万名患病人群中筛查出一例患有进展型家族性心脏传导阻滞（PFHBⅠ）的先证者，DNA测序显示，尿素通道B第5内含子3'端等位基因发生不同的突变（G→C，G→A），第6外显子被异常剪切。先证者的姐姐和弟弟都是杂合子。为揭示疾病的发生发展规律与机制，杨宝学教授提供了“尿素通道B基因敲除小鼠”，发现这种小鼠发生了随增龄加重的房室传导阻滞。通过心肌差异蛋白组学和线粒体差异蛋白组学研究，已经肯定UT-B核基因缺失诱导的线粒体功能障碍是导致PFHBI发病的分子机制。目前已经通过UT-B基因敲除小鼠复制出此病理模型，在本疾病发病机制和治疗学研究方面已有新发现。赵雪俭在失血性、心源性及内素性休克等模型的研究中发现PDS有与地塞米松样作用，作用机制相似，但无其副作用。近年研究发现PDS可与糖皮质激素受体结合，生物学效应呈剂量依赖性，具有开发前景。

她虽年逾80仍然不离开科研岗位，默默地为科学研究做奉献。勇于担当、忠于职守、爱岗敬业、乐于助人、不求回报的白求恩精神一直激励着以赵雪俭为代表的老一辈医学工作者，为国家教育事业，为国家建设、发展和强大做出了巨大贡献。

五、口腔医院

（一）全国医药卫生系统创先争优活动先进个人——周延民

周延民，中共党员，主任医师，教授，博士生导师，现任吉林大学口腔医院院长，长白山学者，国际牙医学院院士（Fellow），国际口腔重建科学委员会中国分会常委，长期从事口腔种植修复学临床工作。作为一名一线医务工作者，周延民始终弘扬白求恩精神，他从医三十余载，全心全意为人民服务，严于律己，勤于奉献，廉洁行医，对患者满腔热情，牢记“大医精诚”古训，秉承杏林遗风，对医技精益求精，将全部的身心铺在岗位上，一门心思做工作，用自己的一言一行带动着身边的每一个人。他公开发表论文300余篇，30篇被SCI收录，7篇被EI收录；获得专利2项；主持国家级、省部课题共30余项，包括国家自然科学基金3项、教育部博士点基金1项；获吉林省科技进步奖一、二、三等奖各1项，中华口腔医学会科技进步奖三等奖1项，长春市科技进步奖一等奖、科技创新奖各1项。

在医疗事业中，周延民坚持患者第一，注意在医疗服务中弘扬先进性。做一名救死扶伤的医生，一直是周延民教授从小梦寐以求的职业。在追梦的路上，他通过刻苦的专业学习，积累了扎实的医疗理论，进入工作岗位后，他谦虚地请教前辈、同事。在后来的临床工作中，他凭着过硬的专业知识、丰富的临床经验、极端负责的工作态度，为患者排忧解难，解决了不少疑难病例。多年来，他用精湛的技术治愈了无数的患者，过硬的技术、良好的医德医风和忘我的工作干劲儿以及对于患者认真负责的态度感染着身边的同事和他的患者，每年都有多人送来锦旗和感谢信。在30余年的工作生涯中他走出了一串闪光的足迹，多次荣获省级、市级“医德标兵”等光荣称号，深受广大职工和患者的信任和爱戴。

坚持原则，大胆抵制医疗行业不正之风。2000年以来，医疗行业不正之风有所抬头，严重损害了医护人员的名誉，玷污了白衣天使的称号，患者深恶痛绝。作为一名长期工作在一线的医务人员，周延民不仅严格要求自己，坚持廉洁行医，拒收红包、回扣，而且敢于深挖医院内部存在的问题，开展“内正行风、外树形象”活动。在院周会上他经常说：“我们应该始终不能忘记自己是人民的医生，不能忘记白求恩精神，要恪守职业道德，多为患者着想，给患者最合理的治疗，不能违背医者仁心啊！”他带领全院医务人员积极开展“三好一满意”活动，坚持病患至上，热情周到服务。

刻苦钻研业务，提高为患者服务的本领。作为当代的口腔专家，周延民被评为“吉林大学十大名医”，获“吉林大学白求恩名医奖”。他与美国哥伦比亚大学合作，创建了东北地区第一个专业化的口腔种植中心，为吉林省口腔种植事业的发展奠定了基础，开拓了方向。临床工作中，周延民积极开展新技术、新疗法，包括无牙颌种植修复、前牙美学种植修复、数字化种植修复、上颌窦内外提升术、下牙槽神经移位术、牵张成骨术、即刻种植即刻修复术、Onlay植骨术、自体骨/异体骨移植技术、引导骨再生技术及PRF组织增量等国际先进种植技术，扩大了种植修复的适应证，提高了医疗质量和种植修复的成功率，为广大患者带来了福音。2016年，周延民开展的PRF组织增量基础和临床应用研究荣获吉林省科技进步一等奖和中华口腔医学会科技进步奖三等奖。作为吉林省医疗事故鉴定委员会专家，每年应邀参加三级医院疑难病例会诊或专题报告5～10次。他多次荣获“全国医药卫生系统创先争优活动先进个人”“吉林省突出贡献中青年专业技术人才”“吉林省高级专家”“长春市突出贡献专家”。作为口腔种植修复学学科带头人，他连续数年主办继续教育学习班，并以专题讲座的形式推广应用规范化种植治疗技术，提高了本地区乃至全国种植修复整体治疗；2009年9月，吉林省口腔医学会成立，周延民担任会长。他深知自己肩上责任的重大。上任后，他多次组织召开理事会，围绕口腔医学发展的重点问题，积极开展学术交流，加强学科间和相关学术团体间的联系与协作，开发和推广口腔医学科技新成果、新技术，为推动吉林省口腔医学发展，提高吉林省口腔医学在全国口腔医学界的影响做出了积极的贡献；并在2013年成立吉林省口腔医学会种植专业委员会，担任主任委员，积极推动吉林省口腔种植事业的发展。

潜心公益，树立高度的社会责任感。周延民深知，一个有责任心和社会责任感的单位都应该以为社会做贡献为己任，特别是公立医院，回归公益事业更是义不容辞的责任。担任院长以来，医院多次组织突发事件紧急医疗队及吉林省卫生厅卫生人才支持农村项目，积极承担了"微笑列车""重生行动""长春市口腔健康行动计划"等多项公益事业。同时还组织参加大型义诊活动，对于每一个公益活动，周延民都要求医护人员要拿出百倍的热情，尽心尽力为受救助的患者服务，让每一位患者不仅得到最好的诊疗，也得到心灵上的安慰。

多年来周延民勇当医院改革的急先锋，用全心全意为人民服务的行为诠释了白求恩精神。他把自己锻造成吉林省的名医，树立了廉洁行医的旗帜，赢得了广大患者的信任和同行的尊敬。在他的带领下，医院领导班子更加团结、实干，全体医务人员思想稳定了，工作热情提升了，服务质量提高了，医院实现了社会效益和经济效益的双丰收。在他的带领下，口腔医院正迈着矫健的步伐，勇敢地向口腔专科发展的高峰攀登！

（二）吉林大学口腔医院正畸科创始人——梁侻

梁侻，男，中共党员，上海人，吉林大学口腔医院（原白求恩医科大学口腔医院）创始人之一，口腔医院正畸科的创始人，口腔医学教育家。历任原白求恩医科大学口腔医（学）院副院长、院长，享受政府特殊津贴（从1992年开始）。

呕心沥血，创建系院。梁侻1955—1960年就读于北京医科大学口腔医学系，毕业后服从国家分配来到长春，在原吉林医科大学第二医院口腔科参加工作，一干就是三十余年，无怨无悔，他把毕生的精力都献给了口腔医学事业，经历了"6·26"的洗礼以及多年临床工作的磨炼。梁侻教授既坚定了共产主义的理想和信念，又确定了自己的专业目标和发展方向，1986年光荣加入了中国共产党，曾任白求恩医科大学第二医院口腔矫形科副主任、主任。在20世纪70年代，开始筹建口腔医学专业阶段，积极参与了创建工作，在最初建立的四个教研室中，担任口腔矫形科教研室副主任。1980年到北京医科大学进修前，科室一直开展活动矫治技术，进修回院后在国内较早地开展了方丝弓固定矫治技术。1984年被任命为白求恩医科大学口腔医学系副主任兼口腔医院副院长，为了解决资金问题，购置先进的仪器、设备，他多方筹措，联系了当时卫生部及世界银行贷款，为口腔医院的筹建呕心呖血，想尽办法，1985年白求恩医科大学口腔医院成立，1986年创建了口腔正畸科，率先开展了Begg细丝弓矫正技术，当时在全国处领先水平。在梁傥担任口腔医院副院长、院长的十余年中，他全身心地投入到口腔医院的建设和发展中。他爱院如家，关心职工冷暖，和蔼可亲，平易近人；他尊师重教，倾听师生心声，为人师表，率先垂范，直到现在还每年探望孙清穆、顾锡荣老教授；他视患如亲，感知患者疾苦，贴心服务，至仁至善；他为官清廉，襟怀坦荡，德高望重，恩泽久远。

兢兢业业，教书育人。鲁迅先生曾经说过："教育植根于爱。"因为有了爱，才能忠诚于教育事业；有了爱，才能春风化雨，培育桃李。梁傥就是这种植根于爱的教育家，他把教师作为高尚的职业，把教书育人作为神圣的职责。他言传身教，热爱学生，严父慈母般地影响和教育学子们如何做人、怎样成才。从最早的白求恩医科大学口腔医学专业首批学员到历届学生的口腔矫形学和正畸学课程，他都参加主讲，学生们的临床实习他都亲自带教，为师严谨，诲人不倦。他组织授课教师集体备课并参加听课。课堂上，抑扬顿挫，重点突出；实习中，亲自指点，循循善诱。能够把国内外正畸学的先进技术及时传递给学生，理论联系实际，教学效果好。为了切实提高学生正畸学的理论水平，作为编委，参与编写了《口腔正畸学》（本科生教材）；为了培养学生的科研和创新能力，主编了《口腔医学实验教程》（供口腔医学专业用）。诊室里，他耐心细致地指导青年医生和实习学生，把技术和经验毫不保留地传授给他们，通过他的言传身教青年医生和学生们的临床技能迅速提高，为正畸、修复两个科室的发展培养了后备力量。他秉承着"勤奋、求实，治学之本""诚实做人，执着做事"的信条，培养了近二十届本科生和十二届硕士生，已是桃李满天下。他正直的人格、儒雅的风范早已成为学生们的楷模，感召和引领他的莘莘学子"亲其师，信其道"，职业生涯走得更高更远。

梁傥在人才培养方面采取"送出去，请进来"的方法，科室里的年轻人（包括孙新华、王景云、陈远萍、吴丽萍、周丹等）相继被送至国内外知名院校进修，学习新技术、新方法；邀请北京医科大学傅民魁、于世凤，第四军医大学徐君伍、王惠云等知名专家来院讲学。积极开展对内、对外学术交流，鼓励年轻人积极参加国内外的学术会议，增进交流，扩大影响，与日本东京医科齿科大学建立了姊妹院校关系，多次邀请当时齿学部正畸学教授黑田敬之先生来院开展学术交流。还邀请日本高桥优美先生、近藤悦子先生、黑田康子先生等正畸学专家来吉林大学口腔医院讲学，并率先在国内开展Begg细丝弓矫正技术及方丝弓矫正技术，使吉林大学口腔医院的正畸治疗水平处于全国领先水平。通过几年的努力，修复科的王景云、周延民、张庆国、李江，正畸科的孙新华、陈远萍、胡敏、朱宪春等人的专业技术得到迅速提高，现已成为学科带头人、学术骨干和医院领导。

精医精诚，至仁至善。梁傥为医精勤，德技双馨。他不仅在医术上精益求精，给患者最佳的治疗方案和正确有效的治疗，而且还具有仁爱之心和强烈的责任感。

在毛主席下达“6·26”指示后，他响应国家号召随医疗队下乡，扎点于原磐石县三棚镇，为当地群众送医送药，诊治疑难病例，利用自己的技术为广大群众解决疾苦，深受当地群众的好评。回长春后多年，依然有不少三棚镇的病患慕名前来找他诊治，他总是热情接待，认真诊治，视病患如亲人。

正畸科最常见的牙殆畸形，传统的矫治方法，矫治器制作复杂，患者治疗周期长，且许多复杂病例无法治疗，需要反复调整数十次方能完成。为了减轻患者痛苦，缩短治疗时间，他率先引用并开展了细丝弓技术，该技术在当时达到国内先进水平，这大大地缩短了治疗周期并减少了患者复诊的次数，该项技术当年获校医疗成果奖。结合临床他撰写并发表论文42篇，“正畸力值与牙齿移动方式的生物力学应用”项目，获1991.01—1993.12国家自然科学基金项目，还获国家自然科学基金项目两项，他主持的“牙周病的正畸治疗”项目获吉林省卫生厅1989年度新技术二等奖。

梁悦从医从教三十余年，一直传承老白校的白求恩精神。他毫不利己，专门利人，对工作极端负责，对技术精益求精，对同志、对患者极端热忱。他虽已83岁高龄，仍关心、关注口腔医院的建设发展，献计献策，多次参与医院的重要活动。他总是谦虚严谨，宽以待人，学而不厌，诲人不倦，为人正直，待人友善。在学生眼中，他既是严父又是慈母，他以“爱心、耐心、恒心”赢得学生的尊敬和信赖，尽可能多地给学生创造进修学习、出国深造等学术交流的机会，因材施教，使每个学生经过努力都有所进步，使每个学生都品尝到成功的喜悦。他身上有学不完的知识和经验，有用不完的智慧和力量，是需要后辈学习与领悟的。

第三节　国内外校友主体成就与优秀个案

70多年来，白求恩医学院校培养了一批又一批优秀的学生、教师和医务工作者。他们在白求恩精神的感召下，取得了令人瞩目的成就。他们就是新时代白求恩精神的体现，也为医学的发展进步贡献全部的力量，是他们唱响了新时代弘扬白求恩精神的主旋律。深入地发扬白求恩救死扶伤的人道主义思想和崇高的国际主义精神，一直是他们孜孜不倦的努力方向。

一、公共卫生学院

（一）抗击“非典”模范个人——张义

张义，男，汉族，1962年2月出生，中共党员，吉林大学行政学院法学博士，白求恩医科大学1987届预防医学专业毕业生。毕业后留校任教，1990年调入长春市朝阳区预防保健中心，在一线从事卫生防疫监督和管理工作，先后任长春市朝阳区预防保健中心主任，朝阳区卫生局副局长、局长，2000年经公开选拔任吉林省卫生厅副厅长，2009年任吉林省爱国卫生运动委员会副主任（正厅长级），2015年任省卫生计生委党组书记、主任。

张义同志多年从事卫生行政管理工作，同时是卫生部传染病控制专家组成员。在重大突发公共卫生事件应急处置中，他深入一线，靠前指挥，先后取得了2003年抗击“非典”、2008年抗震救灾、2010年抗洪抢险防疫工作的全面胜利，确保了“大灾之后零疫情”，被评为省政府抗击“非典”模范个人。通过科学有效的行政管理，吉林省法定传染病发病率始终控制在低流行水平并持续下降，2015年、2016年连续两年排在全国第31位。全省孕产妇死亡率14.88/（10万）、婴儿死亡率4.09‰，均优于国家平均水平。

在医改工作中，他攻坚克难，统筹推进。制定了具有吉林省特色的基层医疗机构综合改革一系列相关配套政策，全省41个县（市）79家县级公立医院进行了改革，实现100%全覆盖，圆满完成省基层医疗机构改革综合任务，取得了“三升、一降、两回归”（医疗服务的质量、群众的满意度和医务人员的积极性得到提升，总体的医疗费用下降，医生回归了医生看病的角色，医院回归了公益性）的改革成效。组织设立公立医院综合改革试点，协调财政补偿、价格调整、医保支付等配套改革同步推进。推进分级诊疗制度落实，有效实现了优质医疗资源和工作重心“双下沉”。建立药品供应保障机制，药品采购服务平台每年为全省医疗机构节约药品采购费用30亿元。基层医保实现应保尽保，覆盖率保持在98%以上，省内即时结算报销走在全国前列。大病保险政策覆盖全省70万贫困对象和160万民政救助对象，新农合保障病种达到42种，全省累计有50余万人口直接受益。

他注重基本公共卫生服务管理，关注卫生计生民生实事的落实。组织完成全省8133个标准化村卫生室建设，建设规范化预防接种门诊968个、社区健康小屋220个、村级“一站式”服务群众平台3000个、乡镇卫生院便民中医馆240个、中医药综合服务区386个，使全省基本公共卫生服务内容扩展到12类46项，基本覆盖居民生命全过程。

在加强医疗管理工作上，持续开展改革医疗服务行动计划，强化医疗服务质量，控制医疗费用不合理增长，全省医疗费用增幅排名全国第30位，全省二、三级医院的平均住院费用明显下降，436家医疗卫生机构与353家养老机构开展了医疗协作或签约服务。

在健康扶贫工作中，多措并举抓落实，全省因病致贫返贫人口健康档案建档率、家庭医疗团队服务签约率、“一人一策”健康干预措施达到100%全覆盖。2016年，全省贫困人口新农合扶贫政策受益73530人次，新农合大病患者受益5761人次。

近年来，张义同志统筹规划全省卫生计生事业发展蓝图，制定了《“健康吉林2030”规划纲要》《吉林省卫生与健康“十三五”规划》《吉林省“十三五”医药卫生体制改革规划》，吉林省在全国率先出台了《加快卫生与健康事业改革发展的实施意见》，全面两孩生育政策调整完善稳妥实施，吉林省卫生计生事业持续健康发展，多项工作走在全国前列，在省政府绩效考核中省卫生计生委连续被评为优秀等次。

（二）全国优秀科技工作者——李校堃

李校堃，男，1964年2月出生，陕西富平人。1982年至1987年就读于白求恩医科大学临床医学系本科，1989年至1992年在白求恩医科大学攻读生物化学专业硕士学位，1996年获中山医科大学微生物与生化药学博士学位。现任温州医科大学校长。

博士毕业后，李校堃在暨南大学致力于以成纤维细胞生长因子（FGFs）为代表的重组蛋白质药物研究，在国际上率先解决了成纤维细胞生长因子（FGFs）成药的系列基因工程技术难题，2004年牵头申报并获批基因工程药物国家工程研究中心，担任首席科学家。基因工程药物国家工程研究中心是国家发改委在基因工程药物领域正式批复组建的第一个，也是唯一一个国家级工程研究中心，是生物医药技术科技成果向市场转化的孵化器。

2005年李校堃作为人才被引进到温州医学院（现更名为温州医科大学），先后担任温州医学院药学院院长、副校长等职务。李校堃和他的科研团队在温州扎根十余年，以科技创新不断刷新和改变人们对温州的认识。他领导的科研团队在国际上首次将成纤维细胞生长因子开发为临床药物，使我国成为世界上第一个把成纤维细胞生长因子开发为临床药物的国家，为我国加快开发具有自主国际知识产权的基因工程新药做出了突出贡献，截止到2016年，FGFs系列药物在全国2000多家医院使用，累计使用患者超过8000万人次。在温州医科大学工作的十年里，李校堃先后入选教育部“新世纪优秀人才支持计划”、人事部“新世纪百千万创新人才工程”国家级人选并享受国务院特殊津贴，并于2009年入选教育部长江学者特聘教授。他凭借多年来在生物制药和临床转化医学研究中的辛勤耕耘而荣膺“全国优秀科技工作者”称号，并入选中组部“万人计划”第一批教学名师。

2015年7月至今担任温州医科大学校长。为了最大程度地发挥高校、企业、政府、产业基金各自的优势，在生物医药转化方面探索更好的体制和机制，李校堃牵头温州大学生命科学研究院、生命与环境学院、化材学院与温州医科大学药学院，共同组建了温州市生物医药协同创新中心。协同中心是温州市政府批准的独立法人事业单位，以李校堃为学术带头人的教育部创新团队为支撑，围绕生命科学和人类健康服务相结合的主题目标，是一所综合、大型、跨领域、国际化、具有强大竞争力和重要影响力的生命科学和健康科学研究的人才培养基地。

在李校堃从事重组蛋白质药物科学研究20多年里，围绕成纤维细胞生长因子（FGFs）蛋白质创新药物开发、产业转化以及基础研究方面做出了突出贡献：（1）对成纤维细胞生长因子进行系统的基因设计、改造和分离纯化研究，承担了国家

"863计划"项目、国家自然科学基金项目等多项国家级、省部级重大科研项目，在此基础上首次完成rhbFGF和rhaFGF临床前及临床研究，获得了具有自主知识产权的3个一类基因工程新药和1个三类药械，在世界上首次将重组成纤维细胞生长因子应用于创伤、烧伤及慢性溃疡等的治疗，药物推广应用到了2000多家医院，累计治疗患者8000多万人次，产生了显著的经济效益和社会效益。（2）通过FGFs结构功能关系探讨，对FGFs药物开发过程中药物免疫原性、表达纯化、稳定性、缓释性、分子机制、安全性、计量效应关系等科学问题进行深入研究，在Cell Metab、Circulation、Mol Cell等国际权威杂志发表SCI论文257篇；出版FGFs及生物药物专著7部，在FGFs药物研究领域处于国际前沿，多次受到国际相关学术大会邀请并做主题报告。（3）探索开发了我国自主知识产权生物药物研发的可行性方法，研究成果被2005年版《中国药典》收录并作为FGF药物质量控制标准，获得授权发明专利并均成功实现产业化，为我国生物药物的发展积累了重要经验。（4）研究成果均实现产业化：外用重组牛碱性bFGF在珠海亿胜等企业产业化；外用重组人碱性bFGF于2004年在南海朗肽产业化；外用重组人酸性aFGF于2006年在上海万兴产业化。rbbFGF和rhbFGF项目分别于2002年和2005年被国家发改委列入高新技术产业化示范工程项目，为我国基因工程药物科研成果产业转化提供了重要经验。

李校堃先后以第一完成人获得2003年教育部科技进步一等奖、2007年中国药学会科学技术奖一等奖、2008年中华医学会科技奖一等奖、2009年国家技术发明二等奖、2016年教育部高等学校科学研究优秀成果奖一等奖等多项国家级奖项，及5项第一完成人的省部级一等奖。此外，基于FGF药物在治疗慢性创面治疗的技术与理论研究成果，作为主要贡献者参与申报的"中国人体表难愈合创面发生新特征与防治的创新理论与关键措施研究"荣获2016年国家科技进步一等奖。他长期担任中华医学会创伤学分会创伤药物与转化应用委员会主任委员、中国生物工程学会转化医学专业委员会主任委员、中国医药生物技术协会副理事长、中国生物工程学会常务理事、中国医药质量管理协会副会长等学术职务。

二、护理学院

（一）全国优秀科技工作者——郭彩霞

郭彩霞，女，中共党员，1963年出生，1984年参加工作，从事临床护理工作34年，担任护理部主任18年，自2017年6月起至今任吉林大学中日联谊医院副院长，全面负责医院护理、院内感染管理工作。

在教学科研方面的成果颇丰。2013年郭彩霞被中国医院学会评为"全国百名优秀护理管理者"；2014年被中国科学协会评为"全国优秀科技工作者"，成为东北护理界获奖第一人；2015年被中国医院管理杂志评为"全国首届优秀护理部主任"，中华护理学会第五届护理管理学术会议"优秀组织奖"；2016年被长春市卫生系统评为“敬业奉献奖”、中华护理学会全国护理管理改革创新“优秀组织奖”；2017年被中华护理学会评为“杰出护理工作者”，中华护理杂志社“优秀编委”，获全国第三届静疗护理科研课题评选一等奖。近五年承担各级护理科研项目10项，发表专业论文80余篇，其中核心期刊20余篇，参编专业教材及论著14部，获国家医学教育发展中心护理教学一等奖1项，获吉林省自然学术成果奖4项，吉林大学医疗成果奖13项。

在工作岗位上勤劳敬业，勇于创新。自2010年启动优质护理服务以来，郭彩霞带领全院护理人员不断深化优质护理服务，开展专科护理培训，有效运行医院护理培训管理组织，不断创新护士岗位培训模式，开展以提高岗位胜任能力为目标的护理培训。在护理管理方面勇于创新，积极探索，勤于实践，不断学习总结国内外护理工作的最新进展，对护理管理工作中存在的问题进行及时有效整改。她定期组织全院护理会诊及查房，指导各护理单元落实各项专业技术，并不断修订和完善相关规章制度、工作流程及质量标准，推行护理弹性排班制度，充分整合全院护理资源开展工作，积极推进护士的岗位管理，根据临床具体情况推出了护理人才培养及人力储备流程，强化人力资源管理，在省内率先完成护生与临床交接，建立了医院护士库，解决了临床的实际用人需求。在学术建设方面，她多次主持召开国家及省级学术及护理学术会议，并进行大会交流与专题讲座；作为一名硕士研究生指导教师，至今已培养了5名优秀的硕士研究生，同时承担了吉林大学护理学院、长春中医药大学、长春医学高等专科学校等学校的护理管理学、儿科护理学、内科护理学等多门课程的教学工作。

郭彩霞优异的工作表现和较高的科研能力，为她赢得了较高的社会影响力。她担任中国医院等级评审（CHA）内审员、卫生部医院等级评审骨干专家、全国医疗质量万里行检查组成员，兼任中华护理学会静脉输液治疗分会全国副主任委员、中华护理学会行政管理委员会委员、首届中国研究型医院学会护理分会理事、吉林省及长春市护理学会理事会副理事长，吉林省及长春市护理学会静脉输液治疗专业委员会主任委员，并担任《国际护理学杂志》副主编、《中华现代内科护理杂志》常务编委、《中华护理杂志》《护理学杂志》及《中华医院感染学杂志》等核心期刊编委。

（二）抗震救灾先进个人——李虹彦

李虹彦，社会医学与卫生事业管理专业博士、护理硕士生导师，担任吉林大学第一医院副院长、吉林省临床护理质控中心主任、吉林省护理学会副理事长兼秘书长、中华护理学会常务理事、中华护理学会护理专业工作委员会副主任委员、中华护理学会行政管理专业委员会委员、中国研究型医院学会护理分会常务理事、吉林省生命关怀协会副会长、吉林省护理学会管理分会主任委员、长春市护理学会老年分会主任委员等职务。作为医院护理学科带头人，她在临床护理、护理管理、护理教育、护理科研中取得了丰硕成果，为推动护理学科发展、改善群众就医感受积极贡献力量。作为吉林省护理界的优秀引领者，她积极起到对基层医院护理事业的辐射带动作用，推动全省护理工作协同发展。

作为护理管理者，一直以来她敢于在观念上推陈出新、思想上大胆转变，率先在省内推出一系列护理改革新举措。她率先将责任制整理护理模式引入吉林省并深入推广，实现了护士对所管患者从入院到出院，从生理、心理到社会的全面“包管”，极大提高了患者就医满意度；吉大一院作为全国首批“护士岗位管理”试点医院，也是吉林省唯一试点单位，省内率先构建了科学的护士层级及岗位管理，建立起护士分层考核、进阶及培训机制，建立岗薪匹配的薪酬分配机制，全省率先实行护士同岗同薪同待遇，大大调动了护士工作的积极性，她确保改革平稳落地，并形成示范版本全省推广。

随着“互联网+”时代的到来，她积极推动移动护理信息化建设，助推护士床旁移动作业和无纸化办公的实现。她推动建全质量指标体系，借助PDCA及RCA等新型管理方法实现指标与数据引导下的靶向监管。近年来，她又提出将“5S”“品管圈”等科学管理方法应用于临床，引导并推进全院护理“品管圈”活动开展，连续四届获全国品管圈大赛一等奖3项、二等奖2项。

精深专业，提升内涵。2010年，她带领吉大一院成为吉林省唯一全国首批“专科护理”国家临床重点专科项目建设医院，获得800万元的项目经费资助。近年来，带领吉大一院护理工作以重点专科项目建设为契机，医院的专业实力得到了快速发展。时至今日，医院已累计培养了国际伤口治疗师10人，在13个领域培养专科护士500余人。自2010年起，先后成立了重症、急诊、血液净化、糖尿病、疼痛等专科护理小组，开展电磁导航定位法指导鼻腔肠管置管技术、超声引导下应用改良塞丁格PICC置管技术、简易负压封闭引流技术等新技术数十项，处于省内领先、国内先进水平。于2012年正式成立了吉林省首家“伤口PICC”专科护理门诊，并承担全省疑难病例诊治和会诊工作，积极发挥护理的专业价值。

拓展服务，延伸工作。随着国家“健康中国”战略的提出，引领医院开展精细化护理服务。急诊实现危重患者取药、缴费、住院、转运护士全程引导陪伴，门诊开设护理健康大讲堂，主创在各住院疗区开设“专病专品”特色病房；开展“加速康复外科”围术期护理，启动“以患儿及家庭为中心”的温馨护理；成立东三省首家“大爱尚美”院内患者幼儿园，为因治疗时间偏长、与外界缺乏交流机会的患儿提供智力教育、心理支持以及社会关爱；组织成立了南丁格尔护理服务队，针对糖尿病、长期血液透析及造口患者，定期组织“糖友会”“肾友会”“造口联谊会”等患教活动，对慢病患者进行居家访视和多专科义诊活动；走入机场、高校开展公众CPR急救技能培训；组织志愿者深入自闭症儿童学校、孤儿学校、养老院等地开展科普宣教及健康服务，将延伸服务拓展至生命全周期、健康全过程。

树德育人，桃李芬芳。护理要发展，人才是根本。她建立了分层和分类相结合的护士规范化培训体系，通过外请专家、内聘教授，在专业、管理、科教等方面落实人才培养方案，并借助“标准化病例”“OSCE多站式考核”等模式，进一步完善和优化新入职护士培训制度和课程体系，有效提升护士专业素质能力。本着“让年轻护士尽快成长，让骨干护士有所专长”的理念，院内成立了危重症、伤口、疼痛、营养、PICC输液等专科护理小组，通过定期培训、会诊来带动全院护理专科发展。在全院重症监护病房设立专人任护理技术督导，通过制定标准化作业流程，开展急危重症患者查房、督导及会诊，带动医院整体专业水平发展。她通过积极提高护士福利待遇，展示传播护理正能量、组织感动护理人物评选、举办演讲、健康宣教大赛等主题活动，积极打造团结、和谐、阳光、专业的学习型护理团队，勉励护士积极主动为患者服务。吉大一院护理文化建设举措在国内引起强烈反响，国家卫生计生委领导、国内同行给予高度赞誉。

博学卓行，厚积薄发。作为吉林省唯一获得博士学位的护理部主任，李虹彦历时5年余，牵头开展了基于个案管理师和多学科协作的癌痛规范化管理研究，于2017年获中华护理学会科技奖三等奖。编写出版的《PICC置管与维护临床护理实践指南》，成为全省专科业务的有效指南。近年来，累计主编和参编专著20部，发表核心期刊论文40余篇，主持省部级以上课题8项，获各类科研奖项20余项，获实用新型专利4项，并担任《中华护理杂志》《中国护理管理》等近10余个杂志的编委。

辐射引领，协同发展。吉大一院作为全省区域性中心医院，李虹彦本人作为吉林省临床护理质控中心主任、吉林省护理学会管理分会主任委员，她坚持每年举办一次全省护理管理论坛，将国内、海内外知名专家请到身边传经送宝，组织开展全省专科护士培训，让我省的护理管理水平与全国一流水平接轨；同时，牵头编写行业规范，亲自深入基层义诊帮扶，开展对基层医疗事业的反哺和拉动。近年来，她的行程达20余万公里，足迹惠及全省20余家医院，受益人数达万余人次。

舍身忘我，率先垂范。国难当头，她义无反顾。汶川地震，她主动请战，第一时间参加了吉林省抗震救灾医疗救援队。作为省抗震救灾ICU护理救援队的队长，她带领21名护士紧急奔赴华西医院抢险救灾第一线，克服余震不断、疫情暴发、气候不适等困难，连续奋战34天，累计护理病人2200余人次。吉林护理救援队的精诚表现和奉献精神获得原卫生部及华西医院的高度赞扬，李虹彦也因此荣获了吉林省“抗震救灾先进个人”“吉林省赴四川抗震救灾个人二等功”、中国科协“抗震救灾先进个人”等光荣称号。

多年的探索与实践，使李虹彦赢得了一项又一项荣誉：原国家卫生计生委“优化优质护理”示范个人、中华护理学会“杰出护理工作者”、“首届全国优秀护理部主任”、中国医院协会“医院护理管理先进个人”、全国卫生系统“护理专业巾帼建功标兵”、吉林省“优质护理服务优秀管理者”、吉林省“劳动模范”、长春市第33

届“劳动模范”、长春市“模范管理者”、长春市“行风先进个人”、吉林大学“师德标兵”、吉林大学“优秀共产党员”……在她的带领下，吉大一院先后荣获“优质护理服务考核优秀医院”、“优质护理示范病房”、“优质护理服务表现突出医院”、改善医疗服务“优化优质护理”示范医院、吉林省“巾帼建功”先进集体、吉林省“十二五”期间“护士岗位管理示范医院”等各类荣誉50余项。

三、基础医学院

（一）全国高校教学名师——郎景和

郎景和，中国工程院院士，著名妇产科专家。主任医师，教授，博士生导师。1964年毕业于白求恩医科大学医疗系，1984、1985年赴挪威、加拿大研修妇科肿瘤及妇科显微外科。1986—1993年任北京协和医院副院长，1993年至今任妇产科主任。担任中华医学会妇产科分会主任委员、《中华妇产科杂志》总编辑、中国医师协会妇产科分会会长、白求恩医科大学北京校友会名誉会长等职务，并受聘为多所大学的名誉教授和客座教授。2011年当选为中国工程院院士。

郎景和教授从事妇产科医疗、教学、科研近五十年，临床经验丰富，技术全面。对子宫内膜异位症发病机制进行研究，提出了“在位内膜决定论”和“源头治疗说”；对于卵巢癌淋巴转移的研究及对妇科内镜手术、子宫颈癌防治、女性盆底障碍性疾病的诊治及基础研究均有突出贡献。获国家科技进步奖、卫生部科技进步奖、教育部科技进步奖、中华科技进步奖及北京科技奖等8项，并荣获2004年度何梁何利科技进步奖、2005年北京市劳动模范、全国五一劳动奖章及全国高校教学名师称号等。发表学术论文600余篇，主编（译）著作30部，个人专著10部。

（二）杰出专业技术人才——陈香美

陈香美，中国工程院院士，著名内科肾脏病专家。主任医师，教授，博士生导师。1977年毕业于白求恩医科大学医疗系，1986年在日本北里大学获医学博士学位。现任解放军总医院肾内科主任、解放军肾脏病研究所所长暨重点实验室主任，兼任第七届中华肾脏病学会主任委员、第五届《中华肾脏病杂志》总编辑、白求恩医科大学北京校友会名誉会长。

长期致力于以IgA肾病为主的慢性肾脏病和老年性肾病的基础和临床研究。在慢性进展性肾病炎症与硬化细胞分子机理及临床意义、IgA肾病凝血纤溶与细胞外基质代谢异常的机制及防治、调控肾脏细胞衰老的机制及保护措施等方面的研究，取得了创新性成果。两次担任“973项目”首席科学家，获国家自然科学基金“创新研究群体”的延续资助。发表论著298篇，SCI收录54篇。主编著作4部。获国家发明专利2项。以第一完成人获国家科技进步二等奖3项、省部级科学技术一等奖4项。获解放军四总部“杰出专业技术人才奖”，荣立个人二等功2次，2006年获何梁何利科学与技术进步奖。2007年当选为中国工程院院士。

（三）国家科技进步二等奖获得者——赵玉沛

赵玉沛，中国科学院院士，著名胰腺外科专家。主任医师，教授，博士生导师。1982年毕业于白求恩医科大学医疗系，1987年获中国协和医科大学硕士学位。现任北京协和医院院长，兼任中国医学科学院、北京协和医学院副院校长。中华医学会副会长，全国胰腺外科学组组长，国务院学位委员会学科评议组成员；《中华外科杂志》总编辑及十余种外科杂志的名誉总编和副总编；前任亚洲外科学会主席，白求恩医科大学北京校友会名誉会长。

赵玉沛在胰腺癌早期诊断和综合治疗的临床与基础研究方面进行了系统性和开创性工作。牵头制定了中国胰腺癌诊治流程和国家行业标准，提出了胰腺癌高危人群概念，建立了胰腺癌诊治绿色通道和术前可切除性评估体系，使北京协和医院的胰腺癌手术切除率、术后并发症发生率和病人生存时间等综合指标明显优于国际同期水平；创立经空肠胃造瘘术，明显改善了患者术后生活质量。他报道了国际最大一组单中心胰岛素瘤的外科治疗，施行了国内首例腹腔镜胰岛素瘤切除术。其研究成果获国家科技进步二等奖等多个奖项。2011年当选为中国科学院院士。

四、口腔医学院

武洲，1985年毕业于白求恩医科大学口腔专业，1990年于该校获得医学硕士学位，1996年赴日本国立九州大学齿学部留学，2001年获得齿学博士学位，2002—2004年入选Japan Society For The Promotion of Science （JSPS）博士后特别研究员。2005年就任九州大学齿学部助理教授，讲师，2010年晋升为准教授，目前是九州大学唯一具有高级职称的华裔女性，2016年树立为九州大学女性科学研究者Role Model（恪尽职守的工作模范）。

在海外留学工作20余年，她坚守白求恩进取敬业精神，潜心钻研积累医学研究经验。攻读博士学位期间，她着手“骨免疫治疗靶点的分子鉴定研究”，首次发现神经生长因子（NGF）对骨形成的促进机能。在JSPS博士后期间，继续深展“神经与免疫动态调控研究”，首次发现知觉神经传导物质对T淋巴细胞亚群平衡的调控机理。8年的研究成果，为确立骨免疫调控骨修复的新靶点提供了分子学理论依据。执教以来，武洲保持白求恩敬业精神，成功地将溶酶体酶对免疫系统的调节理论及技术融入研究，将研究向“全身免疫和脑神经机能相关性的分子免疫学机理研究”扩展。她提出“小胶质细胞脑老化”学说，受到世界脑神经科学研究界的瞩目。她厉行严谨及高度负责的白求恩精神，对学术精益求精，在免疫学、神经医学领域具有影响力的英文杂志（*Journal of Immunology, Brain Behavior and Immunity, Neurobiology Aging*等）上发表原著论文及应邀综述近50篇，英文著书6部。部分研究成果已多次被日本著名媒体报道，并入选“Nat Rev Rheumatology”特讯（6，245，2010，Highlight）。主持及参与日本文部省等科研基金课题近30余项。

近年，提出“从口腔健康延长健康寿命”新理念，再次成为日本及欧美口腔医学、神经医学、老年医学界关注新热点。最新研究成果已被日本《齿科新闻》报道，研究论文被*Global Medical Discovery*选为Key Scientific Article。目前与欧美十多个国家的科学家建立了稳定的合作关系，在英国、加拿大等国共同获得国际合作研究基金3项，共同发表具有影响力的英文SCI论文10余篇。现任日本口腔生物学会评议委员、日本药理学会评议委员、美国神经科学学会会员、欧洲神经科学联合会会员、英国皇家科学会会员、日本女子科学家协会委员、国际职业女性联合会会员。目前担任《奥斯丁阿尔茨海默氏病及帕金森病》等3部国际学术杂志编委，应邀在国际会议讲演30余次。2016年获得英国女王伊丽莎白二世Diamond Jubilee奖，现兼任英国国立南安普顿大学特聘国际研究员。

虽然人在国外，但是她始终不忘祖国，尽心投身于祖国口腔医学教育事业，执教以来培养回国博士10余名，在读博士6名，接受来日研究交流访问研究者20余名。满怀回报母校的热忱，2013年兼任母校吉林大学口腔学院客座教授以来，她定期回国讲学及指导研究生教学工作，得力于九州大学与吉林大学友好校之地利人和，成功地为母校选拔3名在校硕士学生赴九州大学交换留学。她高度关怀留学生的生活，竭尽全力为留学生申请奖学金。以白求恩育人精神育人，与指导的交换留学生并肩努力，在1年内完成并发表具有影响力的英文SCI论文，为交换留学生树立了典范，为母校赢得了荣誉与信誉。

在母校口腔医学院周延民等院领导的鼎力支持及基础与临床教授们的热情协助下，经过五年的辛勤努力，口腔医学院已成为吉林大学与九州大学的国际交流基地，为母校继续选送留学生赴九州大学学习交流奠定了基础。并且她与母校也进入实质性合作，其中已与口腔医学院周延民教授成功申请到国家自然基金项目1项，共同发表高影响力英文SCI论文3篇，2篇英文SCI论文在投稿准备中。

第五章　白求恩精神育人的未来与展望

“白求恩同志1938年初来到中国，同年四月到达延安，六月转到敌后抗日根据地——晋察冀边区。从那时起，他就同我们一起度过了将近两年的战斗生活，成为我们亲密的战友。”“在中国人民反抗日本法西斯侵略战争的艰苦岁月里，诺尔曼·白求恩同志怀着崇高的共产主义理想和无产阶级国际主义精神，远涉重洋，从加拿大来到中国解放区，参加中国共产党领导的敌后抗日游击战争，直到献出了自己的生命。白求恩同志逝世已经二十六年了，我们全党同志和全军指战员永远怀念着他。”[①]白求恩精神在抗日烽火中诞生，历经八十年的岁月洗礼，在传承和发展中不断得到凝练和升华，成为我国医学教育的一面旗帜，成为当代医学生道德发展和价值取向的精神圣殿。白求恩精神核心价值理念“毫不利己、专门利人”“满腔热忱、精益求精”常悟常新，发人深思，成为当代医学教育的宝贵精神财富，越来越多的医学生学习、践行着白求恩精神。

谈到白求恩精神育人的未来与展望，应该依托白求恩精神传承与发展的核心内涵和理念，在习近平新时代中国特色社会主义思想的指导下，紧跟时代潮流，紧贴中国梦、核心价值观，为健康中国战略的实现做好精神引领和支撑，使白求恩精神成为医学人才教育的铸魂利器和精神高地，把当代医学生培养成医德高尚、医技精良的白求恩式医生，将白求恩精神发扬光大、落到实处。我们寻根溯源，详细调查和分析白求恩精神诞生、发展、传承、创新的内容和过程，可以看到白求恩精神已经成为我国医学教育的精神符号和医学教育高地，在八十年的传承发展过程中，得到了几代医学人的认同和践行，并以不同的形式和载体呈现当代白求恩精神。伴随我国经济发展水平和人民生活水平的提高，大众健康和医疗水平成为关注热点，如何在新时代、新形势下传承好白求恩精神，弘扬好白求恩精神，践行好白求恩精神，成为白求恩精神传人的历史使命。现就白求恩精神育人的未来展望进行阐述。

---

① 聂荣臻：《听毛主席的话，向白求恩学习——〈伟大的国际主义战士诺尔曼·白求恩〉一书的代序》，《中级医刊》，1965年第7期。

第一节 创新白求恩精神育人的形式与载体

习近平总书记指出："同志们现在从事的是一项崇高的事业，在这里工作，升官发财请走别路，贪生怕死莫入此门。榜样是谁呢？张思德、白求恩……有历史的楷模，也有时代的楷模。这些人都是在普通的岗位上，但他们有一颗金子般发光的心，我希望同志们的参照系就是这些楷模。"[①]白求恩作为一个历史的楷模，在参加中国抗日战争的过程中，为了中国人民献出了自己宝贵的生命。白求恩精神在八十年的传承与发展中，逐步成为我国医学教育的重要精神支柱与信仰源泉，白求恩精神为当代医学生指明了奋斗的目标和努力的方向，成为当代医学生的人生灯塔。以白求恩精神铸魂育人成为医学教育的思想共识和重要手段，白求恩精神育人的形式与载体也跟随着我国人民生活水平的提高和社会主要矛盾的改变而不断与时俱进，使白求恩精神落地生根。我们谈到创新白求恩精神育人的形式载体，首先应该明晰白求恩精神育人的现有形式和现有载体，然后结合我国新时代政治经济发展现状和现代医学生特点及医学生教育要求开展创新研究；其次，应该以更高的视角和层次来创新白求恩精神育人的形式和载体，从助力国家医学发展和适应前沿科技潮流角度出发，开展形式和载体的创新；最后，应该重视创新的实际性和全面性，力争通过交叉学科和交叉领域的融合和发展，丰富白求恩精神育人的形式和载体，达到白求恩精神育人实效。现将白求恩精神育人的形式与载体创新工作从以下四方面做重点阐述。

一、白求恩精神思政育人形式与载体创新

习近平同志在2016年12月全国高校思想政治工作会议上指出："高校思想政治工作关系高校培养什么样的人、如何培养人和为谁培养人这个根本问题。要坚持以立德树人作为中心环节，把思想政治工作贯穿教育教学全过程，实现全程育人、全方位育人，努力开创我国高等教育事业发展新局面。"[②]党和国家高度重视高校思想政治工作，如何把思想政治教育按照党和国家领导的指示落到实处，成为高校思想政治教育工作者的首要任务。吉林大学白求恩医学部积极落实上级指示和文件精神，在加强思想政治育人的同时，根据医学专业特色，将白求恩精神融入医学生日常思想政治教育全过程，使白求恩精神成为我校医学思政教育的特色和品牌，帮助学生树立正确的职业观和道德取向，树立远大的人生理想和追求，争取做白求恩式

① 习近平：《习近平谈治国理政》第二卷，北京：外文出版社，2017年版，第193-194页。
② 习近平：《全国高校思想政治工作会议的讲话》，《人民日报》，2016年12月9日第1版。

的人民医生，为我国的人民健康和医药卫生事业做出更大的贡献。

重视白求恩精神思政育人的传统路径教育。习总书记在全国高校思想政治教育工作会议的讲话中指出："思想政治工作从根本上说是做人的工作，必须围绕学生、关照学生、服务学生，不断提高学生思想水平、政治觉悟、道德品质、文化素养，让学生成为德才兼备、全面发展的人才。"[①]吉林大学白求恩医学部重视白求恩精神思政育人工作，将白求恩精神作为医学生的精神引领，积极开展白求恩精神思政育人工作，在各种活动和环节中融入白求恩元素，端正医学生的人生观和价值取向，取得了良好的效果。如在大学生入学时组织开展背诵《纪念白求恩》一文，使大学生在入学初就了解白求恩的高尚品格和道德追求，将大爱的种子播撒在医学生的心田；组织新生参观白求恩纪念馆，使广大同学走进白求恩的真实生活、详细了解白求恩同志在华的生平履历，使同学们能够更直观地感受"毫不利己、专门利人"的白求恩精神内涵；组织开展"重走白求恩之路"主题教育活动，使志愿者在学习实践中增知识、育品格、长才干。此外，积极开展"学习传承白求恩精神主题团日""弘扬白求恩精神主题党日""争做白求恩传人主题演讲"等丰富多彩的活动，扩大白求恩精神的正向引导，使广大医学生能够正确认知白求恩精神并逐步内化为个人的内在品质，达到个人素质和人格的双向提升。重视白求恩精神的说教传播，通过讲座、会议、谈心、谈话等方式，将白求恩精神以润物细无声的方式传输给学生，在潜移默化中实现白求恩精神的思政育人效果。白求恩精神思政育人的传统内容较多，形式多样，可以通过说教形式进行白求恩精神的宣传和教育，也可以将白求恩精神融入思政教育相关活动，将白求恩精神进行主题或植入式宣传，使白求恩精神成为医学思政教育的育人载体和追求目标。

加强白求恩精神思政育人的创新路径挖掘。据中国互联网络信息中心《第40次中国互联网络发展状况统计报告》显示，截至2017年6月，我国网民规模达到7.51亿，手机网民规模达7.24亿，占比达96.3%。[②]随着新媒体的传播和"互联网+"的兴起，白求恩精神思政育人的理念和途径也应与时俱进，紧跟时代脚步，紧贴学生实际，选择学生喜闻乐见的形式创新白求恩思政育人的形式和载体。如开展白求恩精神、事迹的新媒体传播，通过微信、微博、视频传播软件等新媒体形式开展白求恩精神相关事迹传播、典型塑造、实践活动宣传和氛围营造，使白求恩精神走入医学生的日常生活，融入医学生的思想和精神世界。紧跟国家"互联网+"实施浪潮，加强白求恩精神思政育人与互联网的融合与发展，积极引导广大教育工作者紧跟国家战略脚步与时代发展步伐，在"互联网+"的背景下积极谋划，开展"互联网+白求恩精神传承""互联网+白求恩精神发展""互联网+白求恩精神思政育人"等专项

① 习近平：《全国高校思想政治工作会议的讲话》，《人民日报》，2016年12月9日第1版。

② 中央网络安全和信息化领导小组办公室、国家互联网信息办公室、中国互联网络信息中心：《第40次中国互联网络发展状况统计报告》，2017年7月。

课题和项目，从而丰富白求恩精神思政育人的理论基础，不断提高白求恩精神思政育人的时效性。此外，在需要加强白求恩精神思政的国际化步伐，坚持白求恩精神“走出去”理念，增加白求恩精神与国际医学教育的接触与融合，将白求恩精神在异国他乡生根发芽，紧跟国家“一带一路”倡仪等发展策略，使更多的医务工作者认同白求恩精神并在工作中将白求恩精神的核心理念发扬光大，使白求恩精神真正成为医学教育的方向和旗帜。最后还应树立大思政的育人理念，使白求恩精神与医学生思政教育紧密结合，紧跟我国新时代发展脚步，开拓进取，不断创新，把白求恩精神的传承与发展融入医学生的日常思政教育，使二者相得益彰、相辅相成，不断开创白求恩精神思政育人新局面。

二、白求恩精神文化育人形式与载体创新

白求恩精神在传承与发展过程中，受到海内外各界人士的关心和关注，党和国家领导人的题词纪念甚多，体现了党和国家对白求恩精神的重视和殷殷深情。白求恩精神历经近八十载的风雨洗礼，已经形成了自己独特的文化形式与文化符号，白求恩的名字已经享誉大江南北、妇孺皆知，白求恩同志“毫不利已、专门利人”“满腔热忱、精益求精”的服务理念和工作态度成为一代代医学人的价值追求和医学信仰的领航塔。习近平总书记继在全国高校思想政治工作会议上强调做好高校思想政治工作要“注重以文化人、以文育人”之后，今年5月2日在同北京大学师生座谈会上又强调“要把立德树人的成效作为检验学校一切工作的根本标准，真正做到以文化人、以德育人，不断提高学生思想水平、政治觉悟、道德品质、文化素养，做到明大德、守公德、严私德”[①]。习近平总书记的系列重要讲话将高校的文化育人工作提升到了前所未有的高度，对高校的文化育人工作提出了新的更高要求。新时代，我们需要深入挖掘白求恩精神的文化育人功能，将白求恩的医学理念和价值追求不断传承并发扬光大，探索白求恩精神文化育人的新形式和新载体，提高白求恩精神文化育人的实际功效。

突出“有声”的教育，坚持正面引导，营造白求恩文化育人的和谐氛围。白求恩精神文化育人应坚持积极的正面宣传和引导，使医学生能够接受白求恩精神的正面教育，不断提高个人道德水平和综合素质，成为“白求恩”式的医学人才。首先，要建立白求恩精神文化育人的长效机制。要加强白求恩精神文化育人的顶层设计，要作为高校“立德树人”的根本任务来重视和传承，要建立“一把手”参与的长效机制，把白求恩精神文化育人落到实处。建立白求恩精神文化育人的专门组织，建议多部门参与、多方积极沟通协调，定期开展白求恩精神文化育人的主题讲座和座谈，凝练各方共识，规划好白求恩精神文化育人的顶层设计和服务组织，将白求恩精神育人功效落到实处，使其生根发芽。其次，打造白求恩精神文化育人

① 习近平:《在北京大学师生座谈会上的讲话》,《人民日报》, 2018年5月3日第2版。

的活动品牌。白求恩精神已经成为我国医学教育的重要精神符号，应在新时代条件下充分挖掘白求恩精神的文化内涵，通过白求恩式医生评选、白求恩式卓越人才培养、白求恩式医疗团队评选等评选，推动弘扬白求恩精神的品牌推广。再次，积极搭建白求恩精神文化育人平台。重视白求恩精神文化育人平台的搭建，使广大医学生能够积极参与到白求恩精神弘扬和宣传中来，推动白求恩精神不断发展。如组织开展白求恩人文大讲堂、白求恩精神学习宣传周、白求恩十佳大学生、十佳班级评选等，使广大同学能够积极参与到白求恩精神的学习和实践中，通过各种活动的参与和磨炼，增加对白求恩精神的认知，提高对白求恩精神的情感熏陶，从而不断地内化为根植心底的白求恩情怀，从而不断提高个人道德修养和文化素质。最后，积极创新白求恩精神文化育人的新形式和载体。要按照我国新时代中国特色社会主义的总体布局，积极营造良好的文化育人环境，积极组合线上+线上的组合模式，通过网上的快捷方式发布学生易于接受的图片、视频、文字等白求恩文化内容，增加白求恩精神文化的覆盖面。通过广泛动员、积极布局，通过各种途径开展文化展演、文化传承类活动，坚持“走出去、引进来”战略，不断创新白求恩精神文化育人工作。

注重“无声”的渗透，坚持润物无声，打造白求恩文化育人的良好环境。首先，应该重视白求恩育人环境的营造和改善，重视白求恩育人软环境建设，在教学楼、办公楼、运动场及标志性建筑周围应该设有白求恩雕像、白求恩事迹简介、白求恩生活历程等具有白求恩字样的建筑及装饰，特别在人群比较集中的医院、病房等地，更应该加强白求恩隐性文化的传播和覆盖，使更多的人走进白求恩，熟知白求恩精神。如在新民校区和中心校区均应该增设白求恩全身或者半身雕像，在教学楼应悬挂白求恩事迹、生平简介，在各临床医院应该在首要位置建立白求恩文化传播区等功能性建筑标识，增强白求恩精神荣誉感，教育广大医生和教职员工应秉承白求恩精神，加强个人道德和医术修养，提高服务质量。其次，应该引导学生传承和发扬白求恩精神，加强学生周边的白求恩精神的人文建设。如开展白求恩主题的班团建设以及制作班服、班徽、班训、团员口号等文化建设，使广大团员和班级成员都能在潜意识里逐步形成白求恩文化概念。又如倡导广大学生使用白求恩标志的文化衫、水杯、文具等生活用品，使白求恩的形象深深地刻印在学生的脑海里，加强白求恩精神的隐性传播。最后，应重视网络白求恩、手机白求恩精神的文化氛围的塑造和学习，加强校园网、校园内媒体、学生常用APP的白求恩精神的文化植入与传播，形成白求恩精神文化育人的合力。在医院层面，应该充分利用大型医院的资源优势，重视白求恩精神品牌，积极营造学习白求恩精神的文化氛围，把白求恩精神文化建设和文化育人落到实处，使白求恩育人文化随处可见、旗帜鲜明。充分发挥大型医院人、财、物的优势，兴建白求恩精神传承发展的专题网站，开展白求恩式医生及团队的选拔和宣传，扩大白求恩精神的宣传覆盖面，积极树立学习榜样，重视榜样的力量的引领作用，开展白求恩精神传播的新媒体传播和覆盖，使更多的人群了解白求恩精神并逐步内化为自身的优秀品质。

三、白求恩精神实践育人形式与载体创新

白求恩精神在传承与发展过程中，重要的一环就是白求恩精神需要经过实践的检验和淬炼，从而加深对白求恩精神的理解，提高个人的道德修养和精神境界，内化为个人的精神品质。习近平在纪念马克思诞辰200周年大会上指出："实践的观点、生活的观点是马克思主义认识论的基本观点，实践性是马克思主义理论区别于其他理论的显著特征。"[①]实践是人类改造客观世界的一切物质性活动，是人所特有的对象性活动；是人的存在方式，是人类从事其他一切活动的基础和动力，没有实践就没有人类社会的存在。《教育部等部门关于进一步加强高校实践育人工作的若干意见》指出："进一步加强高校实践育人工作，是全面落实党的教育方针，把社会主义核心价值体系贯穿于国民教育全过程，深入实施素质教育，大力提高高等教育质量的必然要求。"[②]我校在白求恩精神实践育人上做了很多工作，取得了一定的成绩，但随着经济的不断发展和学生成长特点的变化，白求恩精神实践育人也应该紧跟时代步伐，在继承和发扬优秀实践经验和实践项目的基础上，不断创新实践形式和实践载体，开拓白求恩精神实践育人的新篇章。

白求恩精神实践育人常规做法和路径。吉林大学白求恩医学部重视白求恩精神实践育人工作，通过组织各种类型的实践活动，使学生在社会实践中践行白求恩精神，加深对白求恩精神的理解，不断提高个人综合素质，在社会实践和志愿服务中升华个人品质。在白求恩精神实践育人过程中，开展了大量的社会实践和志愿服务活动，为学生提供了大量的实践平台和志愿服务机会，数以万计的医学生在社会实践和志愿服务过程中得到成长和锻炼，达到了实践育人地预期要求和目的。白求恩精神实践育人的形式和载体比较多。有对外的，如签订社会实践基地、定期开展义诊送药、慰问扶贫等社会实践和志愿服务活动；在本校各附属医院开展红马甲、蓝马甲类的导诊，宁养院的社会实践和志愿服务活动；开展三高检测、敬老院慰问、孤儿院走访、社区医疗情况调研的社会实践和志愿服务活动，通过对外的"走出去"的社会实践和志愿服务活动，使广大同学开阔视野，更加深入地走进社会，提高个人的生活和学习阅历。有对内的，主要有校内的社会实践和志愿服务活动，如开展校内艾滋病的防治活动，通过发放红丝带的方式呼吁广大同学预防艾滋病，使学生在社会实践中体会领悟白求恩精神，使广大医学生成为"健康所系、性命相托"的新时代医学人才；在白求恩雕塑前开展红烛宣誓活动，同学们通过手持红烛的形式缅怀白求恩，使广大学生能够铭记并传承白求恩精神；通过各种社团活动、

① 习近平：《在纪念马克思诞辰200周年大会上的讲话》，《人民日报》，2018年5月5日第2版。

② 教育部：《关于进一步加强高校实践育人工作的若干意见》，北京：知识产权出版社，2015年版，第496页。

校内竞赛等形式开展白求恩精神的实践育人工作，达到学习弘扬白求恩精神的目的。

在传统的白求恩精神实践育人的做法和方式中，主要以学部、学院层面搭建实践平台，增加学生参与实践的机会，还以学生会、团委、学生社团等组织积极开展各种社会实践活动。下面选取几个比较有代表性的白求恩精神实践育人的实例进行详细说明。例如，在河北唐县重走白求恩路主题社会实践活动中，临床医学院同学已经连续十年到河北唐县牛眼沟村义务支教，开展学业辅导、英语教学、暑期作业辅导等相关实践活动，为当地的学生带去了外来气息，照亮了农村孩子求学上进的希望之路和奋起之路。现白求恩医学部已连续三年组织五个学院的学生开展重走白求恩路的主题实践活动，同学们造访白求恩同志曾经学习战斗过的地方，参观白求恩纪念馆和白求恩墓等形式，更加深刻地了解白求恩同志生前的环境和处境，更加深刻地理解白求恩精神的内涵和深远意义。现越来越多的同学申报参加重走白求恩路社会实践活动，河北唐县也成为广大白求恩学子的寻根圣地和精神圣殿，白求恩精神已经在白衣学子心里生根发芽。再如，公共卫生学院与长春市中心血站联合开展社会实践活动，中心血站隶属于公共卫生体系，公共卫生学院依托专业特色，积极开展与专业学习相关的社会实践和志愿服务活动，至今已与长春市中心血站联合开展社会实践和志愿服务相关活动近八年，在长春市红旗街献血屋、重庆路献血屋常年开展无偿献血的志愿服务和宣传实践活动，得到了长春市人民政府无偿献血优秀组织奖，广大学生在无偿献血实践服务的过程中感悟人道、博爱、奉献的红十字精神，端正个人服务社会、回报社会的从业理念，为后期的医学事业发展贡献自己的力量。吉林大学学生红十字会成立于2002年，为白求恩医学部历史较悠久的社团之一，多次获吉林大学校优秀社团等荣誉。在近几年的发展过程中，逐步打造学生社团的品牌活动，定位校园艾滋病的预防宣教，连续多年开展校园预防艾滋病的宣教实践活动，连续三年获中国艾滋病协会立项资助，获吉林省疾病预防控制中心社会组织开展防艾工作校园专题立项，与长春市疾病预防控制中心、吉林大学校医院等单位有着良好的合作关系，多次开展预防艾滋病的主题讲座、防艾知识竞赛、发放红丝带等主题学习实践活动，成为校园防艾的重要组织，为吉林大学校园艾滋病防治工作做出了突出贡献，学生在防艾实践中也得到了知识成长和实践锻炼，为进入社会大潮历练打下了良好的实践经验基础。

探索白求恩精神实践育人的新做法和新载体。白求恩精神实践育人要求新、要创新，那么就要紧抓白求恩精神内涵，紧贴当代学生学习生活实际，开展符合当代学生成长特点的实践活动，使白求恩精神实践育人工作能够与时俱进，跟上时代的潮流和发展的步伐。首先，要开拓白求恩实践育人的新形式和新方法，不能局限于传统手段，要在新时代健康中国的背景下，积极通过现代化的科技手段开展专项社会实践，如开展网络义诊平台建设、组织预防三高的视频拍摄和新媒体传播等活动，开展互联网条件下的医疗领域专业实践，使社会实践更加科技化、科学化，更加易于大众接受，也能提高学生的社会实践能力和科研动手能力。其次，要开拓白求恩精神社会实践的领域，不能把眼光局限于医疗领域，应该充分重视交叉学科和医学相关学科，注重社会实践的专业性和实际效用，发挥医学专业学科特色，争取在多学科的交叉实践中不断孕育新的实践成果与希望，从而把白求恩精神实践育人工作落到实处。再次，应该不断挖掘白求恩精神实践育人的载体，要充分考虑当代学生特点，紧跟信息时代步伐，将传统的实践育人载体与新时代条件下的科技成果和技术发展相结合，坚持走出去战略，不断扩大白求恩精神实践育人的阵地和领域，如根据国家“一带一路”倡议要求，可以开展白求恩精神国家化的合作和实践，响应国家振兴东北老工业基地的号召，积极开展助力复兴的专项白求恩精神主题实践，根据现阶段网络媒体、手机媒体等特点，开发网络实践阵地，开展网络实践育人的新战略，适应时代发展需要。最后，白求恩精神实践育人应高瞻远瞩，重视白求恩精神核心内涵与社会实践的渗透与融入，要紧跟我国时代发展步伐，服务党和国家政治经济发展大局，科学谋划，积极布局，不断提高白求恩精神实践育人能力和实效性，为我国医药卫生事业发展和人民生活水平提高不懈努力。

在白求恩精神实践育人新做法和新载体方面，教育工作者做过一些尝试，也收到了良好的育人效果。例如，通过各类比赛来探索白求恩精神实践育人的新途径和新方法，传承和弘扬白求恩精神；公共卫生学院组织同学参与全国大学生公共卫生综合技能大赛，自编自导防艾知识宣传短片和防艾知识主题沙画，并进行大范围的互联网传播，使学生在实践中得到锻炼和提高，也在比赛中宣传践行了白求恩精神，起到了良好的育人效果。再如，依托白求恩精神校友会、白求恩精神青年研究会等社团组织，积极开展以白求恩精神为主题的教育实践、学习实践、经验分享等类型的活动，使广大医学生通过白求恩精神的主题学习和实践更多地了解白求恩精神，理解白求恩精神的核心内涵，并把白求恩精神作为当代医学生的信仰和价值追求，坚持长期化、品牌化、国际化的实践育人理念，不断扩大白求恩精神的影响力和影响范围，逐步凝练和打造白求恩精神实践育人品牌。

四、白求恩精神课堂育人的形式与载体创新

白求恩精神的传承与弘扬应该紧抓教育的主阵地，坚持通过正面课堂的讲解加深同学们对白求恩精神的理解和记忆，把白求恩精神教育融入教师授课的点点滴滴，逐步渗透白求恩精神内涵本质，把白求恩精神育人工作贯穿医学生整个学习生涯。对白求恩精神课堂育人的形式与载体创新，应该重视白求恩精神进课堂的重要性，加强主阵地建设，通过多种形式和载体将白求恩精神系统化地传递给医学生。白求恩精神课堂育人形式与载体的创新要按照党和国家新时代的定位和要求，积极开发符合现代新媒体特点的网络课程，重视新媒体的传播，充实白求恩精神课堂育人的形式和载体。

白求恩精神课堂育人应形成共识并建立相关机制。首先，白求恩精神课堂育人应该统一各方共识，建立白求恩精神课堂育人的管理机构和相关规定，统一白求恩精神育人的教材模板，要坚持白求恩精神进课堂的统一学习和授课，把白求恩精神宣传好、实践好。其次，白求恩精神课堂育人应该重视多种形式课程的设置，可以统一教学大纲和教学内容，将白求恩精神教学列入正常的教学计划，也可以积极通过网络慕课等形式，积极开发白求恩精神不同侧面、不同内容的网络课程的录制和传播，开展选修课的教学和学习。在推进正面课堂学习的同时，要加强在课间实习、临床实习、实验室动物实验等教学环节中融入白求恩精神教育理念，把白求恩精神教育渗透到教学的方方面面。再次，可以积极联系白求恩精神研究会、白求恩精神青年研究会等组织，多方收集资料，通过学生组织对白求恩精神系列学习材料的整理和录制，在学生层面开展朋辈间的学习和传播，开辟白求恩精神学习的第二课堂。最后，应该重视课程质量建设，加强在新媒体条件下的授课模式创新和传播模式创新，重视新媒体平台建设，扩大对外宣传，把白求恩精神的课堂育人工作推向全国医学院校，通过网络平台的模式使更多的医学生走近白求恩精神，学习并践行白求恩精神，使白求恩精神成为广大医学生的座右铭和价值追求，为我国医学人才培养增加精神引领和支撑。

白求恩精神在传承和发展过程中，逐步成为医学教育的指导思想和宝贵精神财富，已经成为我校医学教育工作者的信仰和灵魂，把白求恩精神通过课堂的形式进行讲述和传递，体现了对白求恩精神的重视和弘扬，在白求恩精神课堂育人的形式与载体创新中应该重视以下几个环节：首先，应该重视教师对白求恩精神的理解程度和熟悉程度，对白求恩精神核心内涵和外延的理解和融会贯通，重视对教师的白求恩精神的学习和宣讲，提高教师白求恩精神育人水平。其次，应该成立白求恩精神宣讲团，积极开展形式多样、不同层次的白求恩精神学习和宣讲活动，加大白求恩精神互联网媒体、手机媒体等媒体的宣传力度，加强互联网条件下的标准课堂建设，为师生白求恩精神学习提供理论支持和示范教育。再次，应该坚持白求恩精神课堂教学的方式和方法创新，将无形的精神宣传与有形的实际活动相结合，提倡走出去模式，借鉴新时代条件下的宣传模式和教学模式，积极创新课堂正面育人的方式和方法，提高课堂吸引力，使白求恩精神课堂育人工作缤纷多彩、百花绽放。最后，应该把白求恩精神课堂育人工作扩展出去，使广大医学生通过各种途径都能学习白求恩精神，使白求恩精神成为当代医学生的座右铭和领航塔，为我国大众健康和医疗卫生事业不懈奋斗。

白求恩精神育人的形式和载体不局限于以上几方面，应以习近平新时代中国特色社会主义思想为指导，提高责任意识和大局意识，把学习传承白求恩精神与中国梦、社会主义核心价值观、党的十九大精神、习近平治国理政理念等方针政策结合起来，按照党和国家的要求，筑牢医学生理想和信仰，把白求恩精神教育融入医学生教育教学的方方面面，积极搭建白求恩精神育人平台，开拓白求恩精神育人的新方式和新载体，坚持围绕学生、关照学生、服务学生的理念，将白求恩精神教育与时代发展相结合，注重当代医学生的价值引导和道德教育，使白求恩精神成为当代医学人才培养的重要精神武器，成为当代医学生的精神榜样和价值追求目标，为我国培养符合新时代发展的医学人才贡献力量。

第二节　契合白求恩育人的国家时代主题

一、白求恩精神契合时代发展主题

1939年12月21日，毛泽东撰写了《纪念白求恩》一文，概述了加拿大共产党员白求恩同志帮助中国抗日战争的经历，表达了对白求恩同志不幸以身殉职的沉痛悼念之情，指出“一个外国人，毫无利己的动机，把中国人民的解放事业当作他自己的事业，这是什么精神？这是共产主义的精神，每一个中国共产党员都要学习这种精神”，“白求恩同志毫不利己专门利人的精神，表现在他对工作的极端的负责任，对同志对人民的极端的热忱。每个共产党员都要学习他”[①]。

在21世纪中叶建成富强民主文明和谐美丽的社会主义现代化强国，是顺应人民意愿、实现中华民族伟大复兴中国梦的时代要求。当今世界形势多变，但时代主题仍然是和平与发展。我国顺应时代发展，在大力加强物质文明建设的同时，高度重视精神文明建设。社会主义核心价值体系是新时期的价值追求，是团结和凝聚全国各族人民艰苦奋斗的强大精神力量。习总书记在2013年9月会见全国道德模范时发表重要讲话，指出：“伟大时代呼唤伟大精神，崇高事业需要榜样引领。当前，全国各族人民正在为实现中华民族伟大复兴的中国梦而奋斗。我们要按照党的十八大提出的培育和践行社会主义核心价值观的要求，高度重视和切实加强道德建设，推进社会公德、职业道德、家庭美德、个人品德教育，倡导爱国、敬业、诚信、友善等基本道德规范，培育知荣辱、讲正气、作奉献、促和谐的良好风尚。”白求恩作为一名伟大的共产主义者，一名伟大的国际主义者，一名伟大的无私奉献的医者，他身上那种毫不利己、专门利人的精神，他对工作极端负责、对人民极端热忱、对技术精益求精的精神，与我们如今倡导的社会主义价值体系中所内含的价值观追求高度契合。社会主义核心价值体系是中国共产党的理论的伟大创新，是凝聚社会各阶层为建设中国特色社会主义事业的精神支柱和有力思想武器。而白求恩精神，它与社会主义核心价值体系内涵相通，在一定程度上可以说，我们大力弘扬白求恩精神，其实质就是以白求恩精神为载体，大力弘扬社会主义核心价值观。今天，我

① 《纪念白求恩》，《毛泽东选集》第二卷，北京：人民出版社，1991年版，第659-660页。

们学习和弘扬白求恩精神，就是要深刻理解白求恩精神的科学内涵、价值及现实意义，充分掌握其在当代的现实价值，努力成为社会主义核心价值体系建设的倡导者、宣传者、实践者。

学习白求恩精神，首先我们要学习白求恩同志身为一名医生的职业素养，学习他对技术的精益求精。我们应将大量心血与精力倾注到学习和工作中来，对于专业知识学而不厌并学以致用。白求恩一生有近百项的发明创造，其中由他研究并以他名字命名的发明就有十几种，被欧美国家大批量生产与使用，由此可见，我们应不断努力掌握真本领，争取不断地创新技术，与国际的科技前沿接轨，迈开新时代的步伐。健康所系，性命相托，这是医学生应时刻谨记的座右铭，是从医者的使命与担当。白求恩是做人行医的一面旗帜、一代楷模。学习弘扬白求恩精神，是人民的期盼，是时代的要求，是现实的需要。新世纪新阶段，面对复杂的国内外环境和新的形势任务，我们应始终坚持弘扬白求恩精神不动摇，形成学习白求恩、走近白求恩、效仿白求恩的浓厚氛围，使白求恩精神不断放射出时代光辉，在实践中为实现中华民族伟大复兴的中国梦贡献力量。

学习白求恩精神，需要学习他对工作极端负责任的精神。白求恩同志作为一名医生，他以救死扶伤作为自己的责任。当他从我国著名教育学家陶行知那里了解到中国的情况时，便不远万里来到中国，参加了中国的抗日战争。在医疗资源极其匮乏的战争年代，他毅然奔赴前线，在战士们最需要他的地方治病救人，丝毫不顾及自己的生命，他以“毫无利己的动机，把中国人民的解放事业当作他自己的事业”[①]。白求恩是一个视工作效率为生命的人，是一个实现了将死亡率降到最低点的医学效率伦理的典范，他在到任的第一周内检查了500多名伤员，一个月内使147名（包括负伤已有八九个月的）伤员重上前线。试想一下，一个来自异国的医生，放弃了在自己国家的优渥生活，不远万里来到了中国，并亲赴战场，把一腔热血洒在了中国的土地上，最终为了中国人民的民族解放事业而献出了自己宝贵的生命，这是一种何等宝贵、何等高尚的医者情怀啊！他对于医者职业的高度负责，对于医者职业的高度敬畏，与我们提倡的社会主义核心价值观高度契合。作为一名医学校的学生、白求恩的传人，我们自当如他般对医学事业高度负责，对医疗工作一丝不苟，把救死扶伤作为自己的终生事业而一以贯之地坚持奋斗！

学习白求恩精神，需要学习他对人民极端热忱的精神。作为一名医者，他从来没有冷漠对待过他的病人。白求恩对当地老百姓非常好，老百姓也非常感激他。在晋察冀，不管白求恩走到哪里，在任何一个小的诊所里，他都会治疗受伤的士兵，也会救助当地老百姓。老百姓们有什么病，总是想办法来找他。虽然他不懂中国话，影响了他与人民的交流，但是这并没有妨碍他救助中国人民，他在信中常常写道，这些老百姓都是很伟大的人，他们接受恶劣的生存环境和苦难的生活。显然，

① 《纪念白求恩》，《毛泽东选集》，北京：人民出版社，1991年版，第659-660页。

作为一名医者，他对人民的极端热忱已经超越了国界，他愿意把每一位患者都当作自己的孩子悉心照料，无关国界，无关年龄。医生这个职业是一个伟大、光辉、神圣的职业，我们既然选择了这个神圣职业，选择了这个须为人类健康而奉献的职业，便要如白求恩般始终怀揣着对人民的高度热忱，以高度的热情温暖伤患，把患者的健康当作自己的奋斗目标。只要每个医学院的学生，都能够学习白求恩医生这种“毫不利己、专门利人”的医者精神，那么中国的医疗事业便会上升到一个新的高度，中国的医患关系便会达到一种更加和谐的局面。

二、用白求恩精神引领新时代医德建设

作为医院发展的关键内容，医德医风建设的效果关系到整个卫生系统的发展。《大医精诚》是我国唐代有“药王”之称的著名医药学家孙思邈所著，他对医德进行了两方面的论述，首先最重要的是一个字——“精”，也就是说作为医者必须要有精湛的医术；第二是诚，要求医者要有高尚的品德修养。白求恩是我国医德风范的奠基者，他在医疗实践中所表现出来的“毫不利己、专门利人”的精神，对技术精益求精的精神，为全国人民所尊崇。因此，在全面深化改革中始终保持良好行业风气，坚守神圣的职业道德，离不开白求恩精神的弘扬和引领，它对于在现代社会中塑造具备高尚品德和精湛医术的医疗卫生队伍具有不可替代的现实意义和价值。

（一）医德的内涵

“健康所系，性命相托。我志愿献身医学，热爱祖国，忠于人民，恪守医德，尊师守纪，刻苦钻研，孜孜不倦，精益求精，全面发展。我决心竭尽全力除人类之病痛，助健康之完美，维护医术的圣洁和荣誉。救死扶伤，不辞艰辛，执着追求，为祖国医药卫生事业的发展和人类身心健康奋斗终生。”这是所有医学生的誓言，这短短的几行誓言就已经道出了医德的精髓。

“医德是调整医务人员与病人、医务人员之间以及与社会之间关系的行为准则，它是一种职业道德，是一般社会道德在医疗卫生领域中的特殊表现。不同职业，由于担负的任务、职务的对象、工作的手段、活动的条件和应尽的责任等的不同，而形成自己所特有的道德意识、习惯传统和行为准则。医德就是从医疗卫生这一职业特点中引申出来的道德规范要求。”它主要调整医务人员与病人、医务人员之间以及与社会之间三方面的关系，它不仅表现为一种对工作极端负责的高尚品质，也表现为对技术精益求精的严谨态度。医生的医德建设，对于整个医疗卫生事业建设具有重要作用。

2017年7月3日，国务院办公厅发布的《国务院办公厅关于深化医教协同进一步推进医学教育改革与发展的意见》（以下简称《意见》）中，再次强调了医学生思想政治教育和医德培训教育的重要性。《意见》指出，“深化院校医学教育改革，夯实五年制临床医学、中医学教育基础地位，把思想政治教育和医德培养贯穿教育

教学的全过程”。

（二）用白求恩精神引领新时代医德建设是现实对我们提出的要求

医疗卫生工作者的最高职责就是和疾病作斗争，保护和增进人们的健康，医护人员手中握着的不仅仅是由碳水化合物组成的与自己无关的物质，而是有血有肉的鲜活的生命。医德的好坏直接影响着患者的生命和安危，明代龚廷贤说“病家求医，寄以生死”，医疗卫生工作人员和患者之间的医德关系便是生死所寄的关系。

救死扶伤是医生最大的使命，然而医生在对待病人时，不能仅仅只是关注病人的病痛，更要关心患者的心理，在成为他们疾病治愈的良医的同时，更要成为患者心灵中的一抹绚丽阳光。“心不怀慈悲者不成良医”，“医护之业，实乃生命之所系，无恒德者，不可以为医”，“医之为道，非精不能明其理，非博不能致其得”……这种种要求，种种社会伦理约束正是给医学生们除了救死扶伤的技术上的考验之外，更重要的职业道德要求，但与其说这是要求，不如说这是作为医生最起码的职业操守。

白求恩作为一名来自异国的医生，他怀揣着对人民的热忱，不远万里来到中国后，用他精湛的医学技术和对生命高度负责的态度，救起了一个又一个在死亡线徘徊的战士和百姓。为了更有效地救助更多的人，他曾在战火纷飞中，用两个月的时间建立了一座“模范医院”；也曾夜以继日、废寝忘食地为每一位患者治疗。他曾在一篇日记中这样写：“一个医生、一个护士、一个招护员的责任是什么？那责任就是使你的病人快乐，帮助他们恢复健康、恢复力量，你必须把他们看作是你的父兄。实在说，比父兄还要亲些，因为他们是你的同志。”①他说：“伤病员是你的同志，在一切的事情当中，要将他们放在最前头，倘若你不把他们看得重于自己，那么你就不配从事卫生行业，实在说，也简直就不配当八路军。”②他曾在查看重病伤员时，看到多数伤员睡在麦草地上，连个褥子也没有，便毫不犹豫地打开箱子，取出自己的衣物，分发给伤员；在血液急需的情况下，他也曾抽自己的血给病患伤员；他也曾为伤员端尿盆，为病号做饭。医者，父母心，白求恩是真正做到了的，他对于医者工作的高度负责，彰显的医者情怀，让我们每个人都切实感受到了何为医德。

要成为一名合格的医疗卫生事业人员，我们不仅要具备如白求恩般扎实的基础医学知识，更需要具备如他般崇高的职业道德操守。在这个日益发展的社会中，医疗卫生事业已发展成为社会性、全民性，与每个人息息相关的事业。但是在21世纪的今天，社会不断发展，医疗改革也在不断推进，医患关系虽然有一定程度的缓和，但是医患纠纷却依然频频发生。在众多的医患纠纷中，我们发现这其中固然也有许多患者或者其家属素质低下，不尊重医生，最终导致医患纠纷；但是另一方

① 章学新：《白求恩传略》，福州：福建人民出版社，1984年版，第250页。
② 刘小康：《我所见到的白求恩同志》，南昌：江西人民出版社，1965年版，第8页。

面，我们同样可以看到，也有许多医生，只注重追求金钱和利益，而缺乏最基本的医者情操，从而导致医患矛盾愈演愈烈。白求恩作为一名医生，不仅具备扎实的专业功底，医术精湛，而且更具备高尚的医者情怀，真正做到了以严谨态度认真地对待每一位患者，他不愧为每一位医生当之无愧的楷模。

医学，是与生命息息相关的学科；医生，是掌握着患者性命的医疗工作者，是整个人类生命与健康的维系者，医疗工作者的医德水平深深地影响着整个社会。为了提高医生的医德水平，更好处理医生与患者之间的关系，为了把我国建设成为一个更加和谐美丽的国家，新时代要求我们要大力弘扬白求恩精神，用白求恩精神引领医德建设，努力提高医者的职业道德水平。

三、以白求恩精神为指导，大力培养新时代医学人才

在白求恩所处的战争年代，他以自己的精湛医术拯救了一个又一个无辜的生命，他以对人民高度热忱的精神温暖了一颗又一颗人心。随着社会的发展，科技水平的提高，当代社会对新时代医学大学生提出了新的更高要求。习近平总书记在十九大报告中指出："人民健康是民族昌盛和国家富强的重要标志。要完善国民健康政策，为人民群众提供全方位全周期健康服务。深化医药卫生体制改革，全面建立中国特色基本医疗卫生制度、医疗保障制度和优质高效的医疗卫生服务体系，健全现代医院管理制度。加强基层医疗卫生服务体系和全科医生队伍建设。"①为了更好地满足人民对于健康生活的需要，更好实现每一位医者的理想抱负，更好促进社会和谐，新时代，需要用白求恩精神大力培养医学人才。

（一）要培养具有扎实专业基础的医学人才

医学事业与别的事业不同，它关系到人的生命与健康，与每个人都息息相关。一个医生，只有具备了扎实的专业基础，才有资格被人尊称为"医生"，才有资格接受人民的赞美与尊重。白求恩于1938年9月在晋察冀边区模范医院开幕式的讲话中指出："我们为什么必须学习好的技术呢，因为好的内外科技术能使伤病员好得快；减少他们的痛苦；减少死亡、疾病和残废。这些事都是我们分内的工作。倘使在前方作战的同志们问我们：'你们在抗日战争中干什么？'我们只有一个理由可说。我们的回答是：'我们在医治伤病员。'他们也许要接着问：'你们的工作做得好吗？'我们说：'我们在尽我们的力量。'但是，最后这个问题，我们得在心里仔细想想的——我们确实是在尽我们最大的力量吗？""一个医生、一个看护、一个招护员的责任是什么？只有一个责任，那责任就是使你的病人快乐，帮助他们恢复健康，恢复力量。"②白求恩在那个烽火连天、医疗技术水平极端落后的年代，

① 习近平：《决胜全面建成小康社会夺取新时代中国特色社会主义伟大胜利——在中国共产党第十九次全国代表大会上的报告》，《人民日报》，2017年10月18日第1版。

② 章学新：《白求恩传略》，福州：福建人民出版社，1984年版，第250页。

发明了人工气胸疗法，治好了自己的肺结核，成为当时世界上能治好肺结核的为数不多的几个医生之一；为了输血抢救伤员，他发明了世界上第一种运输血液的办法。一位老兵在纪录片中曾这样回忆道："在白求恩来之前，我们只能做四肢的简单手术，他来了，他能做头部、胸脏的手术。"毋庸置疑，扎实的专业基础成为他后来从事医疗工作，成为人人称赞的救死扶伤的医生的重要前提与基础。宋庆龄曾这样评价他："诺尔曼·白求恩是一位医生，他曾用他最熟悉的武器在医务方面进行斗争。在他本人的科学范围内，他是一位专家和创导者——他把他的武器保持的锋利如新。"[①]

现代的医学人才，只有如他一样，掌握了扎实的专业知识，才能够在将来的医生岗位中真正做到对每一位患者负责，对每一个生命负责。那么在现阶段，我们需要培养的医学人才应具备的基本能力有：（1）掌握基础医学的理论和知识；（2）掌握常见疾病诊疗的基本临床技能；（3）具有治疗急、难、重症的能力；（4）熟悉国家卫生政策法规；（5）掌握医学文献检索和数据调查的基本方法，具有一定的科学研究和实践动手能力。作为医生这个神圣事业中的一员，医学生应比其他专业学生更具吃苦耐劳、脚踏实地的精神，只有珍惜时间、努力学习、注重实践、拓展知识，才能在为患者服务时真正做到胸有成竹，成为真正能悬壶济世的人。

（二）促进"医教研"的全面发展

一个好的医务人员，不仅是个医术精湛，能够拿起手术刀治病救人的大夫，还是一个探索创新的科学家。在2018全国两会特别访谈中，北京大学肿瘤医院院长、北京市肿瘤防治研究所所长吉佳付说："优秀的医学人才要平衡好'医、教、研'三者之间的关系。"白求恩作为一名伟大的国际主义战士，作为一名伟大的医生，他来到中国后，每日都在为中国战士和人民奔波，他曾说"在卫生事业上运用技术，就是学习着用技术去治疗我们受伤的同志，他们为我们打仗，我们为回报他们，也必须替他们打仗。我们要打的敌人就是'死亡'。"[②]他曾在"一整天除了吃两顿饭、休息五分钟外，都在给伤员做手术。三天内做了四十个大手术"[③]。他医技高超，在战场上挽救了许许多多战士的生命，大大鼓舞了在战场上抛头颅，洒热血的战士们，他们甚至喊出口号："拼吧！白求恩在这儿照顾受伤的人！""拼吧！白求恩就在我们后面！"[④]白求恩除了用他高超的技术拯救一个又一个鲜活的生命外，为了改变当时医疗人才极端缺乏的情况，他还十分重视教导和训练技术人才，他说："运用技术，培养骨干，是达到胜利的道路。"[⑤]在他所主持建立的外科医院建成后，他经常领着学员到病房实习，做临床讲演，实习结束后，许多学员的技术

① 陈蕃：《白求恩精神永放光芒》，北京：人民军医出版社，1999年版，第11页。
② 刘小康：《我所见到的白求恩同志》，南昌：江西人民出版社，1965年版，第14页。
③ 许庆龙，劳斌：《白求恩》，北京：团结出版社，1996年版，第4页。
④ 许庆龙，劳斌：《白求恩》，北京：团结出版社，1996年版，第4页。
⑤ 刘小康：《我所见到的白求恩同志》，南昌：江西人民出版社，1965年版，第14页。

和理论水平都提高了很多，有位同志的日记中这样写道：“院中学七日，胜读七月书。”[①]这大大改善了当时医疗人员严重不足的情况。现如今，我们对医学人才的培养，也要向白求恩同志学习，力争把未来的医学人才培养成医教研全面发展的人才。

然而，从目前的情况来看，“医、教、研”全面发展做得并不乐观，以科研论文评职称的制度，又造成了扭曲的职务晋升和资源分配体系。这就要求我们在进行人才培养的时候，既要培养学生的医术，又要注重培养其科研能力，学校的课程设置应该理论课与实习课并重，让学生在学习理论知识的同时加强实践。当前，我国正处于全面建成小康社会的决战阶段，提高人民生活水平，实现人人享有基本医疗卫生服务是社会改革与建设的重要内容，也是实现中华民族伟大复兴中国梦的必然要求。为了实现上述目标，就要大力培养具有高医术、高科研能力的全面型医疗人才。在人才培养的过程中，我们既要多组织学生去听学术大家讲座，领略前沿医学，激发其对医学的探索精神和新鲜想法，为以后的科研工作奠定基础；又要多给他们参加实践的机会，让他们多实践，能动手，力争把他们培养成将来医教研全面发展的医学人才。

（三）培养学生的沟通能力，正确处理医患关系

“医患关系实际上应该是指以医生为主体的人群与以‘求医者’为中心的人群之间的关系。”[②]良好的医患关系能够保证医疗行业的高效和有序运行，可近十年来因为医患关系恶化导致的伤人事件却层出不穷，已经成为一种社会现象，令人不寒而栗。随着医患矛盾的不断加深，越来越多从前被人尊重的医生变成了病人们仇视的对象。白求恩作为一名来自国外的医生，来到中国后，与中国人民语言不通，然而尽管如此，在晋察冀地区，却仍然与当地人民建立了深厚的感情。他“曾经在一封信中写道，他们是很好的人，老人给我鞠躬，希望我能够救助他的孩子”[③]。在晋察冀，他不仅给士兵治病，也给每一个有需要的人治病，他虽然不懂中国话，但是他想和老百姓亲近的愿望已经超越了困难。作为一名医生，他爱百姓，百姓尊敬并且爱戴他。

医患关系之间的和谐是正确诊断疾病与治疗的基础，也是医患共同战胜疾病、加快患者恢复的必备条件。然而近年来，医患之间的紧张关系严重影响了正常的医疗工作。医生与患者之间相互猜忌、打扰是主要的表现，他们虽有着共同目的但却无法共同完成，医疗活动逐渐被扭曲。导致这种情形的深层次原因自然离不开社会的影响，但大部分人认为导致医患矛盾的主要原因乃是医生与患者之间信任的缺乏，而信任缺乏与沟通缺乏有直接的关系。白求恩作为一名外国人，虽然与中国百姓存在着交流上的困难，但是，身为一名医生，他却能够尽自己最大努力去了解

---

① 刘小康：《我所见到的白求恩同志》，南昌：江西人民出版社，1965年版，第15页。
② 曹永福：《医患关系的伦理和法律属性比较研究》，《中国医学伦理学》，2001年第1期。
③ 斯图尔特，张军锋，吕伟利：《白求恩：中国人熟悉的“陌生人”》，《百年潮》，2018年第8期。

每一位患者的需求，所以他才能够得到中国人民的信任与爱戴。医患互信是构建和谐医患关系的基础，若医方将维护自身利益、规避医疗风险而非为患者诊治放在首位，则不仅无法与患者进行有效沟通，还可能产生防御性医疗行为。[①]医患之间缺乏良好的沟通是引发医患矛盾的重要原因，现在的医学生就是未来的医生，为了他们以后在进入工作阶段后，能够正确处理医患关系，我们应该向白求恩同志学习，做好与患者的交流工作，培养出能够让人民相信的好医生。

（四）结合时代要求，合理有效利用大数据

要想成为一名合格的医生，除了自身的努力之外还可以运用各种外在条件，来帮助我们实现这个目标。世界目前已经进入大数据时代，医疗卫生行业自然也随着科学技术的日益发展而不断迈入大数据时代。我们培养新时代优秀医学人才，必须充分考虑到这一点 。白求恩，在那个时代，发明了“人工气胸疗法”，是世界上仅有的能够治愈肺结核病的几位医生之一，所以其医术，毋庸置疑，在当时的外科领域乃是处于顶尖水平。1924年冬，白求恩来到美国后，“由于他把先进的理论和技术运用到实践中去，并进一步加以研究，因此，特别在外科技术方面有了迅速的提高，这时的白求恩已经成为底特律的著名医生了”[②]。他能够取得这么大的成就，与他善于学习，善于运用外在条件有直接的关系。

我们所处的这个时代，科学技术高度发达，大数据的运用已成为一种普遍趋势。医学大数据的应用，即指利用互联网和大数据技术对各级医学信息和数据进行挖掘和分析，为推进医疗服务提供有价值的依据，从而提高医疗行业的运行效率。我们培养新时代医学人才，就要培养像白求恩那样的人才，善于运用外在有利条件来为自己服务。近年来，许多国家都在积极推广医疗信息发展，这促使许多医疗机构投入资金去做大数据分析。因此，医药行业和银行、电信、保险等行业将率先进入大数据时代。美国等发达国家很重视对医疗大数据领域的开拓与探索，近几年来发展得很迅速，我国也在迎头赶上。未来医疗行业的发展势必与大数据和人工智能是分不开的，而且现阶段已展示出了巨大的应用前景，许多公司都在积极研发基于人工智能的临床诊疗决策支持系统，通过对大量病历进行不断的学习与研究总结，训练临床诊断模型，最终实现辅助医生临床决策，规范诊疗路径，提高医生的工作效率。中国健康医疗大数据产业发展有限公司和中国健康医疗大数据股份有限公司两大“国家队”已在中国相继成立。这意味着在培养新时代医学生时，我们要培养其运用大数据的能力，使其对相关知识有所了解和掌握，以便以后能实现跨领域合作。

① 高清，王晓燕，梁立智：《医患关系认知差异对医患关系的影响分析》，《中华医院管理杂志》，2011年第8期。

② 唐枢：《白求恩》，北京：商务印书馆，1964年版，第11页。

四、大力弘扬白求恩精神对新时代医学大学生的重要意义

白求恩精神的形成离不开白求恩青年时期艰辛的经历。白求恩的祖父是有名的外科医生，他对待医疗事业的严谨态度和探索精神都让白求恩敬佩不已，这使得白求恩从小便对医生这一神圣的职业充满向往之情，并立志要成为一名优秀的医生。但白求恩青年时的生活是十分艰苦的，父母微薄的收入，自己和弟弟高昂的学费都促使着他上学时就要做卖报员、轮船的烧火工、餐厅的招待员、报社兼职记者以及乡村教师等一系列兼职工作。在这些工作中他结识了许许多多生活在社会最底层的人民，他给弟弟写的信中曾说道："我感到青年人的轻浮在我身上减少，我学会思考'社会'这个字眼了。"也许正是这些他青年时艰苦的经历，为白求恩形成"毫不利己，专门利人"精神和为广大人民群众无私奉献精神奠定了思想基础。白求恩精神在白求恩的社会实践中逐渐产生。1914年第一次世界大战爆发，白求恩参加了加拿大的远征军，他在欧洲的战场亲身体会到了战争的残酷。从这以后，他便更加坚定了做一名医生的理想。1935年8月，他应邀参加国际的生理学大会，在苏联，他见识到先进的社会主义制度对人民的医疗卫生事业的巨大影响。同年11月，他成为加拿大的共产党员。后来，他又参加西班牙的反法西斯主义的正义斗争，公开揭露法西斯的残酷暴行并投身于反法西斯斗争中。他的国际主义精神和共产主义信仰也在此时萌芽。

白求恩同志支援抗战的伟大事业进一步促成了白求恩精神。1938年1月，白求恩放弃原本可以拥有的舒适的环境和优厚的待遇，毅然不远万里来到中国支持中国的抗日战争，他把中国人民的解放事业当作自己的事业，即使是在生命的最后一刻，他写给聂荣臻司令员的书信中仍提道："最近的两年是我平生最愉快、最有意义的时日。"他认为唯一的遗憾便是"没有亲眼看到新中国的诞生"。充分体现出白求恩精神中蕴含着为人类和平事业而斗争以及献身于全人类解放事业的感人至深的毫无自私自利之心的精神。

学习和弘扬白求恩精神，有利于培养新时代医学大学生全心全意为人民服务的奉献精神。毫不利己、专门利人的无私奉献精神在新世纪新形势下依然激励着每一位优秀的中华儿女，其精神无时不在闪烁着时代的光芒。新世纪新阶段由于国内经济成分和经济利益多样化、社会生活方式多样化、社会组织形式多样化、就业岗位和就业方式多样化，大学生的思想和价值取向呈现多元化，社会上损人利己、损公肥私、享乐主义、金钱至上、以权谋私、拈轻怕重等现象滋生蔓延，加强和改进大学生思想政治教育是摆在高校思想政治教育工作者面前的一项重大课题。1979年6月，邓小平同志号召我们"做白求恩式的革命者，做白求恩式科学家"。1995年9月，江泽民同志在中共十四届五中全会上号召全党、全军、全国人民在新时期重学毛泽东同志的《纪念白求恩》。我们要深刻领会党的领导人号召学习白求恩精神

的重要意义，在大学生中学习和弘扬白求恩精神，以白求恩同志为榜样，引导未来的医生们牢固树立全心全意为人民服务的奉献精神，坚持个人利益服从国家利益，克服个人主义，多为他人着想，做一个有益于人民的人，做一个有益于社会的人，做一个高尚的人。学习和弘扬白求恩精神，把白求恩精神对待同志对待人民极端热忱、对待工作精益求精的价值取向根植于现实生活中，植根在医学大学生的思想教育中，这是时代的需要，也是建设中国特色社会主义的需要。

学习和弘扬白求恩精神，有利于培育新时代医学大学生的责任意识和创新精神。白求恩同志对工作极端负责任，在根据地不仅救治了很多伤病者，对周边医护人员要求十分严格，特别注重医德医术，工作一丝不苟，而且在工作的实践中不断研究，致力于把对技术精益求精延伸到跟踪医学前沿、攀登科技高峰上。不仅如此，白求恩同志为了培养更多的医护人员，举办医疗骨干培训班，他白天做手术，晚上给白衣战士讲课，深夜编写授课教材。他这种对医术精益求精、对工作极端负责的精神，不仅使白衣战士们学到了医疗技术，而且使他们学习到了对工作一丝不苟、求真务实的严谨科学态度。他说："医生要有一颗狮子般的心，一双巧妇的手，也就是说，必须胆大、坚强、敏捷、果断，但同时也得对病人和蔼、体贴。"当代医学院的学生，就是未来医学事业发展的生力军，"广大青年要有敢为人先的锐气，勇于解放思想、与时俱进，敢于上下求索、开拓进取，树立在继承前人的基础上超越前人的雄心壮志，'以青春之我……创建青春之国家，青春之民族。'要有逢山开路、遇河架桥的意志，为了创新创造而百折不挠、勇往直前。要有探索真知、求真务实的态度，在立足本职的创新创造中不断积累经验、取得成果"[①]。引导大学生学习和弘扬白求恩精神，就是要帮助大学生增强无私奉献、爱岗敬业、全心全意为人民服务的意识，增强国际主义志愿者的信念，增强对学习、对学问、对工作的精益求精和极端负责的精神，形成不尚空谈、埋头苦干、苦练内功、大胆创新的良好品质，从而使白求恩精神不仅存在于过去，而且更存在于当代，使其永葆强大的生命力。

学习和弘扬白求恩精神，有利于培养新时代医学大学生追求真理、忠于信仰的精神。 白求恩始终信仰马克思、恩格斯在《共产党宣言》中提出的共产主义，他从未在追求真理的道路上停止脚步，他为人类和平而斗争，将自己完全置于争取人类解放的事业中。作为一个医学生，只有忠于自己的信仰，保持初心，坚持全心全意为患者服务的原则，才有可能成为一个受别人尊敬的人。这种精神不仅仅限于医学生，每一个人都应该具有这种精神，只有理解并发扬这种精神，一个人的自我价值才能够得到提升。一个民族，一个国家也只有坚持真理，才能够繁荣昌盛。

白求恩同志献身于医学事业，一生都在为医学事业的发展而不懈奋斗。他对技术精益求精，不懈努力奋斗，不断钻研。他一生中有近百项发明，其中他发明的

① 2013年5月4日，习近平在同各界优秀青年代表座谈时的讲话。

新的人工气胸器械和肋骨剪，创造的胸膜涂粉法，被誉为当时的军医界最伟大的创举，当时他发明的医用手术器械和创造的医疗方法，在世界的医学史上留下了灿烂的一页。他还完成了重要的著作《游击战争中师野战医院的组织和技术》一书，被赞为“他一生最后心血的结晶”。白求恩精神是符合当代中国发展的要求的。白求恩精神无论是对于个人还是国家都具有积极的现实意义。它不仅在战争时期鼓舞了千千万万的中华儿女，而且对于构建和谐稳定的社会也发挥着重要作用。即使是在科技快速发展的今天，我们也应该高举白求恩精神旗帜，不懈追求，艰苦奋斗，做一个有益于人民的人。

第三节　推动白求恩精神育人的国际化进程

白求恩精神作为中华民族精神文化和道德文化的重要组成部分，起着教化人心、塑造个人、社会整合和社会导向的作用。白求恩精神发端于中国，却影响了全世界，它不仅为亿万中国人民所尊崇，更为全世界的人民所瞩目。由此可见，白求恩精神育人的国际化不仅是相对于中国本土而言，还是融入世界文明进行再创造的国际化，是实质内容的国际化。通过契合国际交流的广泛深入和国际科研学术发展趋势，推动白求恩精神育人理念创新，借助现代网络平台推动白求恩精神国际化，进而在国际合作的基础上尽显白求恩精神的时代引领作用。在充实国内精神文明建设内容的同时，通过白求恩精神育人的国际化实现更为开阔的视角，在人类精神文明的进程中，提升中华民族文化的兼容性与创造力。

一、白求恩精神育人国际化的必要性

（一）白求恩精神自身的需要

如果说白求恩精神是一种“毫不利己，专门利人”的国际人道主义精神、共产主义精神，那么这样一种精神，难道不应该是全人类的共同价值追求，全人类都应遵循的吗？白求恩精神所涵盖的内容印证了它所追求的目标，那就是对人民无私奉献、对工作精益求精、对病人极端热忱，为着全人类的解放而奋斗。这同时也印证了毛泽东同志对他的评价：“一个人能力有大小，但只要有这点精神，就是一个高尚的人，一个纯粹的人，一个有道德的人，一个脱离了低级趣味的人，一个有益于人民的人。”①

1.超国界的逆行者

在抗日战争时期，苦难的中国人民处在日本法西斯的无情蹂躏之下，国不成

① 《纪念白求恩》，《毛泽东选集》第2卷，北京：人民出版社，1991年版，第660页。

国，家不成家，白求恩却舍小家为大家，心中怀揣着对共产主义的崇高信念，率领他的医疗队不远万里来到烽火狼烟的中国大地上。当时的加拿大，共产党被认为是非法的组织，他却挣脱宗教神学的羁绊，转而投入马克思主义的怀抱。他是这样一个人，自愿放弃国内优厚的物质生活条件，为着自己心中的主义，投入到全人类反法西斯的斗争当中；他是这样一个人，在得知中国人民备受日本法西斯主义的疯狂摧残仍顽强抵抗的情况下，毅然决定前往中国援助；他是这样一个人，对工作一丝不苟，对病人如亲人，对手术台如战场，对每一次手术都负责到底，对每一个手下人都悉心教导。在苦难的中国战场上，在炮火声中，在每一次的遇袭当中，总有这样一个身影，任凭外面地动山摇，仍神情坚定，为着能用自己的手术刀救活更多的伤病员。他用理想与信念筑起了保护中国人民的万里长城，把手术刀当作钢枪向着每一个鬼子发出亿万次的射击。他把生命和热血浇灌成全中国人民的信念，只要白求恩在，就不会有死亡。漫天的硝烟、残暴的敌人都无法将其打倒，因为他是真正的勇士，他用自己的生命在战斗，用自己的理想在拼搏，用自己的热血在拯救人民，直到流干最后一滴血，践行一个共产党人的使命与誓言。1939年，毛泽东在《纪念白求恩》一文中做了这样的阐述："一个外国人，毫无利己的动机，把中国人民的解放事业当作他自己的事业，这是什么精神？这是国际主义的精神，这是共产主义的精神，每一个中国共产党员都要学习这种精神。"①

他尽其一生，用生命燃烧了事业，用大爱诠释了奉献。"人固有一死，或重于泰山，或轻于鸿毛"，而白求恩用他的行动践行了重于泰山的国际人道主义事业，他虽死犹存。他是向着法西斯势力前进的逆行者，他是高擎共产主义旗帜的举旗手。他"毫不利己、专门利人"的人生追求和理想信念把国际共产主义精神和人道主义精神推向了顶点，这无疑是我们每一个医学工作者需身体力行和不懈追求的。"人有肉体也有理想，我的刀要救肉体，也要救理想。"这是白求恩一生所奉行的准则，他是这样说也是这样做的。虽然白求恩在中国大地上仅停留了389天，但他的精神已在中国历经七十余载，并且生生不息，越发光彩照人，为一代又一代的中国共产党人所敬仰。

2. 共产主义的时代楷模

时代楷模就是在某个特定的社会历史时期内，对人们的思想和行为产生巨大而深远影响的、值得人们学习、值得人们尊敬、值得人们传颂的人物。在这里时代不仅仅是一个时间概念，更多的是指能影响人的意识的所有政治、经济、文化等客观环境。时代楷模也是对这样一种榜样人物的崇高评价。中国共产党从诞生之日起就把解放全中国，进而解放全人类作为自己的最高目标，在为之奋斗的过程中涌现出无数的共产党人，他们舍身忘我，流血牺牲，他们是人民的英雄，他们是时代的楷模。白求恩是一位国际共产主义者，共产主义是全人类的共产主义，是无国界的，

① 《纪念白求恩》，《毛泽东选集》第2卷，北京：人民出版社，1991年版，第659页。

他同样是一位英雄式的共产党人。“俯首甘为孺子牛”是他一生的写照，对病人他坚持病前多听听、病中多看看、病后多问问的习惯，视病人如亲人，视自己的事业如生命。白求恩精神正是渗透进人们记忆深处，变为一种观念、一种力量，进而演化成为一种意义，成为反法西斯系统中一个血染了的因子。

今天，中国共产党是世界上最大的政党，带领我们高举社会主义的伟大旗帜，用实践证明了马克思的社会主义理论在中国的成功，从而为实现共产主义社会而奋斗。我们党坚持把自己的事情做好，同时也积极推动构建人类命运共同体，为世界做出更大贡献。因为共产主义不仅是马克思所追求的主义，同时也是中国共产党人所奋斗的目标；共产主义不仅是部分人的主义，更是全人类的主义；共产主义不仅是马克思的主义，也是白求恩所追求的主义。

（二）中国的需要

1.推进“一带一路”发展的需要

从新航路开辟到工业革命，世界经历了深刻变动，俨然成为一个地球村。改革开放40多年来，我国积极推进“走出去”战略，以开放包容的姿态融入世界发展的洪流。新时代，“一带一路”倡议的提出，资源共享、互联互通、双赢共赢成为我国对外交往的主旋律。国际间的交流已经成为全球化发展不可逆转的趋势，其势如滔滔江水，不可阻挡。中国在世界浪潮中乘风破浪，日益以蓬勃向上的姿态开始掌握国际话语权，为各个发展中国家树立典范。

我国一贯奉行的是“和平共处五项原则”，在处理国家间的关系中，坚持自己的立场，从不干涉别国内政；开辟中国道路，决不输出中国模式；树立大国风范，决不实行强权主义。在推进“一带一路”倡议的过程中，我们与沿线国家的交往必不可少，如何正确处理国与国之间的关系，如何减少国际交往中存在的贸易壁垒、贸易保护、贸易摩擦，如何有效推动“一带一路”的繁荣发展，这些问题的解决与推动白求恩精神育人的国际化密不可分，因为白求恩精神是跨越时空的国际人道主义精神，是为全人类解放的共产主义精神，是“毫不利己、专门利人”的无私奉献精神，是不远万里来相助的共建精神，这些精神贯穿着我国与沿线各国交往中的准则，贯穿于构建人类命运共同体的思想内涵当中，贯穿于连接“一带一路”的各个国家的思想当中。

推动“一带一路”倡议的实施，是并举沿线国家进步与我国推进构建人类命运共同体的重大举措。这就对每一个国家的每一个人提出要求，能否确保“一带一路”倡议的有效推进，需要每一个国家的努力，需要每一个人的努力，需要白求恩精神作为价值支撑，需要白求恩精神作为时代引领，需要把白求恩精神一以贯之。

2.建设社会主义文化强国的需要

“习近平指出，提高国家文化软实力，要努力提高国际话语权。要加强国际传播能力建设，精心构建对外话语体系，发挥好新兴媒体作用，增强对外话语的创造力、感召力、公信力，讲好中国故事，传播好中国声音，阐释好中国特色。对中国人民和中华民族的优秀文化和光荣历史，要加大正面宣传力度，通过学校教育、理论研究、历史研究、影视作品、文学作品等多种方式，加强爱国主义、集体主义、社会主义教育，引导我国人民树立和坚持正确的历史观、民族观、国家观、文化观，增强做中国人的骨气和底气。"[①]白求恩精神是体现中华民族传统文化的道德精神，是党领导人民的革命战争年代形成的牺牲奉献精神，是中国人民同国际友人共同战胜法西斯的斗争精神。因此，白求恩精神育人的国际化是我们掌握国际话语权、传播中国声音、讲好中国故事、增强民族自信、建设文化强国的精神支撑。

"精神文明建设工作的关键是提高群众的思想素质、文化修养、业务水平。而医疗卫生行业与社会各方面有着密切联系，涉及千家万户，影响广泛，因此是社会主义精神文明建设的重要组成部分。"[②]科技迅猛发展的今天更需要精神导航，白求恩精神作为中国精神文明的重要组成部分，它起着教化人心、净化心灵的作用。医务工作者的医德建设在当今显得尤为重要。"人文社会科学知识与技术体系是现代医学生必须掌握的另一类重要知识与技术体系。学习和掌握人文社会科学技术，可以促使医务人员对人性的关注，摆脱传统的以病为中心的思维模式，确立以人为本的观念，改善医务人员与服务对象的关系。"[③]将来从事医疗卫生事业的专业人才，不仅要胸怀博大、无私奉献，更需要"对技术精益求精""对工作极端负责""对患者极端热忱"，而这些正是白求恩精神的内涵所在，这不仅是每一个中国人应当遵循的价值准则，而应该是全人类所遵循的主义。

因此，建设社会主义文化强国，需要我们加强精神文明建设的同时还要坚定文化自信，弘扬中华民族优秀传统文化、中国共产党带领人民创造的革命建设文化。白求恩精神是连接中国与世界文明的精神桥梁，熔铸于中国精神文明建设当中，是中华民族优秀文化绵延不断的精神延伸，是建设社会主义文化强国的力量之源。

二、白求恩精神育人国际化的可能性

（一）现代信息技术提供机遇

随着20世纪90年代中期网络技术的快速发展，通过将分散的资源融合为有机整体，从而实现了资源数字化全面共享和协同合作，使人们能够透明地使用资源整体能力并获得所需的资源信息。[④]21世纪的今天，随着大数据、云计算、人工智能、"互联网+"等现代信息技术的发展，各领域之间的合作联系日益密切，资源共享、互联互通、交叉应用等现代理念层出不穷，为医学领域的国际化奠定基础，从而也

---

① 习近平：《建设社会主义文化强国 着力提高国家文化软实力》，《人民日报》，2014年1月1日第2版。
② 钱小泉：《白求恩精神在医学职业精神建设中的意义》，《医院管理论坛》，2014年第9期。
③ 郭照江：《医学伦理学新编》，北京：人民军医出版社，2003年版，第289页。
④ 龙秀芬：《科技期刊国际化研究初探》，《黄冈师范学院学报》，2017年第6期。

为白求恩精神育人的国际化提供新的媒介。可以说，如果没有当今信息技术的飞速发展，医学领域要实现国际化是非常困难的。目前，医学行业的国际化发展有两种模式：一种是借助互联网平台，把医学信息数字化，实现“医学上网”；另一种是依托大数据，通过在网上发布相关信息获取有效资源。上述两种模式都使医学领域的业态发展突破时空、地域的限制，从而为白求恩精神走向国际提供广阔的空间。

医疗行业可能是让大数据分析最先发扬光大的传统行业之一。医疗行业早就遇到了海量数据和非结构化数据的挑战，而近年来很多国家都在积极推进医疗信息化发展，这使得很多医疗机构有资金来做大数据分析。因此，医疗行业将和银行、电信、保险等行业一起首先迈入大数据时代。麦肯锡在其报告中指出，排除体制障碍，大数据分析可以帮助美国的医疗服务业一年创造3000亿美元的附加价值。①由此可见，医疗大数据让临床医学真正做到心中有数，让传统医学与现代信息技术高度结合，从而拓展医学的广度和深度，为解决人类医学难题提供了新的方案。

在医学领域，技术的革新为白求恩精神育人的国际化提供了新的载体，白求恩精神不仅仅局限于国内的传播，通过这些新的载体，白求恩精神借以延伸自己的国际影响力甚至传遍全世界。医疗大数据让医学领域得以汇聚全方位的信息来共同应对人类难题，进而解决白求恩悬而未决的疑问；云计算让医学的定位更加精细、准确，从而减少医学失误，见证白求恩对医学的精益求精；人工智能让医学领域突破了常规思维，放眼整个物质世界，实现白求恩从未有过的梦想；“互联网+”让医学与网络相结合，突破时空界限，实现网络看病、远程就医，刷新了白求恩对医学的视听。应用互联网载体，建立中西科技成果交流平台，实现研发成果共享，达到国际共建、共享的目的，这也正是白求恩精神中所涵盖的国际共产主义精神。它实现了信息的互联互通，达到了全人类的共同防治，让白求恩的国际人道主义精神得以放光。

（二）国际合作提供可能

白求恩具有放眼全球的远大眼光、为人类正义和平而斗争的坚定立场以及为人民无私奉献的高尚道德情操，他始终为人类和平进步事业贡献着自己毕生的力量。因此，白求恩精神不仅是医疗战线应该广泛学习的，也是中华民族优良传统的重要组成部分，更是全人类共同拥有的宝贵的精神财富。我们对于白求恩精神的研究应该加强国际国内相关领域的合作与交流，研究和推广白求恩精神，共同合作应对国际国内突发的医疗卫生事件，共同关注医学职业道德，并通过参加维和、救灾等将中国广大医务工作者践行倡导的白求恩精神向世界昭示，真正地做白求恩式的优秀人才和正义使者。②白求恩精神国际化的最终目标是发扬国际人道主义精神在医学、社会、国际上的积极作用，从而为构建人类命运共同体贡献智慧与力量。

---

① 胡悦：《大数据与云计算在医疗行业的应用》，《计算机光盘软件与应用》，2014年第17期。

② 李微铭：《白求恩精神研究文献综述》，《吉林医药学院学报》，2011年第6期。

在国际交流日益频繁和深入的今天，白求恩式的医院也积极开展了与国外医学行业的多项高新技术、突破性技术、前沿引领技术的学术交流与合作。2017年6月25日，驻温哥华总领事刘菲应邀出席加拿大白求恩协会庆祝加拿大建国150周年和加拿大白求恩协会成立十周年纪念白求恩系列活动，并在中加国际论坛上致辞。来自中国人民对外友好协会、石家庄白求恩国际和平医院、白求恩大学校友会等中方代表以及加拿大各地的代表400余人出席了活动。国际间特别是中加之间在国际组织中的互相交流与合作的典范，为白求恩精神在国际上的传播与推广提供了良好平台。党的十八大以来，我们国家积极推进“一带一路”战略，习近平同志强调坚持以和平合作、开放包容、互学互鉴、互利共赢为核心的丝路精神。这其中不仅包含了合作共赢的理念，更加体现了中国在践行人道主义的事业，在弘扬白求恩式的国际人道主义精神，由此也让世界上更多的国家为白求恩精神所影响，加入以白求恩精神所构建的医学人类命运共同体当中。

国际间合作的广泛深入，实现了医学领域中的中西对接，白求恩精神育人的国际化也有了新的突破。2018年6月13日中国–加拿大白求恩纪念牌匾交接仪式在石家庄隆重举行，这块牌匾的设立既是中加两国共同弘扬传承白求恩精神的重要载体，也是两国人民友好往来、相亲相近的很好见证。正因为白求恩精神中所蕴含的不分国别、不分人种、不分等级的博爱精神，让国际合作得以和平地迅速展开，也正因国际合作的日益频繁，白求恩精神育人的国际化才更加有意义。

三、推动白求恩精神育人国际化进程的策略

（一）国家层面：乘着“一带一路”的东风，让白求恩精神吹遍世界各地

政府要加强与沿线各国的国家战略对接，强化战略共识，实现互利共赢，形成真正的利益共同体。“一带一路”倡议实施以来，遭到部分国家的曲解、误读以及误判，严重影响了我国与沿线国家开展全面战略合作的进程，甚至出现了一些反对“一带一路”实施的不和谐声音。[①]因此，我们更应当把白求恩精神融入建设“一带一路”的伟大事业当中，在新时代下弘扬白求恩精神，让其无私奉献、恪尽职守、不求回报，不图利益、舍弃小我成就大我的伟大国际主义精神与丝路精神相契合，讲好白求恩在中国的故事，让沿线甚至更多的国家向着白求恩精神靠近，向着全人类的自由而前进。

推动白求恩精神育人的国际化进程为“一带一路”建设服务的整体布局，需要确立总体规划与区域布局。“国家要系统做出总体设计，并制定专项规划，在区域布局、科学研究、人才培养、学科建设、教育合作与交流等方面做出全面部署，确立拟达到的建设目标，提出实施意见。”[②]从而引导白求恩国际和平医院、吉林大

① 辜胜阻等:《推进“一带一路”可持续健康发展的战略思考》,《中国经济时报》, 2016年9月7日第2版。

② 胡德鑫, 石哲:《“一带一路”倡议与中国高等教育国际化的深度融合》,《高教探索》, 2018年第7期。

学白求恩第一医院等典型医院建立以服务“一带一路”为主题，推动白求恩精神育人国际化进程的工作机制和实施方案。同时，由于沿线国家经济发展水平、政治体制、宗教文化等存在差异，因此在探讨合作交流共同应对突发性疾病、高科技在医学领域当中的应用、中外联合施救等方面不能采取“一刀切”，而应具体问题具体分析。对于技术领先的国家，我们应虚心学习，取长补短；对于技术落后的国家，我们也应施以援手，真正发挥白求恩精神，本着国际人道主义的原则，让白求恩精神内化为全人类共同的价值追求。

坚持“引进来”和“走出去”相结合的原则，进一步推进“一带一路”建设与白求恩精神育人国际化的深度融合，发扬“开放包容、互学互鉴”的丝路精神。进，我们要引进沿线国家在医学相关领域的高新技术，引进前瞻引领技术、关键性技术，从而提升我们医学医疗水平，进一步保护白求恩精神育人的现代成果。出，我们要建立白求恩国际和平医院分院，组成白求恩援助医疗队，进入落后地区开展义务救助，组织医学人才与沿线各国进行医学学术交流与成果展示，发扬白求恩“从不利己、专门利人”“毫无保留、牺牲奉献”“心有大我、精诚服务”的国际人道主义精神，践行白求恩精神育人的国际人道主义事业。这样在播撒白求恩精神种子的同时，既可以推进沿线国家医学行业的发展进步，让白求恩精神在国外生根发芽，又可以培育我国医疗卫生行业的医学人才，让白求恩精神代代传承，生生不息。

（二）高校层面：树立医学高等教育的国际化教育理念，培养白求恩式的医学人才

高等教育国际化是指一国高等教育面向国际发展的趋势和过程，是把国际的、跨文化的、全球的观念融合到高等学校教学、科研和服务等诸项功能中的过程。[①]而医学本身具有全球可比性和通用性的功能，因此医学教育作为高等教育中突出的一部分，提升医学教育的国际化理念，发挥其前沿引领作用显得尤为重要。

当前，国际化教育理念特别受到重视，有着其深刻的经济社会和科技等方面的原因：第一，全球经济一体化过程，要求高等教育培养具有国际意识的人才，有效参与国际竞争。第二，多元文化的冲突要求通过高等教育促进国际理解，推动文化融合。第三，现代信息技术的发展为高等教育国际化提供了条件。[②]对于高校来说，高校教育的国际化成为评判该校是否一流的重要指标。随着高等教育国际化理念的提出，高等教育国际化发展的日益深入，国际间高校兴起了新一轮的交流热潮，交流互动规模、学科涉及范围、技术融通合作等多层次、全方位、宽领域的交流合作全面展开。高校之间、教师之间、学生之间的互学互访成为汇集于医学高校里的一股洪流，不仅给中国也给世界带来了新的机遇。吉林大学白求恩医学部也将汇聚到这汩汩不断的洪流中，2018年9月17—18日，吉林大学联合国家外国专家局、吉林教

---

① 陈学飞：《面向21世纪国际高等教育发展的基本趋势》，《辽宁高等教育研究》，1998年第6期。

② 陈传林：《提高医学教育质量必须从确立教育理念入手》，《中华医学教育杂志》，2011年第1期。

育厅等单位举办了“吉林大学首届未来科学论坛”，邀请美国加州大学圣地亚哥分校的付向东教授做了报告。这次学术论坛的圆满成功，让白求恩医学部从中汲取新的力量，灌注新的血液，引领新的突破，创造新的辉煌。

“高等医学教育中的许多重大问题都需要国际间的密切合作、相互借鉴，才能得到很好的解决。”[①]世界医学教育联合会（WFME）在世界卫生组织支持下制订了本科医学教育国际标准，旨在实施质量保证和提高人才培养质量，也为医学人才国际化设定了参照系，有利于建立各国或国际的医学教育评估认证体系。[②]医学教育是高校众学科领域当中国际可比性和通用性较强的学科，医学人才专业技能的提升、医疗设备的革新、医生医德的培育都成为衡量医学国际化的重要内容。由于我国近代医学教育起步较晚、基础弱、设备差、技术落后，医疗水平相比于发达国家还相差甚远。因此，我们需要借鉴发达国家医学院校有益的办学经验，从而增强我国医学人才的竞争力和创造力，以此与世界医学教育比肩，培养新时代适应中国发展的医务人员，更好地为中国的医疗卫生事业服务。

近年来，医学教育日趋国际化。教育的国际化越来越成为评判一所高校综合能力高低的标尺，其国际化不仅要求办学理念与国际接轨，在实践当中也处处显现。高校教育的国际化表现在方方面面，包括医学教育管理体制、人才培养模式以及医学课程设置等，不仅如此，各高校还利用有效资源向国外输出医学人才进行联合培养，引进人才以充实国内医疗事业，同时积极参与国际医学机构事物，从而增强高校医学办学的通用性、交流性和开放性，从国际视野上提升医学教育与人才培养的质量，为培育白求恩式的医学人才储备力量。

（三）医卫层面：推动白求恩医学院的国际化参与，构建白求恩精神平台

《资本论》第一版序言就曾提过：即使是统治阶级也已模糊地感觉到，现代社会并不是“坚实的结晶体”，而是一个“经常处于变化过程中的有机体”。[③]而医疗卫生事业作为这个社会有机体的重要组成部分，起着关乎国计民生、增进人民福祉的作用。在我国以白求恩命名的医学机构有白求恩国际和平医院、吉林大学白求恩第一医院等，这些医学院是白求恩精神的载体，承载着白求恩在中国的人道主义事业的全部要义。

推动白求恩精神育人的国际化进程需要以白求恩精神为承载的医学院的参与，除了在其所属医学内部进行白求恩精神的宣传外，还需要积极为文化、医学技术合作与交流方面助力，这既是作为白求恩式的医院所承担的社会责任，也是进一步推进白求恩精神育人国际化进程的主要阵地。这些白求恩医院与英国、菲律宾、荷兰、法国等国家的教育机构合作开展了涉外护士培训、赴国外带薪实习、留学深造

① 陈联英，陶立坚：《医学教育全球化探微》，《中国高等医学教育》，2003年第4期。

② 陈传林：《提高医学教育质量必须从确立教育理念入手》，《中华医学教育杂志》，2011年第1期。

③ 《马克思恩格斯选集》第2卷，北京：人民出版社，1995版，第1页。

和就业等项目，先后与10多个国外教育文化机构进行了教育、文化交流与合作，提升了学校在国内外的知名度和社会声誉。2017年11月7日，在白求恩亲手创办的医院中，在建院80周年之际，隆重召开了“传承白求恩精神研讨会”，国家卫生计生委、河北省卫生计生委、白求恩精神研究会等100余个军地单位参会，不仅如此，会上还有来自加拿大、英国、印度等国家的国际友人。可见医学领域在推进白求恩精神育人的国际化进程中发挥了引领性作用，并取得了突破性成果。

但在目前看来，白求恩精神的国际化进程还只是处在基础阶段，还需要大力推进。随着“一带一路”倡议的提出，加之医学领域出现的诸如突发性疾病、关键医学技术问题、中外联合施救等方面的问题，需要建立一个国际共同参与的解决人类问题的合作机制。白求恩作为一位国际人道主义的代言人，在医学领域起着标杆性作用，对此，进一步发挥白求恩国际和平医院在处理国际医学问题中的作用，进而把它推向世界显得尤为重要。“我们应该适时出台‘一带一路’教育合作与交流建设的鼓励政策，吸引民间机构的充分参与，培育一大批实力雄厚、运营规范、充满活力的具备较强国际竞争力的教育合作与交流机构，使其成为加强对话、增信释疑的友谊平台，成为交流思想、分享智慧的互动平台，成为务实合作、共同发展的开放平台。”[①] 建立以白求恩精神为内核的这样一个平台，不仅是扩大白求恩精神国际影响力的平台，更是惠及全人类的白求恩精神式命运共同体的平台。

（四）个人层面：做白求恩式的医学工作者，奏响白求恩精神国际化主旋律

2017年习近平同志指出，广大卫生计生工作者恪守宗旨、辛勤工作，以实际行动培育了“敬佑生命，救死扶伤，甘于奉献，大爱无疆”的崇高精神。希望同志们继续满腔热情为人民服务，钻研医术，弘扬医德，为人民群众提供更高水平、更加满意的卫生和健康服务。[②]习总书记所提到的这些精神恰好契合了白求恩精神所涵盖的内容，“毫不利己，专门利人”的国际人道主义精神，为人民服务、为全人类的解放而奋斗终生的共产主义精神。

白求恩，一个加拿大人，他毫无利己的动机，把中国人民的事业当作自己的事业来做，把每一位病人当作亲人般对待，他的爱是无私的，是没有杂质的爱，他的爱超越了国别，超越了时空，他的爱是国际人道主义的爱。作为新时代的医务人员，我们沐浴在新时代的阳光之下，应当时刻牢记医者使命，奉行治病救人的天职，坚守为人民服务的准则，自觉加强个人道德和技术水平建设，立白求恩式医务人员之鸿鹄之志，投身于社会主义的伟大建设中，时刻关注国内外最新医学动态，积极参与到推动白求恩精神育人的国际化进程当中。

“气”人之精神之至也，人之所行，知者为先。一个人的道德观念、价值追求

① 胡德鑫：《“一带一路”倡议与中国高等教育国际化的深度融合》，《高教探索》，2018年第7期。

② 习近平：《推动全社会形成尊医重卫的良好氛围，加快建立中国特色基本医疗卫生制度》，《人民日报》，2017年8月18日第2版。

是内化于心、外显于形的。作为一名医学工作者，严格要求自己做白求恩式的医护人员，并积极投身于国际联合救护的工作当中，做白求恩式的国际主义布道者，始终把白求恩精神作为自己的价值追求，因为学习白求恩是医学工作者一辈子的事。2015年12月，原白求恩医科大学退休干部、吉林大学白求恩精神青年研究会顾问周政谈弘扬新时代白求恩精神指出，白求恩精神是超越时空的宏大的力量。它不仅是医学界的宝贵精神财富，更是新时代广大科学技术工作者的指明灯。当代大学生都应该结合自己的专业，深入学习领悟其中的国际主义和共产主义精神实质，自觉地培育社会主义核心价值观，一生为中国和世界人民服务，共创人类美好的未来。

四、推动白求恩精神育人国际化的重要意义

（一）对医学：树立了国际人道主义者的典范

白求恩同志不远万里来到中国，他点燃自己的生命，却照亮了中国人民的心，他尽其一生努力帮助中国人民的解放事业，他站着是一面旗帜，倒下是一座丰碑，他是为人民战斗到底的英勇战士。医务人员的使命也应当是爱岗敬业，体现个人价值；赴需要的地方发光热，实现社会价值；和全世界人民一道参与国际救护，实现世界价值。于个人，于医疗事业，于中国，于世界，国际人道主义精神都是我们需身体力行并坚持到底的。

国际人道主义精神是不分种族、不论肤色、不谈语言、不辨国界的伟大精神，正是这种精神成为一个时代的印记，激励着全世界的人们参与到反法西斯的伟大斗争中，汇聚成一股巨大的洪流，从战争年代流淌至今，洗刷着每一个医学工作者的心灵，才让世界各地都有我们中国人的身影，不论战争年代还是和平年代，一代又一代的医学工作者，奔赴全人类最需要的地方，开展白求恩式的国际人道主义援助，这无疑是推进白求恩精神育人国际化的重要征程。

（二）对中国：弘扬了国际共产主义精神

中国共产党人传承了中华民族的优良传统，把仁义礼智信贯穿于革命的始终，这种精神不仅为中国共产党人所有，更为中华民族所有，它是中国几千年文明的积淀，是历史与现实的融合，是中华民族生生不息的力量源泉。

白求恩受到了中国共产党的深远影响，他把乐观向上、大公无私、宽怀仁爱等共产主义的精神与自己的理想信念融为一体，铸就了伟大的白求恩精神。今天，中国共产党以其自身的使命担当，想天下之所想，思天下之所思，携全世界人民一道为人类的解放而奋斗。白求恩精神正是国际共产主义精神的集中体现，随着白求恩精神世界影响力的不断增强，中国精神也开始为世界所认知，由此说来，白求恩精神的国际化更具弘扬国际共产主义精神，把中华民族精神发扬光大的世界意义。

（三）对世界：构建了人类命运共同体

因为在中国，白求恩有了与中国人民惺惺相惜的感受，与中国人民形成你中

有我，我中有你的革命情谊。白求恩精神是心有大我、志诚服务的精神，是胸怀世界、不分你我的精神，是与全世界同呼吸、共命运的精神。

白求恩精神是包含中加美三国人民的反法西斯精神，是领航新时代构建人类命运共同体的精神，是携手全人类共建美丽新世界的精神。白求恩是践行人类命运共同体的第一人，是新时代人类文明进程中一座灯塔，是建设和谐世界的精神力量支撑。

总之，白求恩精神作为中国传统文化的重要组成部分，它不仅有中国内涵，更具世界意义。白求恩精神是东西方文明的结晶，包含了国际人道主义和国际共产主义的精神，是全人类共同追求的价值，它凝聚成一个时代的共识，树立了国际间合作的典范。由于白求恩精神所蕴含的世界意义，因此白求恩精神育人的国际化给医学界提供了新的契机的同时，也赋予了新的使命。推进白求恩精神育人的国际化进程，不仅是国家、社会、集体，更是我们每一个医学工作者的神圣使命，需要我们用责任去担当，用一生去践行。

参考文献

[1] 毛泽东选集（1~4卷）［M］. 北京：人民出版社，1991.

[2] 中共中央文献研究室编. 毛泽东文集（1—8）［M］. 北京：人民出版社，1996.

[3] 邓小平文选（1~3卷）［M］. 北京：人民出版社，1994.

[4] 邓小平文集（1949—1974）［M］. 北京：人民出版社，2014.

[5] 习近平谈治国理政［M］. 北京：外文出版社，2014.

[6] 习近平. 之江新语［M］. 杭州：浙江人民出版社，2007.

[7] 习近平总书记系列重要讲话读本（2016年版）［M］. 北京：学习出版社；人民出版社，2016.

[8] 史桂生，梅清海. 弘扬白求恩精神　争做白求恩传人［M］. 北京：军事医学科学出版社，2000.

[9] 张文琳. 国际友人援助中国革命史纪　国际友人在西北与华北［M］. 北京：中国文史出版社，2008.

[10] 李松晨. 名人传记大观：青少年必读古今中外名人传［M］. 北京：当代中国出版社，2004.

[11] 李宗远，张丽丹. 国际友人与抗日战争［M］. 北京：中国民主法制出版社，1999.

[12] 陈万柏. 思想政治教育学原理（第二版）［M］. 北京：高等教育出版社，2007.

[13] 刘小康. 我所见到的白求恩同志［M］. 南昌：江西人民出版社，1965.

[14] 董越千. 伟大的国际主义战士白求恩［M］. 北京：中国青年出版社，1965.

[15]（加）泰德·阿兰，赛德奈·戈登. 手术刀就是武器：白求恩传［M］. 巫宁坤译. 上海：上海文艺出版社，2005.

[16] 中国人民解放军白求恩国际和平医院. 伟大的国际主义战士白求恩［M］. 北京：人民美术出版社，1979.

[17] 叶青山. 伟大的国际主义战士白求恩［M］. 武汉：湖北人民出版社，1966.

[18] 章海山，张建如. 伦理学引论［M］. 北京：高等教育出版社，1999.

[19] 缪佳男. 白求恩精神融入医学类学生思想政治教育路径研究［D］. 长春：吉林大学，2018.

[20] 文物出版社. 纪念白求恩　学习白求恩[M]. 北京: 文物出版社, 1975.
[21] 陈蕃. 白求恩精神赞[M]. 北京: 解放军文艺出版社, 2002.
[22] 韩延明. 大学理念论纲[M]. 北京: 人民教育出版社, 2003.
[23] 凌均卫. 大学理念: 认知与践行[M]. 海口: 海南出版社, 2009.
[27] 李进才. 高等教育教学评估词语释义[M]. 武汉: 武汉大学出版社, 2016.
[28] 中国白求恩精神研究会, 中国医学金会. 白求恩精神永放光芒[M]. 北京: 人民军医出版社, 1999.
[29] 唐枢. 外国历史小丛书　白求恩[M]. 北京: 商务印书馆出版社, 1964.
[30] 冀国钧, 张业胜. 诺尔曼·白求恩在中国[M], 北京: 中国协和医科大学出版社, 2007.
[31] 陈识路. 唐县中小学乡土教材　白求恩在唐县[M]. 石家庄: 河北人民出版社, 2015.
[32] 郭照江. 医学伦理学新编[M]. 北京: 人民军医出版社, 2003.
[33] 许庆龙, 劳斌. 白求恩[M]. 北京: 团结出版社, 1996.
[34] 李丽华. 高校医学生的医德教育简述[J]. 青春岁月, 2016(22).
[35] 张凯源. 浅议激励理论在高校学生管理工作中的运用[J]. 科学大众(科学教育), 2018(10).
[36] 朱建国. 高校学生榜样激励机制效能提升的系统性及路径探究[J]. 常州工学院学报(社科版), 2018(1).
[37] 曹永福. 医患关系的伦理和法律属性比较研究[J]. 中国医学伦理学, 2001(1).
[38] 高清, 王晓燕, 梁立智. 医患关系认知差异对医患关系的影响分析[J]. 中华医院管理杂志, 2011(8).
[39] 钱小泉. 白求恩精神在医学职业精神建设中的意义[J]. 医院管理论坛, 2014(9).
[40] 胡德鑫. “一带一路”倡议与中国高等教育国际化的深度融合[J]. 高教探索, 2018(7).